U0141982

紅樓夢中夢的解析

The Interpretation of dreams in the Dream of the Red Chamber

顧問　石富元 ／ 臺大醫院主治醫師

作者　許玫芳 ／ 國立台灣師範大學博士

文史哲學集成
文史哲出版社印行

國家圖書館出版品預行編目資料

紅樓夢中夢的解析 ＝ The Interpretation of dreams
in the Dream of the Red Chamber/ 許玫芳著. --
初版. -- 臺北市：文史哲，民 89
　　面；　公分. --（文史哲學集成；434）
參考書目:面
ISBN 957-549-320-6 (平裝)

1.紅樓夢 - 評論

857.49　　　　　　　　　　　　　89012880

文史哲學集成 ㊸

紅樓夢中夢的解析

作　　者：許　　玫　　芳
顧　　問：石　　富　　元
出 版 者：文　史　哲　出　版　社
登記證字號：行政院新聞局版臺業字五三三七號
發 行 人：彭　　正　　雄
發 行 所：文　史　哲　出　版　社
印 刷 者：文　史　哲　出　版　社
　　臺北市羅斯福路一段七十二巷四號
　　郵政劃撥帳號：一六一八〇一七五
　　電話 886-2-23511028・傳眞 886-2-23965656

實價新臺幣.四二〇元

中　華　民　國　八　十　九　年　九　月　初　版

版權所有・翻印必究
ISBN 957-549-320-6

*紅樓夢*中夢的解析
目　錄

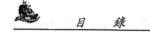

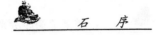

石 序

　　我不是學文學的，除了作文課外，也從來不曾寫過文學性的文章，由於大學以後接受的是科學、邏輯思考的訓練，除了專業的論文外，更是沒有機會提起筆寫一些文學的東西。然而，在成長的時代，是哲學狂飆時代，每個稍微自命不凡的學生都會把一些文史哲學的名詞掛在嘴邊。我從小喜歡閱讀，接觸最多的是文學、歷史與哲學，年少輕狂的時代，我也像一般的學生追逐一些西洋存在主義的書，拾一些哲學大師的牙慧，天天和同學討論一些所謂哲學的問題。古今中外的書籍中，真正讓我神游其中的卻是從小看過多次的「紅樓夢」與「三國演義」，但是總覺得這些是「老古董」，不合乎新時代，所以也不曾對它們有過多少敬意。

　　在醫學院的日子，接觸到精神醫學，雖然課堂上老師所教的病是現代醫學的發現，舉的例子是病房的實際病例，但是我想到的卻是一些小說中人物的心理疾病。教授提到「器質性腦病變」，我想到的卻是賈寶玉的神游太虛。在醫師的訓練中，工作非常忙碌，接觸到文學的時間更少，但是，由於在急診室工作，天天都要面對病患及家屬的悲歡離合與生老病死，工作上的需要，我們有時也要介入處理一些別人的家務事，這時榮寧二府的家務事更常常浮現眼前。經過一些人事歷練之後，讓我對這些中國古典小說的敬意日增，我一直懷疑年輕的時候，怎麼能看懂這些！所以我一直找一些以特別觀點來討論這些典籍的書來看，希望能從中得到一些新的體悟。

1

由於偶然的機緣，認識許玫芳小姐，也知道她是中國文學的國家博士，在解釋病情的機會，剛好提到了紅樓夢中人物的例子，才知道她對紅樓夢中的夢有很深入的研究。我就告訴她現代醫學中對於「夢」或「精神異常」的觀點，她覺得很有興趣，所以也入魔似地研究這些題材，寫了一系列的文章。站在正統醫學的觀點，我想有些論點可能都還有議論的空間，因為精神醫學也還在進步當中，然而我更希望以文學的角度去看待它，希望以一個全新的觀點去看這個古代而且是虛擬建構的世界，在這個角度下有時這些古人竟然比真人還有血有肉，而這個世界比現代社會還真實。

　　我不是學文學的人，以前不是，現在不是，以後也不會是，所以當許小姐要把我的名字掛在書上時，我感到非常惶恐、不安與心虛。我只希望能提供一些淺薄的想法與念頭，拋磚引玉，讓以文學為專業的人將這些傳統文化的瑰寶加以專研，賦與新的觀點與見解，寫出一系列有見地的文章來讓我們這些村鄙野夫繼續優游其中，更希望能引起一些「現代人」注意到這些經得起歲月錘鍊的寶藏。

石富元

自序

與《紅樓夢》一書的因緣，是自然而深厚的

　　《紅樓夢》一書之作者有十幾種說法，至今仍是個謎，而成書背景的各種影射與考證，往往令人疑信參半，這更增添《紅樓夢》一書之神秘色彩，無怪乎自道咸以來所盛行之「紅學」能歷久不衰，其因殆乎此也。

　　除了「紅學」本身難解之謎，令後學無法捨之而不究之外，紅樓夢多種譯作之國際性價值，更是令中國人深感驕傲。畢竟就以詩歌、辭賦統領文壇的中國而言，早期被視為「道聽塗說之作」且不入流的小說，能在十九、二十世紀中擠入世界文壇之林，著實不易。因為西方國家以戲劇開端，小說本已極為可觀，尤其在浪漫時期的英美文學像喬治·艾略特(Gorge Eliot 1819-1880)《磨坊》 *The Mill on the Floss*；湯姆斯·哈代(Thomas Hardy 1840-1928)《模稜兩可的朱德》 *Jade the Obscure* 約瑟夫·康拉德(Joseph Conrad 1857-1924)的《黑暗之心》 *Heart of Darkness*；詹姆斯·喬伊斯(James Joyce)的《尤里西斯》 *Ulysses*；勞倫斯(D. H. Lawrence-1885-1930) 的新小說《彩虹》 *The Rainbow*、《戀愛中的女人》 *Women in love* 及《黛絲紇古娘》 *Tess of the d'Urbervilles*：查洛特·布農德(Charlotte Bronte)的《簡愛》 *Jane Eyre*；霍桑(Nathaniel Hawthorne)的《年輕人布朗》 *Young Goodman Brown*…等均是享譽國際的名著，《紅樓夢》一書能異軍突起，可謂實力與運氣相輔相成之結果。因而在筆

者碩士論文《元雜劇趙氏孤兒與服爾德中國孤兒因緣關係之比較研究》之後選擇了《紅樓夢中夢的解析》一書(原名為《從夢學與心理角度探析紅樓夢中之夢》)首以方法學作為學術論文之研究方法。當時已深思再三，雖然多位前賢面諭我「紅學」的派別多，爭議大、主觀強，筆者雖亦知曉，但秉持著從事學術著作的嚴謹心態，同時將已研究多年的心理學知識、夢學理論及精神分析運用至此部論文中，以祈為紅學研究方向開一新方向。

猶記撰寫《紅樓夢》論文前的文本閱讀，多半在夜闌時分，一方紀錄，一方記憶。完稿後，版本問題曾請教過潘師重規而王師關仕亦特為後學審閱初稿，在此特為致謝。國科會所給予的學術代表作補助獎，彌補了學校因無國文副教授的缺額而無法讓我以此書送審「升等副教授」的缺憾。

就讀國立台灣師範大學國文研究所博士班時，我以此論文之「夢」研究為基礎，延伸至「幻」及「夢幻情緣」之主題學研究，撰寫《紅樓夢》夢、幻、夢幻情緣之主題學發微---兼從精神醫學、心理學、超心理學、夢學及美學面面觀》，算是《紅樓夢》研究的續作。今年幸得文史哲老闆彭正雄先生，助我出版《文心雕龍》一書、甚是感激；而今再助我出版《紅樓夢中夢的解析》一書，對於其輔翼我步上學術路途的用心，我感同身受。一位之前未曾晤面的人，肯幫我出書，至見面後再為我出第二部書，也許也是個因緣吧，我很感恩。

為了出版《紅樓夢中夢的解析》一書，令我得全盤重新審閱整理。我特與我的顧問，台大醫院急診部主治醫師石富元，作一為期二週六次的請益與討論。其中筆者特針對賈寶玉及秦鍾之魂魄離身、王熙鳳

歷幻返金陵的半夜叫喊現象及賈母夜來合上眼時便見元妃一人獨自前
來一事，一再與石富元醫師反覆討論，因此本論文最大之更動處便落
於此四人之修改與撰寫，尤其秦鍾的單元則是全心的增寫，而有關寶
玉與秦鍾夢中涉及人類平時或死亡前所見之異象與夢之間的區隔請石
富元醫師詳細解說。因石富元醫師以為從醫學觀點論之，魂魄離身是
一種「譫妄」現象，一種不正常之現象，以文學角度觀之，將其詮釋
為「夢」，並無不妥，故結論是目前醫學仍無法排除譫妄現象時病人是
在作夢之可能性，於是決定加寫此單元。至於其他部分之更動與撰寫
處頗多，包括書名、目錄的變更，其他章節之補充、錯字的修正外，
並對整部論文之思想觀念作微幅調整，歷時近兩個月，仍是辛苦。

　　我延請台大醫院急診部主治醫師石富元為我的醫學顧問，因緣於
我為已往生之母親回饋台大醫院急診部曾有救母之恩而在台大醫院當
義工時。由於急診部林芳郁主任(現為台大醫院副院長)請我們志工聽
晨會、我特請石富元醫師為我解說問題。當時順便問及我博士論文中
有關筆者所研究的黛玉及賈瑞所患之疾病是否有誤時，驚見其在文學
方面的造詣及對文學的高度興趣。石醫師對西方之醫學、夢的解析、
精神分析、存在主義，有很深之了解，尤其是對《紅樓夢》一書中之
重要人物瞭如指掌且有相當獨特之見解。雖然筆者並不贊成全部以醫
學觀點來詮釋《紅樓夢》，但能從另一角度來閱讀《紅樓夢》，將是有
趣的，且是一種另類經驗，值得嘗試。石富元醫師是一位曾對母親有
所助益的人，第一位告訴家屬母親生命垂危，活不過三、四個月的醫
生，讓家屬更珍惜與母親相處的日子，亦更細心的照料母親，然母親
卻真的在第三個月後過世，心中極度地傷痛與不捨，不過家人卻都很

感激石富元醫師的提醒。而今卻未料我竟亦是一位受益者，能請到石醫師為我的醫學顧問，除了讓我此次出版《紅樓夢中夢的解析》一書時，從石醫師的解說中獲得彌足珍貴的醫學常識之外，其更是我下一部論文：《紅樓夢中之性格異常者及其疾病》(至今已撰寫了一年半)之共同合作者兼醫學顧問。對我而言，人情深厚。

在此，特對文史哲彭正雄老闆及石富元醫師致謝，有他們如此真誠的幫忙，我更應該寫好論文，且更感念父母親的栽培、兄弟姊妹及同事的周詳照顧，尤其是已往生、疼我的母親(許蔡預媽媽)。希望我今日出版《紅樓夢》之書及平日為母親所做的功德，「不重揚名而重顯親」的初衷，能讓母親暇滿。

許玫芳　謹識於

目前所寄居的大姊永和家中 2000.8.18.

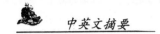

中英文摘要(Abstract)

　　年華易逝、年輕之夢的無可挽回，人類便以記憶庫存每一個逝去的夢；夢的片段切割圖像，歷載人類心靈實錄。《紅樓夢》作者構築了一座繁華城市，讓人尋夢、憶夢。本論文嘗試透過方法學(如中國古代之夢學理論、精神醫學、心理學)解析《紅樓夢》之夢，以祈揭開人類心底之奧秘。

　　《紅樓夢》作者創造了情節中人如甄士隱、賈寶玉、王熙鳳、秦鍾小紅、香菱、史湘雲、柳湘蓮、尤二姐、賈母、襲人等許多夢境。 從融釋《周禮》、《黃帝內經‧素問》、王符《潛夫論》之夢學理論及佛洛依德《夢的解析》中釐清人類因著無所感而夢、身心病痛、外在聲光之刺激、室內設計、心電感應、日有所思…等因素而形成奇異之夢、性情之夢、思夢、託夢、複現之夢、懼夢、惡夢、直應之夢等。藉由作夢者心靈之觸動，且透過人間仙境之題材、主樸關係、凡人與和尚之因緣…等展現出色空觀、果報思想、回歸孔孟之道、思念、關切、內疚懊悔…等之主題，從而讀者更可由作夢者之夢內容中洞察情愛虛幻、傷痛夢悟、天人永隔…等各種象徵之先機。

　　《紅樓夢》作者所設計的大部分夢境，實具有多樣之夢類型的組合，且與作夢者作夢前後之狀況吻合，亦多半符合《周禮》、《黃帝內經‧素問》、王符《潛夫論》之夢學理論，而佛洛依德之「夢是願望之達成」的理論亦有其真理可循。不過筆者於研究中發現，大部分的夢或同時亦屬思夢之類型、複現之夢的童年生活經驗確如佛洛姆所言是人生重要課題之表現；另託夢與直應之夢的息息相關，託夢通常亦是

直應之夢，如王熙鳳、賈母、寶玉之夢均具有預測功能，而直應之夢未必是託夢，如秦鍾的直應之夢是預見自己即將死亡，但非託夢類。此外，更有中西夢學理論至今仍無法圓滿詮釋之處，如甄士隱的奇異之夢，筆者則根據夢內容予以新解，建構一可遵循之夢成因與類型之範疇。

　　We get old easily and it is hard to recall the memory of young days. We humankind use a memory bank for storing everyone's lost days. The fragmented pictures of these dreams probably can reflect our inner world. The authors of *the Dream of the Red Chamber* built a bustling city that gave the opportunity for people to recall and chase the dreams of old days.

　　In this thesis we tried to investigate the inner world of human beings through some modern methodology, including the theories of dreams in ancient China, psychiatry and psychology.

　　The authors of *the Dream of the Red Chamber* created a lot of dreams for many people in this novel, including Zhen Shi- Ien, Jia Bao- Yu, Wang Si- Feng, Qin Zhong, Xiao Hong, Xiang Ling, Sh Xiang-Yen, Liou Xiang-Lian, Iou R-Jie, Jia Mu and Xi Ren etc. Analyzing the theories of dreams by *Zhou Li*, *Huang Di Nei Jin- Su Wen*, *Qian Fu Lun* by Wang Fu, and *the Interpretation of Dreams* by Sigmund Freud. We learned that the dreams of Mankind could be caused by physical illness, external voice or light, home decoration, missing, telepathy and sometimes by no reason. They can show as a strange dream, emotional dream, thought dream, telepathy dream, perennial dream, fear dream, nightmare and predictive dream. Through the

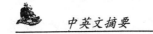

operation of the dreamers' spirit, and the subjects of human life and fairyland, the interaction between bosses and servants, the predestined relationship between monk and ordinary people, to present the authors' concept about the themes of flesh and vanity, cause and effect, chasing wealth and fame, and their missing, concerning, regretting ⋯etc. Therefore, the readers of this novel could realized different kinds of symbols in these dreams about the unreality of love, enlightenment from the dream, farewell, and the destiny of people.

Most of dreams designed by the authors of the *Dream of the Red Chamber* were composed of more than one type of dreams, and fitted the inner desire of the dreamers. These Dreams also fitted the theories of *Zhou Li, Huang Di Nei Jin Su Wen, Qian Fu Lun*. They also fitted the Sigmund Freud's theory, Dreams are fulfillments of wishes, and had the truth in them. But in this research, we found that most of the dreams in this novel probably also were 'thought dreams'. The childhood life of perennial dreams just like Erich Fromm's theory, " Dreams had the important things to present in our lives." Besides, telepathy dreams and predictive dreams correlate with each other tightly. Generally speaking, telepathy dreams were a kind of predictive dreams. For example, the dreams of Wang Si Feng, Jia Bao-Yu, and Jia Mu had the function of fortune prediction. In the meanwhile, the predictive dreams were not always the type of telepathy dreams, for example, the Qin Zhong's dream was a kind of predictive dreams that predicted his death, but it was not a telepathy dream. Furthermore, some of

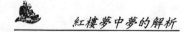

the dreams could not be covered well by the theories in ancient China and western societies, for instance, the strange dream of Zhen Shi Ien. For these dreams, we tried to analyze them and suggest a new method for further studying.

關鍵詞(keywords)： 紅樓夢 *the Dream of the Red Chamber*, 夢 dreams, 夢的解析 *the Interpretation of Dreams*

第一章　緒論

　　《紅樓夢》一書，又名《石頭記》，《情僧錄》、《風月寶鑑》、《十二釵》、《金玉緣》等。金聖嘆評其為「第一才子書」，與經書並列，便可知其傳世不朽之因了。

　　本論文嘗試先由《紅樓夢》之背景論起，而後進入《紅樓夢》之核心主題，夢的解析，故第一章緒論部分，筆者擬分成三節討論之：第一節　回顧紅學之歷史與兩岸之研究概況，第二節《紅樓夢》成書之背景、作者、版本之新發現及其影響，第三節　夢與文學、夢之義界、編排及研究取向。

第一節　回顧紅學之歷史與兩岸之研究概況

一、　回顧紅學歷史之沉思

　　《紅樓夢》承繼明朝以來《水滸傳》、《西遊記》、《金瓶梅》等章回小說之風格而鋪演成一部膾炙人口之作，其間之時代背景與小說內容定有相互影響之作用，故不容忽視。蓋《紅樓夢》成書於清朝，舉凡政經文教均有長足進步，而社會亦不斷變遷，故筆者回顧紅學歷史將由「時代環境的概況」、「一部被禁毀的小說」及「台海兩岸紅學史的發展」著手研究。茲述如下：

1

 第一章　緒論

（一）．時代環境的概況

1. 宗法制度之漸受考驗：在中國宗法制度之下，「傳統」是至高無上的，一切聽命於尊長，諸如婚姻、仕途…等，清代亦然，然而由於西學之輸入，舊制度，舊思想亦同時漸受空前之考驗，宗法制度在西學之震撼下，開始動搖。

2. 高壓與懷柔之政治策略雙管齊下：清朝為治漢人而屢興文字獄，有所謂之揚州十日、嘉定三屠等，乃滿清一朝施展其武力優勢以懾服漢人之策略。另一方面滿清政府亦以懷柔政策並行之，其方式不外乎開博學鴻詞科以取士。康熙、乾隆二帝更借輯整類書、古籍等方式以箝制士人之思想，令漢人無暇反叛，此策頗收成效。

3. 社會變遷與文教之普及：社會隨著時代思潮而變遷，造紙術、印刷術不斷增進，經濟日益發達。此期為中國考據學（樸學）之極盛期，君王之提倡及文化機構之設置，教育之普及與白話文學發展之日趨成熟，均是清朝的特色之一。尤其是自十六世紀航海術發達以來，傳教士所媒介之宗教及西學的輸入，開始有譯文出現，西方之十四行詩（Sonnet）及浪漫時期之文風亦或多或少影響著清代的文壇，由是萃成多元化之清朝社教環境，其中傳統之儒學，外來之佛學及西學暗中較勁，清朝在學術上可謂斬獲頗多。[1]

---

[1]胡雲翼之《中國文學史》、易君左之《中國文學史》、宋海屏之《中國文學史》、葉師慶炳之《中國文學史》及劉大杰之《中國文學史》清代文學部份均或有提到古書之輯整，出版事業之發達等，孫旗之〈紅樓夢研究〉一文中更將《紅樓夢》時代背景

2

(二). 一部被禁毀的小説

　　由於清朝的時代背景如此，《紅樓夢》在輿論「淫書」之聲討下及清朝皇帝的政令之禁止下，不免淪為燒毀禁書之一，所謂的輿論紅樓夢為「淫書」，是指「梁恭辰《北東園華錄》（四編）說：《紅樓夢》一書，誨淫之甚者也。齊學裘之《見聞隨筆》（卷十五）也稱「紅樓夢」語涉妖豔，淫跡罕露，淫亦包藏，亦小説中一部情書。…陳其元《庸閒齋筆記》也說：淫書以《紅樓夢》為最，蓋指摹癡男女情形，其字面絕不露一淫字，令人目想神遊，而竟為之移，所謂大盜不操干矛也。汪堃的《寄蝸殘贅》（卷九）則誣衊《紅樓夢》使得聰明秀穎之士，無不蕩情佚志，意動心移，宣淫縱慾，流毒無窮。…毛慶臻在《一亭考古雜記》云：《紅樓夢》較《金瓶梅》愈奇愈熟…然入陰界者，每傳地獄治雪芹甚苦，人亦不恤，…然散播何能止息，莫若聚此淫書，移送海外…。」[2]在這些輿論的交相攻擊下，《紅縷夢》實難以平反冤情。譚嘉定之《中國小説發達史》所謂的清朝皇帝政令之禁止是指「順治、康熙、嘉慶、同治四朝曾幾度禁止讓賣淫穢小説。」[3]而《紅樓夢》一書之受禁錮在《元明清三代禁毀小説戲曲史料》中所載的有順治九年題准將瑣語淫詞嚴禁；康熙二年、二十六年、四十年、四十八年六月、五十三年四月；乾隆元年；嘉慶七年、十五年、十八

分類為一.家庭，二.教育，三.政治、法律，四.婚姻，五.社會，六.宗教，七·經濟。（頁六）其內容敘述中稍有重覆之處，不過亦可供參考。
[2]見一粟編之《紅樓夢卷》（上）、（下）篇。
　又見曾揚華著之《漫步大觀園》、頁11。

3

年；光緒十八年等均有禁淫書之事實。二書所提皇帝年代之差異僅在同治與光緒二代，《元明清三代禁毀小說戲曲史料》一書中有事件詳例之說明，有史實之依據，但不知譚嘉定先生此資料之出處爲何？此外，一粟《紅樓夢卷》卷四〈收燬淫書局章程〉及李夢生《中國禁毀小說百話》中，亦載《紅樓夢》爲禁燬之書目。

　　《紅樓夢》一書在時不我予之時空中，竟受如此之禁錮，令今人不勝噓唏。

二、 台海兩岸研究《紅樓夢》的方向與發展

（一）. 研究《紅樓夢》的概況：

　　《紅樓夢》一書在清朝持有的時代背景下，被列爲一部被禁毀的小說，其所受之輕視尤以舊紅學時期爲最[4]。民國三十八年政府遷台後，大陸由於共產主義之實行，馬克斯思想直接或間接地影響《紅樓夢》一書詮釋的觀點的改變，並以階級鬥爭來解釋《紅樓夢》中主子與奴婢之間的關係，甚至是宮庭與民間之關係，或社會衝突等問題，同時更加批判胡適及俞平伯對《紅樓夢》一書的考證與研究。由於千篇一律地以唯物辯證觀點公式化且勉強地解釋小說中的各種現象，反

---

[3] 見譚嘉定先生著之《中國小說發達史》、頁468。

[4] 余英時先生稱民國十年以前之紅學時期爲舊紅學時期，稱民國十年以後，爲新紅學時期，見其《紅樓夢的兩個世界》，筆者此處遵其說以稱之。

而使《紅樓夢》本身的文學與藝術價值喪失殆盡。幸虧近十年來大陸紅學的研究方向有了轉機，除了做資料之整理與匯編工作外，有論及佛學思想者，或有從事曹雪芹之作品及佚著的研究者，有以美學為主題來探討者，或有以比較觀點從事評論者，或有以飲食習慣、風俗民情為主線結構分析《紅樓夢》一書者。由以上之研究範疇可知大陸對紅學研究之方法、方向已有若干程度之調整，而非僅是默守成規而已。

（二）．台灣《紅樓夢》二次論戰及其以後之概況：

《紅樓夢》二次論戰是發生於民國四十年以後之事。首次是潘師重規於民國四十年五月二十二日，至台灣大學中文系學會演講時，對胡適高續說質疑；並於民國四十六年《反攻雜誌》第三十七期、三十八期；同年四十三期、五十期；民國四十一年一月、五十一期、五十二期；同年二月五十四期等先後發表了〈民族血淚鑄成的紅樓夢〉、〈再話紅樓夢〉、〈三話紅樓夢〉及〈三話紅樓夢附錄--清文字獄檔案〉反駁胡適的自傳說，此乃潘師重規首次提出「紅樓夢是一部民族血淚史」的論點，而胡適也在民國四十年十月、民國五十年二月；民國五十一年四月於《反攻雜誌》亦先後發表了〈對潘夏先生論紅樓夢的一封信〉、〈關於紅樓夢的四封信〉及其對有關紅樓夢問題封筆論戰的最後一封信〈紅樓夢問題最後一信〉，因而掀起了紅學論戰熱潮。其後林語堂

先生於民國四十七年亦受邀至台灣大學發表紅學演講，並撰有〈平心論高鶚〉一文，其對《紅樓夢》之作者與續書人質疑。[5]

除了這兩次論戰以外，截至目前為止，紅學史自民國四十七年之後的走向除了對作者、續書人的質疑以外，便漸趨於對版本之爭議及尋求紅學除了考據之途以外的新方向而努力，如透過戲劇觀點（如悲、喜劇）政治、宗教、社會學、人類學、經濟學…或其他科學嘗試評析《紅樓夢》一書的價值。回顧紅學歷史的輝煌成果，不禁令人沈思，如何拓展紅學的研究範疇，使其綿延不絕，乃研究《紅樓夢》者之使命。

第二節 《紅樓夢》之背景、作者、版本之新發現及其影響

一、 《紅樓夢》成書背景之論證與輯整

（一）. 昔日有關《紅樓夢》成書背景之考證約有五種：

---

[5] 二次論戰分別在《文史集林》第六輯，《歷史語言研究所集刊》第二十九本、下冊及《聯合報》均有詳細地論辯內容，而岑佳卓《紅樓夢探考》一書，對二次論戰之內容亦述之頗詳，可供參考。

1. 寶玉即納蘭成德說---陳康祺《燕下鄉脞錄》首先引徐柳泉之說，以爲《紅樓夢》是記故相明珠家事。「金釵十二」，皆明珠子納蘭容若的上客。寶釵影高澹人，妙玉影姜西溟，張維屏《國朝詩人微略》、俞樾《小浮梅閒話》附和之。胡適之《紅樓夢考證》，曾力證此說之謬。

2. 黛玉即董小宛說---見王夢阮、沈瓶庵的《紅樓夢索隱》，其以爲是冒襄的妾董小宛，後宛復嫁清世祖。小宛死，世祖遁跡爲僧，並引吳梅村詩爲證。孟森《董小宛考》，力證此說之不足信。

3. 《紅樓夢》影康熙朝政治狀況說；這是蔡元培《石頭記索隱》的主張：「以紅影朱，石影金陵，黛玉影朱彝尊，熙鳳影金國柱，湘雲影陳維崧。」寶玉影射太子胤礽。此說亦爲胡適所駁斥。

4. 《紅樓夢》是曹雪芹的自傳說---胡適《紅樓夢考證》以爲曹雪芹生於繁華，終於零落，與寶玉的身世很相似，主張《紅樓夢》是曹雪芹的自傳，而俞平伯《紅樓夢辨》、周汝昌之《紅樓夢新證》亦均主張自傳說。

5. 《紅樓夢》是一部民族血淚史---主張此說的是潘師重規，杜世傑《紅樓夢悲金悼玉實考》，亦主張《紅樓夢》含有民族大義。此外，梅開基之《曹雪芹血淚鑄紅樓》、丁燕公之《曹雪芹血淚鑄紅樓》均主此說。[6]

---

[6] 第1.種說法，見於一粟編《紅樓夢卷》頁21, 363, 386及390。第2.種說法見於中華書局印行《紅樓夢索隱》（一）（二）。第3.種說法及第4.種說法，見於亞東本《紅樓夢》及遠流出版社《胡適文存》中，其《紅樓夢》有初稿、改稿、定稿三種，但以定稿為

昔日對《紅樓夢》成書背景考證的五種說法，至今雖尚無是非定論，但卻均能獨樹一幟。

（二）. 異於傳統五種舊說外，尚有五種說去：

1. 壽鵬飛以為《紅樓夢》是一部描述清世宗諸兄弟爭立之事的小說，是康熙時之宮闈秘史；邱世亮之《紅樓夢論》以為紅樓夢是影康熙晚年皇子爭立及雍正以卑鄙手段奪得皇位的宮庭秘史。

2. 民國七十年高陽先生之〈橫看成嶺側成峰〉一文，便主張既是索隱派又是自傳。主張索隱派者尚有李知其《紅樓夢謎》上、下篇及二續，是黛玉即董小宛說之繼承者。

3. 蘇雪林《中國文學史》第二十八章：「紅樓猜夢」元明清的長篇小說，主張既是寫納蘭成德之故事，亦是曹雪芹之自敘傳。

主。第5.種說法是潘師重規於《反攻雜誌》第37, 38, 43, 50, 51, 52, 54期連續刊載反對是先生自傳說的論調。此外，王孝編著《中國文學史》亦引用此五種說法（頁731）。而劉麟生先生《中國小說史略》亦引用了前四種說法（頁385）；趙景琛之《中國文學史新編第三編》讚成胡適之自傳說（頁318）；吳雲鵬之《中國文學史》亦讚成胡適之自傳說（頁129）；胡雲翼之《中國文學史》引用了前四種說法；謝无量《中國文學史》中僅讚成索隱派，以為《紅樓夢》是記故相明珠家的事（頁37）；黎明出版之《中國文學史》亦述及前四種說法（頁298-299）；李寶位《中國文學史略》亦引用前四種說法（頁285）；李曰剛之《中國文學史》亦引用前四種說法，但又多了壽鵬飛所考證出清世宗諸兄弟爭立之事的講法（頁174-175）；施慎之之《中國文學史講話》中所引述之紅樓夢成書背景與李曰剛同（頁164）；蔡慕陶編著《中國文學發展史》亦引用前四種說法（頁373）；台灣開明書店編著之《中國文學史大綱》中僅提及胡適之自傳說（頁263）；甄陶之《中國文學概論》僅引用前三種說法（頁193）；尹雪曼之《中國文學概論》亦引用了前四種說法（頁227）。

4. 馮其庸之《夢邊集》以為《紅樓夢》是我國歷史上封建末期清代封建社會前期的歷史生活（在當時是現實生活）的高度典型概括。馮其庸乃針對胡適之自傳說再進行批判的。其說法與靈鈞之《紅樓夢試論（一）》以為是「明清之際一個史」之說法近似。

5. 張愛玲之《紅樓夢魘》以為《紅樓夢》是一部創作而非自傳。

筆者以為《紅樓夢》此部小說中之人物與情節應具有影射及批判作用，且影射或批判當朝、甚或前朝之人事，只是直至目前為止，以上各家說法紛雜不一，尤以索隱派之說法似過於牽強附會，未能令人心服，其中李知其《紅樓夢謎》更是近年來承繼索隱派說法極端影射的一部書。而胡適先生所謂之「自傳說」應有其可信度，只是並非全書所載之事皆為事實罷了，但至少作者文中融入自家影子之說法，是無庸置疑的，因任何作品均不可能憑空杜撰，文中若非是作者思想之表達，必然有情節之模擬，且以模擬現實生活中已發生之事或對未發生之事的揣摩、想像。筆者深信綜合性之說法將是研究紅學者較易接納的趨勢。

二、《紅樓夢》之作者與續書人之論證與輯整

《紅樓夢》之作者、批書人、續書人一直是昔日被重視且探討之論題，筆者此處將論證有關作者與續書人之說法，至於批書人在《紅樓夢》早期的抄本有脂硯齋、曹棠村、畸笏叟、松齋、立松軒、梅溪、

鑑堂、綺園、痴道人、王藍波等人，其批語均被視爲《脂批本》。[7]筆者將有關《紅樓夢》作者的十種說法羅列於左：

1. 《百廿回紅樓夢》作者爲曹雪芹：

除了脂硯齋以爲是雪芹所撰以外，袁枚《隨園詩話》卷二、裕瑞《後紅樓夢書後》、毛慶臻《一亭考古雜記》、夢痴學人《夢痴說夢》、汪堃《寄蝸殘贅》、陳其元《庸閒齋筆記》、伊園主人《談異》：葉德輝《納蘭成德刻通志堂經解之二》、英浩《長白藝文志》、西清《樺葉述聞》、梁恭辰《北東園筆錄》、姆嬛山樵《補紅樓夢序》、逍遙子《後紅樓夢序》、觀鑑我齋《兒女英雄傳序》、劉鶚《老殘遊記自敍》、周春《閱紅樓夢隨筆》、二知道人《紅樓夢說夢》及弁山樵子《紅樓夢發微》等均承舊說以爲是曹雪芹所作；華陽仙裔《金玉緣序》及海圃主人《續紅樓夢楔子》亦主張曹雪芹爲《石頭記》之作者。此外，張新之所撰之《紅樓夢讀法》及護花主人王希廉亦以爲《百廿回紅樓夢》爲曹雪芹一人獨創。林語堂之〈平心論高鶚〉及其於民國五十五年《中央日報》發表的〈跋曹允中紅樓夢後四十回作者問題的研究〉、〈論大鬧紅樓〉、〈俞平伯否認高鶚作僞原文〉及民國五十六年發表之〈紅樓夢出自曹雪芹手筆〉均是主張百二十回作者爲曹雪芹。高陽先生早在民國五十年九月《暢流》雜誌上發表〈曹雪芹的最後構想〉一文及民國五十四年發表於作品一卷一期之〈曹雪芹〉亦主張一百二十回均曹雪芹一人所作。[8]曾允中女士於民國五十五年發表於《中

---

[7] 朱鳳玉之碩士論文《紅樓夢脂硯齋評語新探》，已頗為詳細地述及脂評概況、脂評本之評介等，可參考之。
[8] 此文輯於民國 1977. 8. 出版之《紅樓一家言》之中，頁 36。

央日報》〈紅樓夢後四十回作者問題研究（一）-（八）〉亦主此說。那宗訓〈從押韻看曹雪芹的語音〉於民國六十三年發表於《大陸雜誌》時，便先入為主地以為作者為曹雪芹。唐德剛之〈曹雪芹底文化衝突〉民國六十九年發表於《中國時報》，僅提及曹雪芹以旗人身分寫《紅樓夢》這部漢人的歷史社會小說。晚近陳炳藻先生更〈從字彙上的統計論紅樓夢作者的問題〉以為後四十回與前八十回同一人。饒靜中〈紅樓夢作者---曹雪芹是個怎樣的人物？〉曾發表於《古今談》一二三期及《藝文誌》九十九期，以為《百二十回紅樓夢》原稿是由曹雪芹一人獨立完成，且考證五次的刪定時間，但並未述及程高本高鶚補的問題，因而筆者將其歸納於此。關華山之碩士論文〈紅樓夢中的建築研究〉中僅提及作者為《紅樓夢》，並未言及賣書人。民國七十四年岑佳卓出版之《紅樓夢探考》（上篇）亦主此說。

　　2. 前八十回作者為曹雪芹，後四十四回作者為高鶚續書：

　　　　首先有關《紅樓夢》作者問題的討論，民國以來有蔡元培先生索隱式的說法外，便是胡適之先生在民國十年對《紅樓夢》作者問題的考證：前八十回作者為曹雪芹，後四十四回續書為高鶚。胡適之說法掀起紅學旋風，至今仍方興未艾。胡適先生在其〈水滸傳與紅樓夢〉一文中言其認定《紅樓夢》之作者為曹雪芹乃因袁枚《隨園詩話》卷二中提及作者是曹雪芹，且俞樾《小浮梅閒話》考棟亭父子之事蹟立說以證作者為曹雪芹。至於百二十回程高本後四十回高鶚續書之說法，其主觀地斷定程高本序文中二人偽說後四十回得稿自鼓擔之事，為其立論證說。並引《張問陶詩注》之補字之材料，謂高鶚為續書人。

當時俞平伯先生與胡適先生之看法頗爲一致，其後又有周汝昌先生的《紅樓夢新證》，可謂將胡適說法推於極至。實則讚成高蘭墅續書之說法，胡適並非第一人，鐵珊之《增訂太上感應圖篇》，震鈞之《天咫偶聞》、王國維《曲錄》、楊鍾義《雪橋詩話》、李放《八旗書錄》及吳雲《紅樓夢傳奇序》等均謂高鶚續書。而反對胡適之說者亦不乏其人，筆者將在每一小單元中詳述，此處略而不論。此外，贊成胡適之說法者，尚有嚴明，其於民國四十七年、四十八年發表於《自由中國》之〈紅樓夢後四十回的考證問題〉（上）、（下）及民國五十五年十五十六年先後於《中華雜誌》發表之〈論林語堂紅樓夢翻案〉和〈論林語堂所謂曹雪芹手訂本紅樓夢之真相〉均以爲是高鶚續書。羅稻仙於民國五十六年及五十七年先後在《反攻雜誌》三0八期及《中華日報》發表〈從紅樓夢本文看高鶚續貂的真憑實據〉和〈高鶚續貂的直接證據〉之文，均是主張高鶚續書之說。包正於民國五十六年七月發表於《自立晚報》之〈高鶚上林語堂書〉，即是模擬高鶚之口吻，敘說高鶚是後四十回的續書人。若圓於《古今談》發表之〈曹雪芹的生平〉亦以爲紅樓夢一書爲曹雪芹撰、高鶚續。民國五十四年《文史集林》第四輯載吳世昌〈從高鶚生平論其作品思想〉一文，贊成胡適之說法。民國七十二年胡文彬、周雷〈論《紅樓夢》後四十回的政治傾向〉乃以爲後四十回爲程高纂所改的。林文心之〈鳳姐形象說議〉主張高鶚續書後四十回，石昌渝〈論《紅樓夢》后四十回〉亦主此說。吳郎於民國七十九年出版之《中國通俗小說述要》亦認同此說。

3. 前八十回爲曹雪芹撰、後四十回爲高鶚補或刪易：

張問陶《船山詩草》中注八十回以後俱爲蘭墅所補，俞樾之《小浮梅閒話》亦證同之。「補」字與「續書」之意義不同，已有多位學者反駁胡適將二字相混之論點。而民國七十四年王昌定之《紅樓夢藝術探》一書中從《紅樓夢》一書之風格認定前八十回爲曹雪芹著，後四十回爲高鶚，程偉元補。世界書局出版之《紅樓夢》上冊、趙苕狂之《紅樓夢考》亦主此說。

4. 原作者不知爲誰？曹雪芹增刪、高鶚修訂：

程偉元《紅樓夢・序》以爲作者相傳不一，曹雪芹僅是刪書人。王夢阮之《紅樓索隱提要》亦僅相信雪芹刪書，而初創者另有其人。潘師重規於民國四十八年在《暢流》第十九卷、第六期發表之〈從脂硯齋評本推測紅樓夢的作者〉，便主此說，至於其後來在《紅樓夢新解》一書中，又對原八十回作者有更進一步之推測，以爲是民末遺民，但亦不知爲誰？筆者將其一併納入此條則中。杜世傑之《紅樓夢考釋》亦主此說 。其後王三慶教授亦沿承潘師之說法。朱鳳玉之碩士論文《紅樓夢脂硯齋評語新探》亦主此說。此外張愛玲之《紅樓夢魘》亦認同程高序文之說法，認爲高鶚只不過是修訂者。靈鈞之《論紅樓夢》一書認定原作者不知爲誰而曹雪芹增刪之。陶劍平之《紅樓夢後四十回非高鶚續作》採程偉元之說法。

5. 前八十回作者爲曹雪芹：後四十回不知何人續書：

許惠蓮碩士論文《紅樓夢劇曲三種之研究》主此說。

6. 原作者不知爲誰？高鶚大加刪易：

　　平步青之《石頭記》贊成此說。

7. 《紅樓夢》一百回之原作者爲曹雪芹，後二十回不知誰續，今百
　　廿回已非原作：

　　　主張此種說法者爲嚴冬陽及葛建時，二人先後在《聯合報》合撰
　　了四篇文章，前三篇文章爲〈評林語堂對紅樓夢的新發現〉、〈再
　　評林語堂先生對紅樓夢的新發現〉及〈論紅樓夢後四十回之僞---三
　　評林語堂先生之新發現〉於民國五十六年五月、六月、七月先後發
　　表於《聯合報》，以反駁林語堂主張百二十回均爲曹雪芹創作之主
　　張。其後民國五十七年再次於《聯合報》發表之〈曹雪芹原稿紅樓
　　夢一百回〉則大力主張曹雪芹原稿有一百回，後二十回爲他人所續，
　　續書者有可能是高鶚，但不能確知爲誰？而今之《百二十回紅樓夢》
　　已非曹雪芹原作。其〈紅樓夢新考〉一文亦然。

8. 原作者爲曹頫：趙同之《紅樓猜夢》於民國六十九年出版，主張前
　　八十回之作者爲曹頫，而續文之腹稿已有之。

9. 前八十回作者爲曹雪芹、後四十回爲程偉元續補：主此說者爲張欣
　　伯，見於其《石頭記稿》一書。

10. 四人合傳說：

　　　主張四人合傳《紅樓夢》者爲趙岡先生，其《紅樓夢研究新編》
　　　一書以爲曹雪芹、脂硯齋、畸笏叟、杏齋等四人參與了此作。[9]不

---

[9]張欣伯之〈甲午淚筆〉亦引用此說，《中華文藝》第8卷、第1期、頁169。

過趙岡先生出版《紅樓夢研究新編》之前，民國四十八年於《文學雜誌》第七卷、第四期發表的〈論紅樓夢後四十回的作者〉，民國四十九年於《自由中國》第二十二卷、第六期發表的〈論今本紅樓夢後四十回（上）·（下）〉，民國五十五年於《中央日報》發表之〈紅樓夢後四十回作者問題（一）、（二）〉及民國五十六年於《聯合報》發表之〈論林語堂先生的董董重訂本紅樓夢稿〉等四篇作品中，除了對林語堂以爲百廿回之作者爲曹雪芹的主張反駁之外，同時亦認定，前八十回的作者爲曹雪芹，而後四十回的作者卻認定爲四人合傳，故筆者將此二人之說法列於第10條之下。

11. 主張多人合傳說：

有李慈銘之〈閱小說《紅樓夢》〉主張草創者爲寶玉，後來又經多人刪改而完成的。此外，上海復旦大學統計學系李賢平副教授利用電子計算機和統計學方法以《紅樓夢》一書中四十七個虛字在各回出現的頻率統計s，分析出《紅樓夢》是由不同的作者在不同時間裏寫成的。[10] 王師關仕之《紅樓夢研究》一書中，則主張《紅樓夢》是由曹雪芹及脂硯齋合傳。王雲五主編之《中國文學史概要》主張今通行本《紅樓夢》非曹雪芹一人所作，有他人增補。但不知他人究竟爲幾人？故亦列於此。

以上由筆者歸納爲十種有關紅樓夢作者的說法。其中每一種說法的主張者，均有其資料以支持其論點。而筆者在整理作者資料的過程

---

[10] 見於1987.9.10.星期4，《聯合報》第3版所刊載《統計分析紅樓夢成書探疑另一說》之報導。

中發現，台海兩岸學者多半接納了胡適先生前八十回是曹雪芹的說法，對於後四十回續書人是誰似乎仍爭議不息，誠如詹兵卓（Bing-Chon Chan）先生所云：「作者的問題是被公開地爭論著。」[11]而且只要有更具說服力的證據，相信作者的問題仍像個待開發的礦山一般。

至於筆者的感想以爲胡適之先生確實爲紅學立下了汗馬功勞，只是他所提的某些觀點早就被後學一一駁倒，胡適先生想完全鞏固過去屹立不搖的地位，恐非易事。筆者以爲曹雪芹既有「增刪」之實，必然是本書的作者之一，不容置疑。因爲如果原作者並非曹雪芹，但經過他披閱十載、增刪五次的結果，原稿想要維持完璧已不可能。曹雪芹既然有增刪之功，當然就是《紅樓夢》的作者之一，只不知最初擬定原稿的是否就是他本人了？至於後四十回根據程偉元序中云，其同友人（指高鶚）「細加釐易，截長補短，鈔成全部，以公同好」[12]，故作者至少有三人。另包括程偉元自己搜羅的二十餘卷之作者及其偶於鼓擔上所得之十餘卷的作者，因而嚴格論之，《紅樓夢》應是多人合作之書。而王師關仕之《紅樓夢考鏡》（八）則以爲前八十回作者恐非出於一手，也不是無理由的猜測[13]。因此潘師重規雖有獨特的見解，然而胡適之先生的考證也未必就是錯誤的，因爲至今《紅樓夢》的作

---

[11] 見於其作品 *The Authorship of the Dream of the Red Chamber.* p. 3.
[12] 見於程偉元排印一百廿回本《紅樓夢》序言中，其云與友人一起補作，此有人是指高鶚，而在高鶚序中亦如此亦如此敘述著。
[13] 見於《國文學報》第17期、頁223。

者依然是個謎。但是如像李賢平教授以統計虛字之出現頻率，做爲認定《紅樓夢》是由多人於不同時間合作而成的說法，則是忽視長篇接力創作的困難度及接力創作會令前後文氣不一的缺失。此種說法雖然新穎，令人好奇，但卻極難令人接受，因爲以虛字來作爲研究紅樓夢作者的依據是缺乏說服力的，作者愛用多少虛字及虛字的比例，這些文詞的運用應當是隨著作者創作時的靈感而定，畢竟要創作出好的情節及戲劇的內容並非易事，雖然修辭是作者將靈感以平面方式表達出來的方法之一，但卻無法借由修辭中虛字的多寡或分佈情形來從事已失考多年之「作者」身分的確認，我相信從事紅學研究多年的學者必然會讚同筆者此處的論斷。因此筆者文中凡有提及作者問題時，則以「紅樓夢作者」書之，而不直呼「曹雪芹」。

三、有關 《紅樓夢》版本問題之發現與解決

《紅樓夢》一書之版本頗多，其古抄本及刊刻本（程高本）之概況如下：

（一）. 古抄本有：

1. 乾隆十九年甲戌（一七五四《脂硯齋重評石頭記殘抄本》，共十六回。（又稱甲戌本或脂殘本）

2. 乾隆二十四年己卯，冬（一七五九）《脂硯齋四閱評本石頭記殘抄本》，四十回。又稱《己卯本或脂配本或脂館本》

3. 乾隆二十五年庚辰（一七六0）秋《脂硯齋四閱評本石頭記殘抄本》，七十八回。（又稱庚辰本或脂京本）

4. 《國初抄本原本紅樓夢》（又稱有正本或戚本或脂戚本）

5. 《南京圖書館藏抄本石頭記》，八十四回。（又稱脂南本）

6. 清《蒙古王府藏抄本石頭記》，一百二十回。

7. 《靖應鵾藏抄本石頭記》（又稱靖藏本、脂寧本）

8. 乾隆四十九年甲辰（一七八四）夢覺主人序本《紅樓夢》。（又稱甲辰本）

9. 乾隆五十四年乙酉（一七八九）抄本《石頭記》，四十回。（又稱乙酉本或脂舒或吳曉玲藏抄本）

10. 鄭西諦藏殘抄本《紅樓夢》，八十回。「又稱鄭藏本或脂鄭本」。

11. 蘇聯亞洲民族研究院列寧格勒分院藏抄本《石頭記》，八十回（又稱脂亞本）

12. 《乾隆抄本百二十回紅樓夢稿》。[14]

（二）. 刊刻本（程高本）有：

1. 《新鐫全部繡像紅樓夢》，一百二十回，乾隆五十六年辛亥（1791）萃文書屋木活字本。

---

[14] 以上古抄本部分參考自潘師重規於民國六十五年發表在《中華日報》之〈紅樓夢舊抄本知見述略〉及載於《中華日報》及《香港紅樓夢研究資料展覽》中，後者未分古抄本與程高本，載有十本古抄本與四本程高本；同時參考文雷之《紅樓夢版本淺談》、張愛玲之《紅樓夢魘》中有關全鈔本、甲戌本與庚辰本的年份及《紅樓夢》當時原本之探討；並參閱馮其庸之《脂硯齋重評石頭記彙校本》，（十二本古抄本中缺靖藏本）；胡文彬之《紅樓夢敍錄》、一粟編之《紅樓夢書錄》均或多或少提及此十二鈔本；宋榮發編之《紅樓夢研究文獻目錄》中載有此十二鈔本。

2.《新鐫全部繡像紅樓夢》，一百二十回，乾隆五十七年壬子（1792）
　萃文書屋木活字本。

3.《新鐫全部繡像紅樓夢》，一百二十回。

4.《新鐫全部繡像紅樓夢》，一百二十回。

　　有關這四種版本之名稱除了程甲本外，其餘仍有爭議，筆者擬將
所發現之問題分爲二項探討之：（一）程高本二版、三版及四版說之
問題。（二）有關青石山莊影乾隆壬子年木活字本《百二十回紅樓夢》
之簡稱與排印次數之問題。

（一）程高本二版、三版及四版之問題。

　　欲談及問題核心「青石山莊影本的問題」之前，首先得由二版說
之概況談起最早掀起紅學熱潮的胡適之先生乃程高百廿回本提出二版
說的第一人，從其《紅樓夢考證》一文中已見端倪，而胡適之《紅樓
夢考證》又有續作《紅樓夢考證》之修稿及定稿，一般均以定稿之理
論爲主，其所謂之二版說是指程甲本及程乙本。而潘師重規及王三慶
教授也都是二版說之支持者，且是針對趙岡提出三版說而作的反駁，
筆者將於三版說之部分詳細說明。繼二版說之後，青石山莊影胡天獵
叟藏本之出現，使胡適之二版說面臨了考驗，當胡適先生確認胡天獵
叟本與程乙本有其異同處，是另一程乙本後，便有趙岡先生於民國六

十年所撰之《紅樓夢新探》一書中提出三版說[15]，這三版說，除了程甲本、程乙本外，又加上青石山莊影本，趙岡稱其為程乙本而稱胡適認定之程乙本為程丙本。然而民國六十三年潘師重規於其《紅樓夢新辨》一書中提出反駁趙岡先生的說法，以為程高百廿回只曾排印過兩次，「但現在發現許多程刻本，內容往往頗有差異，我們注意到這現象可能是甲乙本混合之故。」[16]於是有關程刻本的探討問題便開始喧騰一時，王三慶教授於民國六十九年提出的博士論文：《紅樓夢的版本研究》中便將程刻本頗為詳細的探討[17]。其由民國十年時胡適、汪原放先生之二版說談起，經過民國四十六年王佩璋女士質疑孫子書的註錄之文，民國四十七年一粟先生對程甲、程乙本的異本考證，使胡適先生堅信二版說不疑。至民國五十年青石山莊影萃文書屋乾隆木活字本出現後，令胡適開始懷疑胡天獵叟本是另一部程乙本。然而自從趙岡先生正式提出程甲、程乙、程丙本後，潘師重規曾親至日本對照伊藤漱平之程甲本及倉石武四郎教授的程乙本後，提出青石山莊影本只是程甲與程乙本間之混合本。而大陸學者周汝昌先生、周紹良先生及文雷先生均受三版說的影響。王三慶教授最後又批駁伊藤漱平的胡本的程序由甲本誤移而來，出版時因殘缺又以亞東本補鈔為誤的說法，於

---

[15] 見於趙岡先生之《紅樓夢新探》一書、（頁272-301），而後趙岡先生又於1975年與陳鍾毅先生合撰《紅樓夢研究新編》一書（頁245-258）中方提及三版說、潘師重規於其《紅樓夢新辨》一書中，引用趙岡《紅樓夢新探》三版說，並予以批駁。
[16] 見於《紅樓夢新辨》一書，頁179。
[17] 見其論文下篇、頁525-578。

是引用潘師重規及伊藤漱平先生之二版說的部分理論以確立「混合本」、「隨改隨校」等「配本」、「配葉」、「異植字版」之說法。潘師重規與王三慶教授之看法均可資參考。繼王三慶教授的《紅樓夢版本研究》之後，有關程本的研究概況，在台灣有民國七十一年九月那宗訓先生《紅樓夢探索》一書，其以為廣文書局紅樓夢叢書中之程丙本為胡天獵叟本，它是由程甲到程乙的過渡本[18]。此種過渡本的說法還是源於趙岡先生的理論，只不過趙岡先生以為程乙本是胡天獵叟本而胡氏擁有的那一本為程丙本罷了。至於大陸方面一九八一年十一月即是民國七十年十一月，韓進廉先生繼文雷先生的說法以為程刻本排印了三次，胡天獵叟本是程甲及程乙的混合本，韓進廉先生的混合本之說似乎與潘教授重規之說法頗有些近似，但韓先生亦不主張二版而是主張三版之說法，將胡天獵叟本列為程丙本，這又與潘師重規的說法相異。一九八二年九月即民國七十一年時，魏紹昌先生之《紅樓夢小考》有關程刻本問題的探討時，所列出的程甲、程乙本似乎漏了青石山莊胡天獵叟藏本。至一九七八年四月，即民國七十二年胡文彬與周雷先生將乾隆五十七年壬子萃文書屋木活字本視為程乙本，台灣青石山莊影印乾隆壬子木活字本列為程丙本，雖其與韓進廉先生同時將青石山莊影本列為程丙本，亦是三版說，但論調又有互異之處。這是民國六十九年至民國七十二年之間的版本研究概況。至於四版說，在民國六十六年時，台北廣文書局影印之四部「紅樓夢」書籍，並名之

---

[18] 見於那宗訓先生《紅樓夢探索》一書，頁81。

為程甲、程乙、程丙。程丁本等四種。民國七十一年十月，徐仁存、徐有為先生考定廣文書局之程丁本藏在台大，共二十四冊而程丙本即胡天獵叟本，是乾隆五十八年癸丑（1973）程排印的[19]。不知徐仁存、徐有為先生有否看到青石山莊影乾隆壬子年萃文書屋的木活字本之四函線裝書，否則怎會有如此大的差錯，將壬子年改為癸丑，此種重大錯誤一望便知。廣文書局紅樓夢叢書對程甲至程丁本的編排原已失去令人信服的根據，而二位先生竟引以為據的初衷就更令人不解了。不過由於台大所收藏的這一本二十四函《紅樓夢》實與程甲、程乙、程丙不同，故廣文書局將其列為程丁本，可算是對原有三種版本說法的新挑戰，可見知識、理論後出轉精說法之不誣了。

以上是由二版說至四版說之概況，其中較明顯的問題是出在二版與三版說的的爭議上，尤其是對青石山莊影壬子年木活字本《百廿回紅樓夢》本，即胡適所稱之另一程乙本和邢宗訓考定廣文書局出版之程丙本的說法，約可分為二派：一是以為胡天獵叟本為程甲及程乙的混合本是過渡本。一是以為胡天獵叟本為程丙本，此乃程高本中二版與三版說中之胡天獵叟影本究竟是另一版本或是僅是過渡本而已之問題所在，此問題至今仍無定論，不過由以上筆者所整理之主張三版說資料中顯示，贊成胡天獵叟本即是程丙本的三版說論者似較多。

（二）. 有關青石山莊影乾隆壬子年百廿回紅樓夢之簡稱與排印次數之問題：

---

[19] 見於徐仁存、徐有為先生之《程刻本紅樓夢新考》一書，其21-23。

1. 有關青石山莊影本之簡稱的問題：

　　有關青石山莊影乾隆壬子年木活字本《百廿回紅樓夢》一書之簡稱有三：一是胡本、一是影乾隆壬子年木活字本《百廿回紅樓夢》、一是胡天獵叟本。胡本之簡稱殆無疑義。影乾隆壬子年木活字本《百廿回紅樓夢》之簡稱，使用者包括胡適先生、趙岡先生、徐仁存及徐有為先生等，並直呼胡天獵先生。而王三慶教授於其博士論文《紅樓夢版本研究》中則簡稱胡本、或直呼胡天獵叟而不稱胡天獵先生，然而其〈敬答趙岡先生，評王三慶「紅樓夢」版本研究〉一文中，卻時稱胡天獵叟本或影乾隆壬子年木活字本《百廿回紅樓夢》，行文之前後稱謂並未能臻於一致。這其間的問題便在於究竟該簡稱為「影乾隆壬子年木活字本《百廿回紅樓夢》」或「胡天獵叟本」？其差別乃在對「叟」字之定義的認知上。根據孟子梁惠王篇有：「叟，不遠千里而來」，此「叟」字是對長老之稱，猶如稱「老先生」一般。如此一來，胡天獵叟省略叟字或不省叟字之稱呼為胡天獵先生或胡天獵老先生之差異，似乎不大，但若胡天獵叟乃一完整、不可分割之稱呼時，今將叟字省略便無法成為一完整之稱謂。故簡稱時，若能顧及文法及稱謂之完整性，恐較為適當；且筆者博士班時之指導教授台大中文系吳師宏一曾於讀者報考台大中文系時提醒後學，與其稱「影乾隆壬子年木活字本《百廿回紅樓夢》」，不如稱為「胡本」或「胡天獵叟本」，可免爭端，因而筆者以為宜採取「胡本」或「胡天獵叟本」之稱呼為佳。

2. 有關青石山莊影乾隆壬子年木活字本《百廿回紅樓夢》之排印次
　　數：

　　　　有關青石山莊影萃文書屋乾隆壬子年木活字排印本《百廿回紅
樓夢》究竟排印了幾次？筆者在前介紹二版、三版至四版之概況時，
僅就所引用之資料做輯整，並未能深入探討究竟排印幾次及筆者從
中所發現之問題。事實上青石山莊影印此書，便有排印幾次之問題
的爭議：即是民國五十年或五十一年出版之爭，或云此書究竟有無
第二次印行的問題。在王三慶教授之博士論文《紅樓夢的版本研究》
一書中提及民國五十年出版，而其論文之參考書目部分卻引用民國
五十一年五月十五日出版之書目，且未進一步說明何以如此。而趙
岡先生於民國六十年由晨鐘出版社出版之《紅樓夢新探》下編：〈後
四十回續書問題探討〉之中，稱此書於一九六一年印行，且並無第
二次印行[20]。其以爲影萃文書屋乾隆壬子木活字百廿回紅樓夢之出版
年代是一九六一年，即民國五十年無疑。這與筆者在師大善本書庫
及國家圖書館所察到的這部書均書爲民國五十一年五月十五日影印
出版不同，因而筆者就國家圖書館普通線裝書上載有此書於民國五
十年出版，並藏於台大文學院圖書館，筆者親自前往察閱時發現此
書已亡佚，因此詢問了圖書館員，獲悉此書在政府接收日據時代的
台大時，便無此書；又台大圖書館館員以爲根據她們編目錄卡的經

---

[20] 見於頁 273-301。

驗，坊間民國五十一年出版之胡天獵叟本與台大藏本可能為同一版本，編目錄卡時的誤編可能性較高，而今究竟真相如何已不可得知？唯一可確定地是趙岡先生云此書於民國五十年印出後，並無第二次印行是錯誤的，因為就算五十年出版過一次，目前在師大善本書庫藏本及國家圖書藏本均是民國五十一年出版的，這豈非已是第二次印行了。而王三慶教授《紅樓夢版本研究》在正文中提及此書於民國五十年出版，但其參考書目則又列為民國五十一年出版的同時，應對版本問題加以闡述清楚，只可惜其並未能發現此問題而進一步探討，因此究竟青石山莊影萃文書屋乾隆壬子年木活字本《百廿回紅樓夢》是民國五十年或五十一年出版？已因台大藏本亡佚而莫可究道之。我們只能下一結論：

（1）. 如果胡天獵叟本的確出版於民國五十年，而今又有民國五十一年之版本，則胡天獵叟本便有第二次印行之實。

（2）. 如果胡天獵叟本非於民國五十年出版之版本，果真如台大文學院圖書館員所言是因製作目錄卡的筆誤，那麼胡天獵叟本，便是民國五十一年（1962年）出版的唯一版本，且並無第二次印行。

四、《紅樓夢》一書之影響

《紅樓夢》一書不僅對清朝之政治、文壇、社會等產生重大影響，甚至於在民國文壇之影響亦舉足輕重。在一粟所編之《紅樓夢卷》卷四中，有關士女閱讀《紅樓夢》一書瘋狂或死亡者不乏其人，如樂鈞之〈癡女子〉、陳鏞之〈紅樓夢〉、李慈銘言己綿惙之際〈閱小說〈紅樓夢〉嗚咽之事，鄒弢〈小說之誤〉言其友紀友梅之戚，喜讀紅樓，中夜常為歔泣而得顛痛疾等傳說。同時又有所謂「淫書」之稱，荼毒人心之說法甚囂塵上，衛道者起而攻之，這是對社會方面的影響；政治方面。索隱派影射當朝某些人的說法，雖在文壇流行，但並沒發生文字獄之情事，惟都因「淫書」之惡名而遭到當朝頒令禁毀，在《元明清三代禁毀小說戲曲史料》中便提及禁毀小說在明崇禎時代已有，如金瓶梅…等之被禁，亦因淫穢起。至清朝時亦分別在清世祖順治、清聖祖康熙、清高宗乾隆、清仁宗嘉慶及德宗光緒年間禁止淫書通行，這是由社會層面之風俗民情影響到政治措施的案例，至於文壇上之影響，則是以作品為主。有專作《紅樓夢》一書之作者或版本考證者，有為此書校注者，有為此書續書者，有脂評輯校者，有為此書譯作者、有受其影響而創作者、有為此書探佚者、有從事評析者、有探討其美學思想者，有為其編錄索引、資料匯編者。而筆者此處僅討論以下三類作品（一）在風格、題材或內容上，受《紅樓夢》影響之作品。（二）比較性質作品。（三）譯作與譯評。

（一）. 在風格、題材或內容上受影響之作品

此類作品包括續作和仿作二類。前者算是改寫作品，後者則是思想、風格上的抄襲，內容與原作往往迥異。就一粟之《紅樓夢書錄》中列出繼《紅樓夢》一書之後的續作有趙遙子之《後紅樓夢》、秦子忱之《續紅樓夢》、蘭皋居士之《紅樓重夢》、歸鋤子之《紅樓夢補》及《續紅樓夢》、娜嬛山樵之《補紅樓夢》及《增補紅樓夢》、臨鶴山人之《紅樓圓夢》、花月痴人之《紅樓幻夢》、雲槎外史之《紅樓夢影》、郭則澐之《紅樓真夢》，另有《紅樓重夢》、《紅樓復夢》、《紅樓再夢》、《鬼紅樓》、《太虛幻境》、《新石頭記》、《紅樓續夢》。《紅樓殘夢》。《紅樓餘夢》、《紅樓夢別本》、《新續紅樓夢》、《紅樓後夢》、《紅樓三夢》、《紅樓續夢》、《再續紅樓夢》。《三續紅樓夢》、《疑紅樓夢》、《續疑紅樓夢》、《大紅樓夢》和《紅樓翻夢》等三十一部書。晚近又有薛瑞生之《紅樓采珠》及張新之《紅樓夢新補》、共三十三部書。[21] 仿作的作品有：《鏡花緣》、《品花寶鑑》、《花月痕》、《青樓夢》、《海上花列傳》、《兒女英雄傳》、《花田金玉緣》、《蘭花夢奇傳》、《淚珠緣》、《新淚珠緣》…等共二十一部，除了仿作之外又有圖畫、譜錄、詩詞、

---

[21] 台灣開明書店出版之《中國文學大綱》（頁266）、宋海屏先生之《中國文學史》（頁452）、易君左先生之《中國文學史》（頁431）、胡雲翼之《中國文學史》（頁289）及前野直彬主編之《中國文學史》（頁370）均參考《紅樓夢書錄》或多或少提及其續作之書名，並以為是狗尾續貂之劣作；王大方教授之作《紅樓說夢》以為張之《紅樓夢新補》一書是為所有續書中較好的一部（頁181）。而胡文彬先生之《紅樓夢敘錄》所羅列的續書未見的刊本：共七本，已刊的僅有逍遙子《后紅樓夢》。

戲曲、電影、小說，一栗所整理舊紅學時期之資料中，圖書有二十八幅、譜錄有二十五本、詩詞中有六十本詩、十本詞、崑曲二十本、子弟書三十九本、大鼓二十一本、蓮花落雨本、八百鼓十本、馬頭調十二本、嶺兒調一本、彈詞一百一十六本、灘簧三本、鼓子詞二本，其他各戲若干齣、電影三部、小說四部，一栗一律將其歸於評論部分；胡文彬亦分為報刊文章、詩詞、繪畫、戲曲、電影、故事，不過並未歸入評論類。此外許惠蓮碩士論文《紅樓夢劇曲三種之研究》中亦述及有關紅樓夢劇曲中一栗所搜集之十種資料，此皆在一栗與胡文彬先生所搜集之戲曲資料中。田于之《紅樓夢敘錄》在續作與仿作方面的資料輯整與一栗大同小異。不過此三位學者，均未將白先勇之《遊園驚夢》列入，事實上《遊園驚夢》也是一部在風格、思想上頗受《紅樓夢》影響之書。

（二）．屬於比較性質之作品

最早的作品是林伯燕於民國五十二年六月發表於作品第四卷第六期之〈源氏物語與紅樓夢〉，接著張健於民國五十六年刊於《中國文學散論》中的〈紅樓夢與儒林外史〉，接著費海璣於民國六十二年發表於《大華晚報》之〈紅樓夢與精神分析學（一）、（二）、（三）〉。民國六十四年費海璣於《台灣日報》發表〈紅樓夢與薩克萊盧榮市的比較研究〉；民國六十五年周咸清亦於《中外文學》發表〈卡拉馬助夫兄弟們與紅樓夢家族之比較〉，民國七十一年孫遜、陳紹著有《紅

樓夢與金瓶梅〉、民國七十三年徐扶明著有《紅樓夢與戲曲比較研究》，民國七十八年周汝昌著有《紅樓夢與中華文化》，另據岑佳卓之《紅樓夢探考》一書中提及《紅樓夢與其他小說比較》之作有周策縱〈紅樓夢與西遊補〉一文，其中證明《紅樓夢》受《西遊補》之影響、陳毓羆《紅樓夢和浮生六記》及白先勇《紅樓夢對「遊園驚夢」的影響》，此外，俄國作家契可夫之《櫻桃園》亦可供從事比較文學者從「大家族之盛衰變遷史」著手比較研究。

（三）．譯作與譯評

一粟先生《紅樓夢書錄》中將譯本分為末見、未刊及已見之刊本二種。其中日文本三本、英文本五本、德文本二本、法文本二本。陳鐵凡先生於民國五十四年十月發表於《大陸雜誌》第三十一卷、第七期中之外文譯本便有日文、英文、法文、德文、意大利文及俄文等七國譯本，其中又以英文選譯為最早、日文選譯為最多。其所收集譯本之書籍多出意大利文及俄文兩種。胡文彬之《紅樓夢敘錄》中收集之譯文本，除了本國之蒙文《新譯紅樓夢》末見及維吾爾文之《紅樓夢》百二十回外，朝鮮文本有四本、日文本有十一本、越南文本有一本、英文本五本、法文本兩本、義大利文一本、荷蘭文一本、匈牙利文一本、俄文兩本、羅馬尼亞文一本、德文一本及希臘文一本。其中之十一本日文譯本，僅松枝茂夫譯本與一粟載入者同；法文譯本二本，均不相同，德文一本是一粟載入二本中之一本，英文譯本僅與王際真譯本相同，

其他均不同，此外越南文譯本、匈牙利文譯本、荷蘭文譯本、朝鮮文譯本、俄文譯本、羅馬尼亞文譯本、希臘文譯本、意大利文譯本均是一粟《紅樓夢書錄》中所無。 而吳世昌之《紅樓夢的西文譯本和論文》（載於《文學遺產增刊》中）、陳鐵凡《紅樓夢外文選譯述略》（載於一九六五年十月號《大陸雜誌》）、陳炳良之《近年的紅學述評》（刊於香港一九七四年一月號之《中華月報》）、米樂山之《紅樓夢的小說面具》及康來新一九七六年於《大陸雜誌》發表之〈英語世界的紅樓夢〉中，所收集之英譯就幾近五十本之多。事實上，翁延樞所譯之《紅樓夢的英譯本》，早在民國四十八年二月已發表於《文學雜誌》第五卷、第六期。陳文華之〈吳世昌著英文紅樓夢探源介評〉於民國五十四年六月發表在《東海學報》第七卷、第一期。舒信之〈紅樓夢英譯〉於民國六十三年發表於《中國時報》。宋淇之〈喜見紅樓夢新英譯〉於民國六十三年七月發表於《幼獅月刊》第四十卷、第一期、民國六十四年五月--十二月其又於《書評書目》第廿五期至卅二期發表《試評紅樓夢新英譯》（一）-（八）。邱成章於民國六十四年九月於《書評書目》發表《試評紅樓夢新英譯》一文。傅述先亦於民國六十六年十月在《中外文學》第六卷、第五期發表英譯《石頭記》。

以上這些作品均是對其譯本的簡介或評論。可見《紅樓夢》譯作之豐盛了，同時也因此提高了中國小說在國際文壇的地位。

第三節　夢與文學、夢之義界、編排及研究取向

處乎宇宙瞬息萬變、人生虛實相參之世；憑意識、感官，人類乃觸知真實，同時亦為假相所炫惑，而夢與人生正居虛實相參之位。文學或臨床實驗記錄了人類作夢的點滴，在中國與西方世界顯然有其異曲同工之妙。以下將略述夢與文學之關係：

一、夢與文學之關係

《莊子・齊物論》云：「…不知周之夢為蝴蝶與？蝴蝶之夢為周與，同與蝴蝶必有分矣，此之謂物化。」[22]及蘇軾〈和陶飲酒詩〉（其十二）中亦有：「我夢入小學，自謂總角時，不記有白髮，猶誦論語辭。人間本兒戲，顛倒略似茲。」[23]正可深入淺出地為「夢與人生之虛實相參」作崞證。夢酣時之有形、聲、色、慾；夢醒後之一切寂然烏有，為「夢」一詞烙下千古不滅之神秘色彩，故衍而成一古今中外學者所紛競爭妍之學科。試以中國論，文學作品中言夢、論夢及解夢者，不勝枚舉，筆者將約略述之：西周以前之作品，如《論語》一書中孔子云久不復夢見周公之事；莊子〈大宗師〉、〈齊物論〉中有夢學理論；〈至樂〉中有髑髏現夢於莊子；〈人間世〉中有櫟社現夢於匠石；《左傳》中有託夢性質的故事及舊題歧伯作之《黃帝內經・素問》中有夢學理論。漢時，王充《論衡》中有夢學之理論、王符《潛夫論》

---

[22]見於莊周著、晉郭象註、唐・陸德明音義之《纂圖互註南華真經》卷第1、頁26。
[23]見於《東坡先生詩集註》宋蘇軾撰、宋王十朋纂集、明茅維孝閱紀年錄、明傅藻編、明刊善本書目、卷30、頁16。

中有夢學理論。漢魏六朝志怪小說中有以夢爲題材的故事；劉向《新序》中收錄有夢的故事；劉勰《文心雕龍》自序中云夢爲人生理想之境；《三國志‧魏志》有周宣解夢之說。隋唐時，與夢有關之作品如唐代傳奇中沈既濟之〈枕中記〉、及李公佐之〈南柯太守傳〉乃以夢之形式寄寓人生，其他作品或有以夢爲題者，如白行簡之〈三夢記〉…。宋時《太平廣記》收錄了許多漢魏六朝志怪小說之文，以應證符命之說或心電感應之事，其中將夢分爲夢休徵、夢咎徵、鬼神、夢遊等四類；而《太平御覽》則將夢分爲吉夢、應夢、凶夢三類；黃休復《茅亭客話》中亦有夢學理論。明代小說中《金瓶梅》有以夢境象徵人物心理之描寫，《水滸傳》亦然。至於清代，以「夢」爲題目之作品亦不少，其中尤以《紅樓夢》更是以夢架構全篇，以闡述富豪貴族之興衰史…等。若仔細去探究，相信文學與夢之史源部分，定然有很多筆者此處所未述及者。

　　至於西方國家中，最早與夢有關之文學作品爲聖經文學上帝託夢、預言家解夢，俯拾可得。其後十五世紀以前之英國有無名氏〈基督受難十字架之夢〉（The Dream of the Rood）、威廉‧藍格蘭德（William Langland）之〈皮爾農夫〉（Piers Plowman）；十六世紀以後，有威廉‧莎士比亞（William Shakespeare）之《仲夏夜之夢》*A Midsummer Nights' Dream*；湯姆斯‧德崑西（Thomas De Quincey）之《一個吸食鴉片者的告白》*Confessions of an English Opium-Eater*；約翰‧邦顏（John Bunyan 1628-1688）之《香客的心歷路程》*The Pilgrim's Progress*…等。美國文學中與夢有關之作品，十九世紀以前有菲利浦、傅雷諾（Philip Freneau）

之《夜之屋》*The House of Night*…；十九世紀以後有瓦特・惠特曼（Walt Whitman）之〈緬懷林肯總統〉（Memories of President Lincoln）；艾格・愛倫坡（Edger Allan Poe）之〈天鵝〉（The Raven）、〈莉吉亞〉（Legia）、《阿瑟屋之坍塌》*The Fall of the House of Usher*；…等亦不勝枚舉。

　　中國文學中之夢的敘述散見於各類文章之中，英美文學亦然，不過英美文學在二十世紀時，文學中之「夢」已能脫離文學而獨立成一門學科，並有爲數可觀且有系統的夢學理論著作問世；夢學理論在文學史上之地位大爲提升；反觀中國，雖夢學理論起源尚早，不過至今卻仍無屬於純中國文學範疇之夢學理論專著。「他山之石，可以攻錯」英美夢學理論地位之提升可啓迪中國人對夢學理論應速旁搜輯整之思。

　　文學可呈現夢境，夢學理論心理學及精神分析可探討文學之內涵。第一個借由臨床經驗以夢學理論及心理學理論探討文學作品之創始者爲佛洛依德，其將希臘悲劇《伊底帕斯王》（Rex Oedipus）透過心理學及夢學理論以「戀母情結」（Oedipus Complex）來闡釋伊底帕斯王弒父娶母的行爲與象徵。其著作《夢的解析》*The interpretation of Dreams*一書是十九世紀以來較完整且有系統的夢學理論，其中除了表達「夢乃願望之達成」外，佛洛依德並詳論「夢之化妝」、「夢之素材與來源」、「夢之運作」…等問題。繼佛洛依德之後，楊格（Carl. G・Jung）、艾德勒（Alfred Alder）、麥孤獨（William Me Dougall）拉孔（Jacques Lacan）、貝修拉（Gaston Bachelard）及佛洛姆（Erich Fromm）均對夢與人性心理有新的界定理論。佛洛依德以爲：「夢…實際上是

一種願望之達成。其可謂為一清醒狀態精神活動之延續。」[24]將夢的功能表達無遺，而漢・王符《潛夫論》中所云：「夢或屢遷化，百物代至，而其全不能究道之，故占者有不中也。」[25]之理論，亦正是佛洛依德《夢的解析》中所討論之「夢的置換」及「夢的化妝」問題。此外，黃休復於其《茅亭客話》中亦云：「…乃知夢者，習也，…。」[26]將夢之成因解釋為乃由日常生活中所習得而成夢，亦與佛洛依德研究夢成因時提出了夢與日常生活息息相關、受童年生活影響，受過去生活經驗影響之論調一致，可見中國之夢學理論與佛洛依德之夢學理論有某種程度性之相似，頗值重視。

　　心理學與夢學之關係，又極為維妙，夢是反映人性心理之產品而夢本身有其一套超越時空之法則，佛洛姆以為：「夢不是遵循支配我們醒覺時之思想的邏輯法則。時空的範疇已經完全被忽略了。」[27]貝修拉（Gaston Bachelard）也提出：「時間是懸宕著的，時間不再是任何的昨天與明天。時間被吞噬在夢者與真實世界的雙重深度中。」[28]夢可

---

[24]見於佛洛依德《夢的解析》*The Interpretation of Dreams* 輯於《佛洛依德心理分析著作全集》標準珍版中，由倫敦The Hogarth Press Limited and Institute of Psychoanalysis於1981出版，頁55。並參見賴其萬及符傳孝所譯之《夢的解析》一書，頁122。志文出版社印行，1985.3.4版。

[25]見《四部叢刊本》冊18、頁46-47。

[26]：見於《筆記小說大觀》10編、第1冊。第2卷、頁502。

[27]見於佛洛姆著的《被遺忘的語言》*The Forgotten Language* 葉頌壽譯《夢的精神分析》一書、頁12。

[28]　見於葛斯東・貝修拉（Gaston Bachelard）之《夢幻的詩學》（*The Poetics Of Reverie*）第五章：「夢與宇宙」'Reverie and Cosmos'頁173。其英文為：Time is suspended. Time no longer has any yesterday and no longer any tomorrow. Time is engulfed in the double depth of the dreamer and the world. 中文由筆者自譯。

將過去、現在及未來之時空倒錯，將各種事件雜揉，可將角色置換，夢是不遵循人生之邏輯法則的。儘管如此，夢依然是人性深層心理之最佳詮釋者。

二、「夢」之義界與編排方式

本論文擬以夢為主線結構，然而其間卻牽涉兩個問題：其一為對「夢」字之界定及本論文對夢資料擇用之取捨。其二為以夢為主線結構的編排方式。筆者將分述於下：

（一）.「夢」之義界與本論文之編排方式

1. 中國對「夢」字之界定及本論文對夢學資料之擇用

    （1）.《說文》將夢界定為「不明」、「細小迷濛」、「昏亂」[29] 這完全就夢之字義而言。《說文》又云：「寢，寐而有覺者。」[30]。

    （2）.《荀子‧解蔽》則將夢解釋為：「心臥則夢，偷則自行，使之則謀，故心未嘗不動也。然而有所謂靜，不以夢劇亂知謂之靜。」注：「夢，想像也。」[31]

    （3）.《墨子‧經（上）》：「夢臥而以為然也。」[32]

---

[29] 見《四部叢刊》第 4 冊，許慎《說文解字》徐鉉等校注、頁 65。
[30] 見《四部叢刊》第 4 冊，許慎《說文解字》徐鉉等校注、頁 65。
[31] 見於《四部叢刊》第 17 冊、頁 156。
[32] 《四部叢刊‧墨子‧經》（上）第 21 本、第 40 卷、頁 87-88。

（4）.《莊子・齊物論》：「方其夢也，不知其夢也。夢之中，又占其夢焉，覺其後而知其夢也。」[33]均將夢解釋爲睡眠中意識朦朧時，身體內外受各種刺激所產生的種種幻象。

（5）.《楚辭・招魂》又將夢解釋爲湖澤：「與王趨夢兮，課後先。」註：「夢、澤中也，楚人名澤中爲夢中。」[34]「夢」又當「雲夢澤」之簡稱。

（6）.「夢」又當「姓氏」用。

1. 西方對「夢」字之界定及本論文對夢學資料之擇用

夢之義界亦有由Paul Proctor（保羅・普羅克特）總編之 _Longman Dictionary of Contemporary English_ 一書中對「夢」的界定五種：

(1). 在睡眠中所經歷的一些思想、意象或感覺。

(2). 當人在半清醒狀態或心智非完全由潛意識所控制之下所經歷的一些思想、意象和感覺，即白日夢。

(3). 人常常會經歷的一種心靈狀態並且很少去留意真實世界的情形。

(4). 想像的一些非真實的事物，但卻極度的相信並充滿渴望：她相信他與她墜入情網，但這只不過是個夢。

(5). 一件事物或人因美貌、傑出、有特質而聞名：他們的新屋是一個真實的夢。[35]

---

[33] 見《四部叢刊》（第27冊）《南華真經・齊物論》頁25。

[34] 見《四部叢刊》（第30冊）《楚辭・招魂》頁114。

[35] 'Dream. n. 1. a group of thoughts, images or feelings experienced during

而韋氏（Webster）的 Webster's *New World Dictionary* 對夢的界定有四：

(1). 在睡眠者心中的一連串意象。

(2). 白日夢。

(3). 一種熱愛的希望。

(4). 如夢似幻。[36]

綜合以上中西對「夢」字之界定有多重，除了「夢」（指在睡眠狀態下所做之夢）外，夢亦可指「白日夢」（在半清醒狀態下的一種夢幻）夢亦可為「夢想」（對外來憧憬之理想）之詮釋、夢為湖泊之名、姓氏…等，而本論文對夢之研究，則以在睡眠狀態下所做之夢為主，其餘均略而不論。

（二）、本論文以夢為主要結構之編排方式：

在「紅樓夢」一書中所提及之夢，或夢幻共有三十二個：

　1.「夢」有二十六個：

---

sleep. 2. a group of thoughts, images or feelings like experienced when half-awake and when the minds not completely under conscious control；Daydream. 3. a state of mind in which on his such experiences frequently and does not pay much attention to the real world. 4. something imagined, not real, but believed in or greatly or hopefully desired: She thinks he is in love with her, but it is only a dream. 5. a thing or person notable for beauty, excellence, on enjoyable quality: Their new house is a real dream. ' p. 335.

[36]Webster's *New World Dictionary* ' 1. a sequence of images etc. passing through a sleeping person's mind. 2. a daydream: reverie. 3. a fond hope. 4. anything dreamlike. p. 382.

（1）．甄士隱之夢（在第一回）

（2）．賈寶玉之夢共有九個（屬於其所做的夢有八個，在第五回、三十四回、三十六回、五十六回、七十七回、九十八回〔有兩個夢〕、一百一十六回，另有一則夢是屬於寶玉所說的夢，在第五十八回。

（3）．鳳姐之夢有三個（在第十三回、第七十二回、第一百十四回）

（4）．萬兒母親之夢（第十九回）

（5）．小紅之夢（第三十四回）

（6）．劉老老說了一個觀音菩薩賜子之夢（第三十九）

（7）．香菱（第四十八回）

（8）．柳湘蓮之夢（第六十六回）

（9）．尤二姐之夢（第六十九回）

（10）．黛玉有兩個夢（第八十二回、八十九回）

（11）．賈母之夢（第八十六回）

（12）．襲人之夢有兩個（第三十回、第一百二十回）

（13）．秦鍾之夢（第十六回）

（14）·史湘雲之夢（第六十二回）

2.「夢幻」有六個：

（1）．賈瑞在風月寶鑑裏見到王熙鳳的幻影（第十二回）

（2）．王熙鳳在大觀園中見到秦氏魂魄之幻影（第一百０一回）

（3）．王熙鳳見到尤二姐之魂魄（第一百一十三回）

（4）．王熙鳳見到一男一女之形影（第一百一十三回）

（5）．妙玉走火入魔之幻像（第八十七回）

（6）．鴛鴦遇秦氏可卿魂　（第一百一十一回）

　　事實上，王希廉之《王希廉評本新鐫全部繡像紅樓夢》中已有提及《紅樓夢》中之夢共十四則，其中除了妙玉惡夢及寶玉想夢無夢外，其餘十二則均列於本論文中。此外，黃炳寅《紅樓夢創作探秘》中之《紅樓夢·夢中之夢》僅提及十二則，均在本論文「夢」定義所書二十六個夢之中，而大某山氏評本之《精批補圖紅樓夢》中載有十六則夢及一則寶玉欲夢無夢[37]，其中大某山民將妙玉走火入魔之夢幻誤視為惡夢，又將寶玉再遊太虛幻境誤視為神遊，即因其未能將夢與夢幻或神遊之意義界定區分使然。而秦英變之碩士論文《紅樓夢的主線結構研究》中所收入之夢共二十六個，其中其以為有五個夢，外表不是夢，但卻地列入文中討論的有：（一）第十二回賈瑞正照風月寶鑑而有幻視。（二）第六十六回，尤三姐伏劍自刎之後，柳湘蓮似夢非夢地遇尤三姐之魂魄。（三）第八十七回，妙玉懷春而走火入魔。（四）第一百〇一回鳳姐在大觀園遇秦氏幽魂。（五）第一百一十一回，鴛鴦依秦氏的魂所教之法自縊之後，兩個幽魂對話一番。[38]秦先生所捻出的五個夢中事實上有四個是屬於夢幻性質，夢幻性質又極似白日夢，但並非是在睡眠狀態下所做之夢，故僅可稱為夢幻，其中唯一為真夢的乃柳湘蓮之夢，因為書中明言柳湘蓮做了夢後，放聲大哭，不覺從夢中笑醒在先，而言似夢非夢在後，作者分明已說柳湘蓮自「夢中哭醒」，故此乃柳湘蓮之夢為真夢之證。柳湘蓮之夢並無爭議可言，不知秦先

---

[37]　見於頁 14。
[38]　見於頁 35。

生何以將其列在可爭議的五個夢之中？此外，秦先生漏列了萬兒母親的夢及劉姥姥所說的菩薩賜孫子的夢二則，另將秦鍾離魂列入「夢」中，此種夢幻寶與寶玉心跳停止、脈搏全無而進入再遊太虛幻境之幻覺現象相仿，在精神醫學中屬於「譫妄」之類[39]。至今醫學界仍無法排除此種現象是在作夢可能，故筆者亦將其歸於夢中，但其與王熙鳳在大觀園中見到秦氏鬼魂之幻影（第一百〇一回）及王熙鳳夢中見到尤二姐及一男一女（第一百一十三回共二次）之魂魄與形影等重病前的「意識障礙」雖有關，卻有所不同。

　　筆者對本論文中之「夢」的次序安排，乃依作夢者之夢出現的先後排定的，其中凡是所有作夢者所作的夢超過二個以上時，便隨附在第一個夢之後，並分則討論之，這是常例；但若兩個作夢者之夢僅存夢藝類型，無法獲悉整個夢之內容時，如史湘雲的事及香菱的夢，筆者則合為一章討論之，此為變例。

　　至於本論文所欲探討的夢是以《紅樓夢》一書中之人物所作的夢為主，且須是有足夠素材可供深入研究者。因而如第十九回寶玉問萬兒名字的由來時，萬兒答說是因母親夢見一疋錦，上面是五色富貴不斷頭的卍字花樣而命名為萬兒；第三十九回劉姥姥說了這麼一個觀音菩薩賜孫子故事及第五十八回藕官燒紙錢，被婆子強拉住了寶玉騙說昨日夢見杏花神來要一掛白錢，所以要藕官燒紙錢，替藕官解了圍等三個夢，均不列入探討中。除此以外，前述之筆者歸納的七種夢幻類型亦均不在筆者本論文的討論範圍之中。

---

[39] 見於徐靜、曾文星《精神醫學》中云：「譫妄」(delirium)──除了混亂、意識朦朧之外，有錯覺等知覺障礙，且呈現緊張不安等現象，常見於高燒、大出血、中毒等原因，所引起之器質急性腦症狀。

本論文之主線結構：以夢次序編排爲主，支線架構則從夢的成因探討起，依探討夢的類型、夢的內容至夢的意義與象徵爲止，最後再由結論部分歸納、分析，重新建立較完整之夢學理論爲本論文之遠程目標。

三、研究取向

本論文之研究務祈將資料輯整，搜羅完璧，因《紅樓夢》本文爲主，必明其崖略，解其鉤沉，而後旁搜他人之研究著述爲輔，窮索真諦，以備其詳瞻焉。

在筆者研究《紅樓夢中夢解析》時，有幾項問題必先克服爲(一)《紅樓夢》版本之選用（二）、旁徵博引、比較參照等多種研究方法之運用。

(一) . 《紅樓夢》 版本之選用：

有關「紅樓夢」版本部分，一般分爲古抄本及程高本，其中之古抄本因爲數頗多，筆者將於第一章緒論中詳談，此處僅述及脂評本及輯校本之採用原則。

1. 脂評及輯校本之採用原則

有關筆者文中引用到脂評的部分，乃以《脂彥齋甲戌抄本石頭記》（上海古籍出版社及商務印書館出版），《脂硯齋重評石頭記》（怡親王弘曉手鈔本），《己卯本脂硯齋重評石頭記》（里仁書局印行），《庚

辰本石頭記》（廣文書局印行）及《國初鈔本原本紅樓夢》（台灣學生書局印行）爲主。至於脂評部分所引用資料的參校本有：

（1）. 俞平伯《脂硯齋紅樓夢輯評》

（2）. 陳慶浩《新編紅樓夢脂硯齋評語輯校》

（3）. 馮其庸《脂硯齋重評石頭記彙校》

2. 程高本的採用與校注本的選用原則：

程高本由二版、三版之說，至今之四版，其間之問題頗多，筆者依舊將其列入第一章緒論中詳談。筆者對程高本之選用，原則上以影萃文書屋乾隆壬子年木活字排印本《百廿回紅樓夢》爲主，即趙岡所考證之程丙本。乾隆五十六年東觀閣刊本之《繡像紅樓夢一百二十回》被視爲是程甲本，然一般認爲程丙本較程甲、程乙錯誤較少，且語文之修飾較前二者爲佳，因而筆者以影萃文書屋乾隆壬子年木活字排印本《百廿回紅樓夢》爲主，東觀閣刊本或馮其庸校注《紅樓夢校注》爲輔，至於訛字異文之校注本則以乾隆抄本《百廿回紅樓夢稿》及三民書局饒彬之校注本爲主，選用此書爲校注本之因，乃是由於手抄本之時代在印刷本（程高本）之先，是《百廿回紅樓夢》版本中之第一本，故以其校注錯誤或異文應可視爲《百廿回紅樓夢》的第一手資料，無庸置疑；然而此書約有四回缺文，若引文引到此四回而有訛誤字或異文，無從校定時，則筆者以參照其他古抄本爲主，俾使本論文之體例更爲完備。脂評本、脂評校注本、程高本、程高校注本選用若得當，則可收倍徙之功，因而筆者亦慎選之。

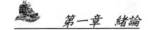

3. 有關夢學與心理學理論系列用書之處理。

　　有關夢學理論系列用書之處理，原則上，本論文是以夢為主題之架構，因此夢學理論之運用是重點所在，主要之參考書籍有：《周禮》、《黃帝內經素問合纂》、舊題莊子撰之《纂圖互註南華真經》、李昉等撰之《太平御覽》、張載撰、李光地注之《橫渠張子釋》、劉安之《淮南子》、李昉等撰之《太平廣記》、王充《論衡》、王符《潛夫論》」、王溢嘉之《夢的世界》、佛洛依德之《夢的解析》、佛洛姆之《夢的精神分析》、杜德里著、林瑞梅譯之《夢的探索》、鮑家驄之《夢的研究》。另有西文書籍如下：

Sigmund Freud, *The interpretation of dreams,* Published by The Hogarth Press

　　Limited & Clarke Irwin and CO., LTD Toronto, 1981.

Gaston Bachelard, *The Poetics of Reverie.*　Translated from the French by

　　Daniel Ressull, in 1969, Grossman Publishers Inc.

The Theory of the Novel. Edited by Philip Stevick. Copywright 1967 by the

　　Free Press： A division of Macmillan Publishing Co., Inc.

這些夢學理論橫跨古今中外，此部分資料之運用方法，以夢之成因：夢之類型、夢之內容、夢之意義與象徵為取擇目標，彼此參校之，截長補短。

　　有關心理學系列用書之處理：心理學用書方面，計有譚維漢《心理學》；張肖松編《心理學史》》、莊耀嘉譯《人本心理學之父馬斯

洛》、海德斐教授《心理學與道德》、衛爾德《心理學之科學觀》、佛洛姆、鈴木大拙合著、徐進夫譯《心理分析與禪》、曾燕萍《心理的分析》、熊祥林譯《心理學導論》、曾國威《心理學》、吳紹熙《心理學綱要》、王書林譯《心理學》、韓幼賢《心理學論文集》、呂俊甫等著《教育心理學》、鄭伯壎 張東峰編譯《心理學》。至於西文書籍有：

Ernest R. Hilgard and Richard C. Atkinson, *Introduction to psychology* 4th ed. New York, Harcourt, Brace & World.

Norman L. Munn, *Introduction to psychology.* Houghton Mifflin. 1962.

Coon, Dennis L., *Introduction to psychology.* New York. West Pub Co., 1977.

Clifford Thomas Morgan, *Introduction to Psychology* 2nd ed. New York, Mc-Graw-Hill Co., 1961.

Reuben Fine, Ph.D. *Psychoanalytic Psychology.* Jason Aronson, Inc., 1975.

　　此處有關心理學書籍之處理方法，除了其中有些夢學理論，筆者作了本論文中夢學研究資料的處理外，純粹心理層面之理論探討，則著重在每個作夢者之潛在意識及內在思想活動之解剖。

（二）、旁徵博引、比較參照等多種研究方法之運用

　　《紅樓夢》這部偉大的曠世名作，除了版本之多，作者、續書人等種種有關原書的傳說更是甚囂塵上，筆者擬於第一章緒論中再行討論。大抵言之，研究《紅樓夢》之書頗多，乃中國小說中之最，在舊

紅學時期，多半偏重於考據一途，成就斐然，至於有關作者之佚著，大觀園之原址、風俗譚、名物、建築、虛字、美學…等，在新紅學時期漸被視爲研究題材，從事此類問題之探討者絡繹不絕。究其緣由，不外有二：一是新時代新文學觀使然，一是受西方文學理論如雨後春筍般被譯介至台灣使然。因而研究《紅樓夢》之學者，所可參考之書籍可謂汗牛充棟，筆者不僅擬以民國十年胡適《紅樓夢考證》以前之古籍[40]作爲研究資料，，更欲借近幾年來最新之著作或評點之書，甚至包括西洋理論，日人之作等新典窮索《紅樓夢》之精義，研究之重點將以「夢」爲主線結構研究之範圍，借由夢中所反映之事觸及社會、人性、風格、作者思想、文中涵意、夢學心理…等各個層面。因此筆者研究方法中之旁徵古籍，可證古今同一夢，博引新典，可鑄造小說之新義，以期自我砥勉，並勵後學給予傳統文學與新文學適當之定位。此外，比較、分析、演繹與歸納等法，不僅爲高科技所運用且亦借重於人文科學中。在研究方法與步驟中，首要得先有架構之確立、資料之輯整與選用，古今中外，時空經緯之參照，方可進行比較、分析、演繹與歸納。本論文的處理方式如下：

1. 比較中西夢學理論之異同：周禮中鄭玄注中六個夢的分類、王符潛夫論中的事學理論，太平御覽、甚至於近代學者王溢嘉編譯《夢的世界》、鮑家驄著之《夢的研究》…等彼此間之夢學理論比較，或是與西洋佛洛依德著之《夢的解析》》、杜德里著之《夢的探索》、佛洛姆著之《夢的精神分析》等作比較而後運用之。

---

[40] 《紅樓夢卷》中有關清人研究《紅樓夢》之資料，收集頗詳。

2. 分析夢中人物之心理與夢的主題意義與象徵：分析夢中人物之心理得藉助於前述之夢學理論書及心理學書。從而探討每個夢之主題、意義，並參酌運用佛洛依德在為其病患做臨林實驗時所貫用之聯想方式，為每個夢之「象徵」定位，而後方可對《紅樓夢》一書之作者安排每個夢之意義與價值做評判。
3. 演繹與歸納：這是統計學上常用之方法，不預先存有偏見，先探溯書中每個夢之最原始資料來源（即夢的形成原因），而後依據這些原始資料先行演繹，條分縷析後，才為夢類型做歸納。

　　古今中外，人類在時間中由遠古漫踱至摩登；在空間上，隨著不同種族，不同空間而更迭著。在時空交互激盪之洪流中，刻劃下人類之思維、生活方式及全部人類活動之軌跡，因此時空是整部人類人文科學史之經緯，「時」為經、「空」為緯，在此經緯之間的無數小點所繪成之曲線（或直線），便可顯示出古今中外人類生存之意義與價值，更是未來人類殷鑑之憑藉，因而筆者本論文在時空上所欲擷取者，就時間上之「古」而言，「古」代表遠古至上古、中古時代之學術理論，以空間之中國為例，其夢學理論可遠溯至《周禮》，以外國為例（泛指西方國家）其夢學理論可遠溯自《聖經》上所提及之夢的故事，就時間上之「今」而言，「今」代表十九、二十世紀以後之學術理論，以空間之中國為例；舉凡夢學理論，心理學理論，筆者多參照之，以空間之外國（指西方國家）為例，佛洛依德、佛洛姆之夢學理論及心理學理論兼收並蓄，如此則足以探索《紅樓夢》中之「夢」內涵有否兼具傳統之色彩與價值及其與西方不同之社會環境或學術背景所孕育出之夢學理論有否契合之處。

第二章　甄士隱之夢

　　經歷人間各種浩劫，終於悟得夢境之義而出家的甄士隱，是整部紅樓夢現實生活中第一位出場的人物。《紅樓夢》作者自云甄士隱之名是「將真事隱去」（影乾隆壬子年木活字本《百廿回紅樓夢》、第一冊、第一回、頁一）之義，因此甄士隱必居舉足輕重之位，故王希廉先生於其評本《新鐫全部繡像紅樓夢一百廿回》中云：「第三段提出真假二字，以甄士隱之夢境出家引起寶玉，以英蓮引起十二金釵，以賈雨村引起全部敘述。」[41]正能畫龍點睛地說出甄士隱在此書中的作用，其中亦當有貫穿全篇之重要性，此為本論文之研究重心之一。除了作者對甄士隱的敘述外，在甄士隱的夢中，暗藏著各種玄機，筆者將嚐試著以「夢的成因」、「夢的主題與題材」及「夢的象徵」，來探討甄士隱與整部《紅樓夢》的關係。

第一節　無所感動而成夢與正夢類型

　　「夢」與人生虛實相參，若以「生理科學」解之，則「夢」為人睡眠或非清醒狀況下的產物。佛洛依德（Freud, Sigmund. 1856~1939）視「夢」為「大堆心理元素的堆砌物。沒有心理分析是無法了解夢的意

---

[41] 見於《紅樓夢叢書》第23冊，頁29。

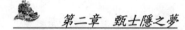

義的」[42]而杜德里（Dudley Geoffrey A.）於其所著的《夢的探索》（*Dreams：their mysteries revealed*）一書中亦云：「在我們內心裏還潛藏有自己也不察覺的心理歷程，這種心理歷程我們叫做無意識。」[43]佛洛依德所謂之心理元素則指潛意識而言。而潛意識便是形成夢境的主要因素之一。

　　在《紅樓夢》第一回中敘及甄士隱出現時已是一名半百老翁，居住於姑蘇城閶門外十里街仁清巷之葫蘆廟旁，膝下無子，僅有一個三歲女兒英蓮。《紅樓夢》作者給予讀者有關甄士隱之資料極少；在甄士隱做此夢之前，則僅交代時令為炎夏永晝。接著便予讀者一幅恬淡雅士書罷倦臥之態，極為自然，彷彿間便隨著作者由朦朧之境的描述，亦步亦趨緊追夢者之腳步而墜入時光隧道之中，探知另一度空間之謎：「《石頭記》緣起既明，正不知那石頭上面記著何人何事？看官！請聽：按那石頭上書云：當日地陷東南，這東南有個姑蘇城，城中閶門，最是紅塵中一二等富貴風流之地。這閶門外有個十里街，街內有個仁清巷，巷內有個古廟，因地方狹窄，人皆呼作『葫蘆廟』。廟旁住著一家鄉宦，姓甄，名費，字士隱。嫡妻封氏，性情賢淑，深明禮義。家中雖不甚富貴，然本地也推他為望族了。因這甄士隱稟性恬淡，不以功名為念？每日只以觀花種竹‧酌酒吟詩為樂，倒是神仙一流人物。

---

[42] *The Standard Edition of the Complete Psychological Works of Sigmund Freud*, "…none of these dreams are accompanied by the analysis, without which I can not discover a dream's meaning." Sigmund Freud, Volume IV, First Part, p. 105. 中譯本見賴其萬、符傳孝譯之《夢的解析》*The Interpretation of Dreams* 頁38。

[43] 見於杜德里著之《夢的探索》，林瑞梅譯，頁17。

第二章　甄士隱之夢

只是一件不足：年過半百，膝下無兒，只有一女乳名英蓮，年方三歲。一日，炎夏永晝，士隱于書房閒坐，手倦拋書，伏几盹睡。不覺朦朧中走至一處，不辨是何地方。忽見那廂來了一僧一道，且行且談。只聽道人問道：『你攜了此物，意欲何往？』那僧笑道：『你放心；如今現有一段風流公案正該了結，這一干風流冤家尚未投胎入世趁此機會，就將此物夾帶於中，使他去經歷經歷。』那道人道：『原來近日風流冤家又將造劫歷世。但不知起於何處？落於何方？』那僧道：『此事說來好笑。只因當年這個石頭，媧皇未用，自己卻也落得逍遙自在，各處去遊玩。一日，來到警幻仙子處，那仙子知他有些來歷，因留他在赤霞宮中，名他為赤霞宮神瑛侍者。他卻常在西方靈河岸上行走，看見那靈河岸上三生石畔有棵絳珠仙草，十分嬌娜可愛，遂日以甘露灌溉，這『絳珠草』始得久延歲月。後來既受天地精華，復得甘露滋養，遂脫了草水之胎，幻化人形。僅僅修成女體，終日遊於『離恨天』外，饑餐『秘情果』，渴飲『灌愁水』。只因尚未酬報灌溉之德，故甚至五內鬱結著一段纏綿不盡之意，常說：『自己受了他雨露之惠，我並無此水可還；他若下世為人，我也同去走一遭，但把我一生所有的眼淚還他，也還得過了！』因此一事，就勾出多少風流冤家都要下凡，造歷幻緣。那絳珠仙草也在其中。今日這石正該下世，我來特地將他仍帶到警幻仙子案前，給他掛了號，同這些情鬼下凡，一了此案。』那道人道：『果是好笑；從來不聞有還淚之說。趁此你我何不也下世度脫幾個，豈不是一場功德？』那僧道：『正合吾意。你且同我到警幻仙子宮中，將這蠢物交割清楚。待這一干風流孽鬼下世，你我再去。如今

49

有一半落塵，然猶未全集。』道人道：『既如此，便隨你去來。』卻說甄士隱俱聽得明白，遂不禁上前施禮，笑問到：『二仙仙師請了。』那僧道也忙答禮相問。士隱因說道：『適聞仙師所談因果，實人世罕聞者。但弟子愚拙，不能洞悉明白。若蒙大開癡頑，備細一聞，弟子洗耳諦聽，稍能警省，亦可免沉淪之苦了。』二仙笑道：『此乃元機，不可預洩。到那時只不要忘了我二人，便可跳出火坑矣。』士隱聽了，不便再問，因笑道：『天機固不可洩露，但適云『蠢物』，不知為何？或可待見否？』那僧說：『若問此物，倒有一面之緣。』說著，取出遞與士隱。士隱接了看時，原來是塊鮮明美玉，上面字跡分明，鐫著『通靈寶玉』四字，後面還有幾行小字。正欲細看時，那僧便說「已到幻境」，就強從手中奪了去，和那道人竟過了一座大石牌坊，上面大書四字，乃是『太虛幻境』。兩邊又有一副對聯，道：『假作真時真亦假，無為有處有還無。』士隱意欲也跟著過去，方舉步時，忽聽一聲霹靂，若山崩地陷。士隱大叫一聲，定睛看時，只見烈日炎炎，芭蕉冉冉，夢中之事便忘了一半。又見奶母抱了英蓮走來。」（影乾隆壬子年木活字本《百二十回紅樓夢》，第一冊、第一回、頁四-六，並參考饒彬校注本《紅樓夢》之斷讀）

　　在甄士隱夢中異乎現實人生之境，僧道光怪陸離之談話，正投射著一個超現實思想的幻境。王符《潛夫論》云：「夫奇異之夢多有故而少無為者矣。」[44]甄士隱所做的奇異之夢根據王符《潛夫論》之言，則必可尋其成因及根源之所在。然就《紅樓夢》第一回中甄士隱的生

---

[44] 王符《潛夫論》，商務印書館《四部叢刊本》第18冊、頁47。

平介紹及其作夢前之書罷倦臥狀態而言，充其量只不過是一個鄉宦人物白日所做的平凡夢罷了。此外則無任何軌跡可讓讀者溯源探討。有關夢形成之因素，鮑家驄先生於其《夢的研究》一書中之第三章提及夢的來源，或由於受了外部刺激之影響，如味覺、嗅覺、聽覺、冷覺、痛覺、溫覺及運動等；或由於內部刺激之影響，如消化系統、呼吸系統、生殖系統、循環系統及排泄系統等；或受生活經驗之影響，如受願望壓抑的影響等[45]。實則鮑家驄先生之夢理論是前有所承，殆受西洋心理學家對夢理論研究之影響，而中國古時早有將夢分類之書，如《周禮》中曾將夢分為六種，漢・鄭玄並為《周禮》中六類夢注解：

（一）．正夢：謂無所感動、平安自夢。

（二）．噩夢：謂驚愕而夢。

（三）．思夢：謂覺時所思念之而夢。

（四）．寤夢：謂覺時道之而夢。

（五）．喜夢：謂喜悅而夢。

（六）．懼夢：謂恐懼而夢也。[46]

　　根據《周禮》對夢之六大分類而言，雖不夠細膩，但卻有參考之價值。甄士隱之夢，當為「正夢」一類：即「無所感動、平安自夢」，

---

[45] 見鮑家驄先生之《夢的研究》第3章，頁55-273，撰者於台北印行。

[46] 筆者原係根據譚維漢先生著之《心理學》一書，頁485，闡述夢分類及夢心理之解說，譚維漢此論之引文來自《世說新語文學第四》；譚維漢先生並云梁劉孝標且為周禮作注，實則筆者查過師大圖書館之有關《周禮》書目之卡片，並親自翻閱了十三經注疏本，發現其實為《周禮》占夢一文作者為鄭玄，而，非劉孝標。十三經注疏本《周禮》中此段引文見於頁381，而劉孝標實是為《世說新語》作注，可見得譚維漢先生之說法有誤。

至於夢之形成或爲內在或外在因素之影響，則於《黃帝內經素問》一書中「方盛衰論，第八十」、卷十，即有相當詳細的解夢說法，以人體之五腑六臟受季節陰陽盛衰之氣所左右便可產生各種不同的夢爲論據。[47]宋儒張載著、呂元抄釋之《橫渠張子釋》一書中之正蒙篇下云：「飢夢取、飽夢與。」[48]是以內在器官影響夢境爲論的。王符《潛夫論》一書也提及夢可分爲直應之夢、象之夢、意精之夢、記想之夢、人位之夢、極反之夢、感氣之夢、應時之夢、氣之夢及性情之夢等十類[49]可說已包含了《黃帝內經·素問》中有關夢的理論。佛洛依德對夢成因的研究成果是世人有目共睹的，其以爲多半是受兒時經驗與最近之生活經驗相連貫的影響。雖《周禮》之「正夢」之夢理論，可爲甄士隱的夢類型定型，不過甄士隱之夢卻同時是超脫日常生活經驗之上的一個特殊「奇異的夢」。

第二節　色空之主題辯證及太虛幻鏡之神話題材

一、夢的色空主題

---

[47] 明·張隱庵、馬元台合著之善本書《黃帝內經素問合纂》，老古文化事業公司，頁11-12。根據張心澂之《偽書通考》，以爲《黃帝內經·素問》黃帝與歧伯所作，是偽書。）

[48] 見張載撰、呂元抄釋之《橫渠張子釋》一書中之〈正蒙·動物第十〉，頁12。譚維漢先生《心理學》之生理說，亦引用張載〈正蒙〉「饑夢取、飽夢語」之句，頁490。

[49] 王符《潛夫論》將夢分爲十類，見於《四部叢刊本》，第18冊，頁46-47。按王符原謂夢分十類中稱「有病」之類，而此處卻作「氣之夢」，按：藝文印書館影宋精抄本《潛夫論》（第7卷）亦作「氣」字（頁2），唯汪繼培箋註之《潛夫論》（第7卷）中云：「孫侍御云：「氣上當有病字…」（頁186）；此說較精當，否則與感氣之夢易生混淆。

甄士隱的夢內容述說其先聽了一樁神話故事，也能知曉此神話故事是在談論「因果」問題，而後祈盼二位仙師能大開癡頑，使其警悟，可免沈淪之苦。誰知二位仙師以天機不可洩露，僅遞了一塊鐫著「通靈寶玉」四字的鮮明美玉給士隱看，接著便換場至太虛幻境後，被一聲霹靂喚醒大夢。就甄士隱此夢之主題而言，有二：其一是作者欲借神話以述說人間因果循環之理的必然性及凡屬於天機之事，均不可洩露之真理。單憑人類的世俗眼光，絕參不透世事變遷，人生百態之所以然的道理。其二是作者借著牌坊上的字「假作真時真亦假。無為有處有還無」（影乾隆壬子年木活字本《百廿回紅樓夢》、第一冊、第一回，頁五，並參考饒彬校注本《紅樓夢》之斷讀）及頑石、絳珠草神話以闡揚其「色、空」之觀念。宏印法師曾主講過「空是什麼？」其說法以為「空」的梵文直譯應是「空性」，但是佛教最有名的經典之一：《般若心經》（簡稱心經）曾稱「空即是色，色即是空」[50]，又云：「簡單來說，『空』即名為性空學、中觀學、般若學」[51]，至此讀者似乎對「色、空」的觀念仍無法有更深一層的理解，對「空即名為性空學」的「性空」二字，果海於其〈從『緣起業果』探討『緣起性空』的理論〉一文中有更進一步的解釋，其以為「性空」需由諸法緣起的現象作說明，因此就有所謂「…一切法無我『無我』就是『自性空』，也就是說世間的一切現象，沒有桓常不變的法，那末也即是『世間空』。」[52]作者在第一回甄士隱夢中以真假無有的現象與概念，借著書在牌坊之

---

[50] 見於《宗教世界》第9卷、第3期，頁16。
[51] 見於《宗教世界》第9卷、第3期，頁16。
[52] 見於《中國佛教》第32卷、第4期、頁30。

處，懸之以示人，具有張載撰〈西銘〉與〈東銘〉作爲警戒針砭後學之效，牌坊上的字，因其位置突顯，較易引人注目，且每個牌坊上的字，必具有其特殊意義，否則絕不書於牌坊以示人的，因此作者以牌坊上的字來表達其對人世間真假現象的莫辨及擁有與失去時的喜悅與哀傷之執著，提出了「色、空」的觀念，警悟人類對世事無常應有所體認，這也就是作者爲何要安排甄士隱夢入仙境後，在仙境中竟然有一塊書了字的牌坊矗立著而這牌坊上的字亦能符合人類對「仙境」一詞之有無的懷疑性。

　　在蘇鴻昌先生所著之《論曹雪芹的美學思想》一書中的第三章：曹雪芹在《紅樓夢》中的「色、空」觀念有更詳細的敘述：「『色』、『空』」與佛學所講求的『真』、『假』、『有』、『無』在本質上是相通的。它們一起構成了佛學之爲唯心主義的神學的最根本的標誌。按佛學通常的一般的講法，『色』，就是物質世界，就是指人們在日常生活中所能感受到的事物，但這『色』只不過是『因緣和合』所構成的假象。而從一切事物都是『因緣和合』所構成的假象這一意義來說，就是佛學所謂的『空』。」[53]蘇鴻昌先生頗爲詳盡的解說，已涵蓋了方瑜先生在〈《紅樓夢》綜論〉一文中所提到的：「所謂『色』，擴大來說，可以包括有情世界一切戀慕與執著的對象。」[54]的說法了。

---

[53] 重慶出版社出版，頁70。
[54] 見於《書評書目》，第53期，頁48。

此外，不得不注意的是，作者在借著牌坊上的「假作真時真亦假，無
為有處有還無」的文詞以表達其「色、空」思想時，必然對此思想的
理念基礎有某種程度性的了解。首先是甄士隱夢中的三生石畔的「三
生石」，也正意味著佛法所謂的「昨生、今生、來生」三生的觀念，
借著絳珠草的神話為輔以敷衍自我的理論，絳珠草因受天地精華，復
得甘露滋養，而後脫去草木之胎，幻化成人形，並修成女體，絳珠草
是昨生，修成女體是今生，來生則是下凡為「黛玉」去造歷幻緣。作
者並借甄士隱夢中之僧人云：「我來特地將他仍帶回到警幻仙子案前
給他掛了號，同這些情鬼下凡，一了此案。」（影乾隆壬子年木活字
本《百廿回紅樓夢》、第一冊、第一回、頁五，並參考饒彬校注本《紅
樓夢》之斷讀）透露出一切因緣際會均在掌握之中，亦即夢中所流露
出的「色」、「空」觀念，正是作者宿命觀點的反映。[55]

二、太虛幻境之神話題材

就甄士隱此夢的題材而言，作者是以僧道對答的那段神話為夢的
開場，而後接續在一陌生的仙境的見聞以完成整個夢內容。前者是由
媧皇、頑石及絳珠還淚構成神話的內涵，與後者甄士隱所處的仙境，
前後一氣呵成地組成夢的神話題材，相信作者如此安排必有啟人深思

---

[55]根據《新編中國文學發展史》（下）作者所提及之：「作品流露出來的「色」、「空」
觀念。正是這種情緒的反映。」（頁338)此處作者所謂的「這種情緒」指的是「悲觀
情緒：宿命的觀點」。

之處，因此筆者將於每個作夢者的夢題材中詳加探討其前後之因果關係。

（一）. 女媧、絳珠神話之由來：

紅樓夢中女媧神話之由來，自古有之，最早的來源是出自《楚辭・天問》、《山海經・大荒西經》、《淮南子・覽冥訓》及《列子・湯問》等。《楚辭・天問》云：「女媧有體。孰制匠之。」王逸注：傳言：『女媧人頭蛇身，一日七十化，其體如此，誰制匠而圖之乎？』」[56]《楚辭・天問》中有關女媧之形體原只是個模糊籠統的形象，直至王逸《楚辭注》，始將傳言中之千變萬化且人頭蛇身之女媧意象樹立了更清晰具體之輪廓。「漢代以前，女媧是被視為創造萬物的神聖女神。」[57]王逸《楚辭集注》後之女媧一如希臘羅馬悲劇「伊底帕斯王」（Oedipus Rex）中的人面獅身（Sphinx），半人半獸之形態且具神格。此外《山海經・大荒西經》亦云：「西北海之外，大荒之隅，有山而不合，名曰不周負子…有神十人，名曰女媧之腸，化為神，處栗廣之野。」（郭璞注：「女媧，古神女而帝者，人面蛇身，一日七十變，其腹化為此神。」[58]）根據山海經郭璞注以為女媧為古時之神女，具神性而變化萬端，人面蛇身，非純粹人的形體。蓋《山海經》之說法乃前承於《楚

---

[56] 見於漢・王逸注之《楚辭章句》，明刊本、第3卷、文7，並見何錡章先生所編之《王逸注楚詞》，黎明文化事業公司，頁56。台大中文研究所崔溶澈之碩士論文《紅樓夢的文學背景研究》亦曾引用此言，頁94。

[57] 王孝廉先生《中國的神話與傳說》頁63，聯經出版事業公司。台大中文研究所崔溶澈之碩士論文《紅樓夢的文學背景研究》，頁94，亦曾引用此言。

[58] 見《四部叢刊正編・山海經》第24冊，頁68。見袁珂先生之《山海經校注》，頁387-389。

辭王逸注》殆無疑問。然而真正提及煉五彩石補天者則爲《淮南子·覽冥訓》：「往古之時，四極廢，九州裂，天下兼覆，地不周載，火爁炎而不滅，水浩洋而不息，…於是女媧氏煉五色石以補蒼天，斷鰲足以立四極，殺黑龍以濟冀州，積蘆灰以止淫水。」[59]《淮南子》中之「女媧」，神力無比，可以補蒼天之不足，攀天而立，並解救蒼生，彷彿她是創造天地萬物的唯一主神。其後之《列子·湯問》亦云：「故昔者女媧氏煉五色石以補其闕，斷鼇之足以立四極。」[60]繼《列子》之後又有《太平御覽》引《風俗通》云：「俗語天地開闢，未有人民，女媧摶黃土作人，劇務力不暇供，乃引繩於泥中，舉以為人。故富貴者，黃土人也；貧賤凡庸者，絚人也。」[61]《太平御覽》中引《風俗通》之言，女媧成了人類始祖，猶如舊約《聖經》中創世紀（Genesis）所云，上帝依其形象造人[62]，女媧雖未依其形象造人，但卻能借繩土造人，以無生命之物創造有生命之軀體，故成了造世祖。然而根據筆者察《風俗通》一書，發現三皇中並未述及此段文字，僅有「春秋運斗樞說伏義、女媧、神農三皇也，唯獨敘三皇不及燧人，燧人功重於祝融、女

---

[59] 見漢·劉安撰、漢·高誘注、武進莊達古校之《淮南子·覽冥訓》第6卷，頁9。台大崔溶澈之碩士論文《紅樓夢的文學背景研究》第二節 「楚辭與紅樓夢」亦引用此言，頁94。

[60] 見於周·列禦寇撰，晉·張湛注之《列子八卷》，光緒十年，徐元圃刻景宋本線裝，其一。又見楊伯峻之《列子集釋·湯問》第5卷，頁94。崔溶澈之碩士論文《紅樓夢的文學背景研究》，第二節 楚辭與紅樓夢，頁95，亦引用到此言。

[61] 見於宋·李昉等撰之《太平御覽》（根據宋刊珍本《太平御覽》之影本）頁365。另外新興書局出版之《太平御覽》（根據上海函芬樓影本）、頁494。

[62] 見於The Living Bible. By Tyndale House Publishers Wheaton, Illinois. 1971, First Printing, July. p. 1. 而樂蘅軍教授之〈中國原始變形神話試探〉一文，收入《從比較神話到文學》一書中，亦提及此言。古添洪、陳慧樺編著，東大圖書有限公司，頁169。

媧。…」[63]等文字，不知《太平御覽》究引自何處？然而若《太平御覽》（卷七十八）此段文字可信，女媧所扮演的角色已被神格化化了。至於《紅樓夢》中，第一回便有一段媧皇的敘述：「卻說那女媧氏煉石補天之時，於大荒山無稽崖練成高十二丈，見方二十四丈大的頑石三萬六千五百塊，單單剩下一塊未用，棄在青埂峰下。誰知此石自經鍛煉之後，靈性已通，自去自來，可大可小；因見眾石俱得補天，獨自己無才，不得入選，遂自怨自愧，日夜悲哀。」（影乾隆壬子年木活字本《百廿回紅樓夢》、第一冊、第一回、頁一--二，並參考饒彬校注《紅樓夢》之斷讀）此段敘述之文，乃甄士隱夢中女媧之神話故事的直接來源，至甄士隱之夢反成濃縮之簡本故事，故應將此敘述之文與甄士隱之夢兩相參照研究，方為允當。

　　由此可知甄士隱夢中的神話題材是來自《楚辭・天問》，《山海經・大荒西經》、《淮南子・覽冥訓》、《列子・湯問》之傳統神話而來，並由作者賦予頑石「自怨自愧、日後悲哀」之人格，同時其或直接或間接受《太平御覽》引《風俗通》一文：「媧皇搏黃土造人」之影響。近人傅錫壬先生於其〈果生神話探源〉一文中，論述神話起源時依〈大荒西經注〉、《漢書古今人表注》、《列子黃帝篇釋文》、《廣韻》、《集韻》之說法，將女媧之「媧」字讀音為「瓜」，考證結果「女媧」成了「女葫蘆」[64]。筆者以為此種考據未能探討神話與

---

[63] 見於漢・應邵《風俗通義》十卷，明刊珍本，頁1。
[64] 見於《淡江學報》第24期，頁131-145。

文學之相關意義,僅就其名稱以訓詁學之方法下論斷,雖然說法新穎,但較無文學價值。

(二)、絳珠神話之由來

　　有關絳珠神話,作者在全書中共提及三次,除了第一回的絳珠還淚以外,在第五回寶玉的夢中曾提及「絳珠妹子」,第三次是在第一百一十六回賈寶玉再遊太虛幻境之夢中,又提及一枝極具嫵媚之態的小草。[66]絳珠草貫穿前後,正是作者神話系統的一致性,必然有其特殊意義,因此李祁先生於其〈林黛玉神話的背景〉一文中考證絳珠草的來源應是《山海經》中的瑤草,其原為天帝之女,所以精魂雖化而為草,依然可修為女體。[66]除了李祁對絳珠草神話的由來探討之外,似乎不再有人對絳珠草的由來有較深入、深刻且論點迥異於李祁先生的研究與發明,故此論的真實性仍待後人考究。

　　從「女媧神話」及「絳珠草神話」中,讀者不難發現其中涵孕著作者對「宇宙之源起」及「人之初」的哲學思維。事實上,在中國文哲領域中,對「人之初」及「宇宙之起源」總瀰漫著極濃厚之神秘色彩。《易經》中所謂之太極生兩儀,兩儀生四象,四象生八卦及老莊所謂之太初有道,或混沌之境界;甚至有所謂女媧補天或盤古開天闢地之說,均源於初民對宇宙萬物不可解之奧秘所抱持之疑惑心態。何

---

[65] 根據《大陸雜誌》第3卷、第10期,李祁先生所撰之〈林黛玉神話的背景〉頁307。

[66] 《大陸雜誌》第3卷、第10期,李祁先生所撰之〈林黛玉神話的背景〉頁308。

謂神話？將神話視爲人類對不可知之未來及需與惡劣之自然環境搏鬥而產生之解釋，可於林保淳先生、林耀璘先生、郭箴一先生、劉大杰先生及魯迅先生之文及數位學者編撰之《中國文學史初稿》之中，尋找到共識[67]。其中尤以魯迅先生之理論更爲言簡意賅：「昔者初民，見天地萬物，變異不常，其諸現象凡所解釋，今謂之神話。」[68] 然而將神話解釋爲心靈活動的則爲佛洛依德，其以爲：「神話起源於潛意識之願望」[69] 佛洛依德已能就心理學探討神話之意義，而龔鵬程先生於其《中國小說史論叢》一書亦云：「…幻想是人類根源性的心智活動之一，與道德或理性的追求，同樣是內在而不可割捨之活動。透過神話，詩人們甚至仍可追探宇宙與人類生命的意義。」[70] 龔鵬程先生此論乃指文學與神話間之橋樑爲詩人借用其幻想能力達到創作之目的。換言之其意味著其文學與神話之間有著密切之關係。神話題材可

---

[67] 主張神話起源與自然環境有關的有林保淳先生之〈由困境到紓解----中國神話簡臆〉一文，見於《中外文學》第14卷、第2期，133頁。林耀璘先生之〈中國上古神話的反抗之神與孔孟思想〉見於《中華文化復興月刊》第17卷，第12期，頁17-18。劉大杰先生之《中國文學發展史》，以為「神話是初民對自然現象的解釋，反映人類和自然界的競爭。」（頁13）。郭箴一先生之《中國小說史略》以為：「神話的起源因被自然經濟所支配，依賴自然之力量而生信仰，神話是初民的知識的積累，是初民的生活狀況與心理狀況的必然產物。」（頁9）。至於《中國文學史初稿》一書中以為神話是「初民在洪荒的原始時代，生存必然萬分艱困的，…他們對大自然的現象必然會產生種種畏懼與暇想，也必企圖對他們做許多天真樸素的解釋。」（頁17）。

[68] 見《魯迅全集・中國小說史略》(8)，第二篇《神話與傳說》頁11及魯迅著《支那小說史》(增田涉譯，日文版之原文為：「昔、原始人は、天地萬物が變異常ならず、その諸現象はまた人力の範圍以上に出で万の を見て、彼等めいめいに種種の說を造ってこれ解釋し た。凡そその解釋の仕方が、今日で謂ふ神話である。」第2篇，神話と傳說，頁32。

[69] 見孫廣德先生之〈我國正史中的政治神話〉中，《社會科學論叢》第30期，頁59。

[70] 龔鵬程《中國小說史論叢》第1輯，學生書局，頁37。

引領人跳脫現實窠臼，古今中外民族皆自神話時期過渡而來，故王寒生先生云：「中國的宇宙開闢是很科學的，沒有神話。[71]」此乃錯誤之論點，未能透視中國傳統文化之大部。

總而言之，女媧、絳珠神話題材之運用，在甄士隱的夢中所代表的是人民心中對大自然所無法證實之奧妙的解釋，或者可直言是作者為其《紅樓夢》一書之主角的由來尋找一較合理的解釋。

在女媧、絳珠神話中，頑石幻化成人，經過作者的謀篇，成了一個愛吃女人胭脂，不喜求仕宦之途的賈家二少爺寶玉；絳珠草則幻化為女體，下凡歷世成了林黛玉，一個「嬌襲一身之病，行動如弱柳扶風」仕宦人家之女子。僧人中所云絳珠仙草還淚之說，於多舛的塵寰之中，黛玉究因何而落淚？筆者於閱讀《紅樓夢》一書之過程中，曾將有關黛玉哭泣之章回一一捻出，計有第三回、五回、十六回、十七回、二十回、二十三回、二十六回、二十七回、二十八回、二十九回、三十回、三十二回、三十五回、四十五回、四十九回、五十七回、五十八回、六十四回、六十七回、七十六回、八十一回、八十二回、八十三回、八十六回、八十七回等共二十五回。百廿回之《紅樓夢》中有關黛玉哭泣之章回，竟占有六分之一強的比例，可見作者營造謀篇之精心巧緻，並可回應第一回中之神話諭示。

黛玉自第三回寶玉摔玉之事至第九十七回淚盡夭亡為止，其間究竟為何而哭泣？筆者以「心理分析」之觀點歸納出約可分為「因失怙

---

[71] 見王寒生之〈開天闢地話牛神〉一文，載於《生力雜誌》第 1 卷、第 4 期、頁 33。

無依而哭」、「見殘花而流淚」、「爲寶玉而哭」、「爲金玉而泣」及「爲迎春飮泣」[72]，不過其中大部分卻都與寶玉息息相關，因而整體說來，絳珠還淚之說能通篇的支持作者所欲表達的思想，同時「女媧、絳珠神話」彷如一則寓言體，揭發人間的奧秘，並爲小說中男女

---

[72] 筆者已歸納出：一．黛玉「因失怙而哭」的有第十六回黛玉自揚州回來時，與寶玉彼此悲喜交集，痛哭一場；第二十六回晴雯與碧痕拌嘴睹氣不替黛玉開門，黛玉心中想著自己自幼父母雙亡便傷心的流下淚來；第二十七回黛玉聽見寶玉和寶釵的談笑聲，立在花蔭下嗚咽起來；第三十五回黛玉看見賈母、鳳姐、王夫人…等一行去探視寶玉傷痕瘥疼否，黛玉想起有父母的好處又淚流滿面；第四十五回：「黛玉自在枕上感念寶釵，一時又羨他有母有兄；一回又想寶玉與我素昔和睦，終有嫌隙；不覺又滴下淚來。」·（胡天獵本、第8冊、第45回、頁14）；第四十九回黛玉想起別人皆有親眷自己卻孤單無倚，不免又流良；第五十七回紫鵑希望黛玉能與寶玉在賈母健康時定了婚事，黛玉聽後又哭了；第六十四回由雪雁之口說出黛玉哭泣之因，正被寶玉猜著是因秋季祭墳的季節想起親人之故；第六十七回黛玉見到寶釵送給自己的厚禮土物兒，想起父母雙亡之事，又傷心流淚了；第七十六回，中秋佳節假府中人多去賞月，寶釵忘了與黛玉的約定也同家人去賞月，因而黛玉對景感懷而流淚；第八十二回，黛玉夢見寶玉剖心而死，想到自己無倚無靠而流淚；第八十三回，黛玉聽見外頭人罵：「你這不成人的蹄子…來這園子混攪」（胡天獵本、第十四冊、第八十三回、頁一）以為是罵自己寄人籬下而哭暈倒了。二．「黛玉見殘花而落淚」。有第二十三回，黛玉在梨香院中聽到「牡丹亭」的警句「心痛神馳，眼中落淚。」第二十八回，黛玉葬花後，由不得感花傷己，又哭了；第八十六回，黛玉看到太太送來的蘭花，想自己年紀尚小，卻如三秋蒲柳，只怕似花柳殘春，不禁又落下淚來。三．「為寶玉而哭泣」。在第五回中有為寶玉摔玉而哭及言語不合而哭泣；第十七回，黛玉因聽見襲人說寶玉身上的佩物一件不存，氣得絞了寶玉囑咐她做的，卻還沒做完的香袋，而後哭了；第二十回，黛玉因寶玉與寶釵在一起而哭泣；第三十回，二人爭吵後，寶玉來道歉，黛玉竟哭了出來；第三十二回，黛玉聽見寶玉誇她，知是知己，喜極而泣；第五十七回，寶玉得了獃病，黛玉不免多哭了幾場；第五十八回，寶玉病癒後來探視黛玉，黛玉見其比先前瘦了，又哭了；第八十七回，黛玉見到雪雁拿回來的氈包裡面有寶玉送來的舊絹子，剪破了的香囊…等不覺又哭了。四．為金玉而哭。寶玉與黛玉初次見面，便為寶玉摔玉而哭泣；第二十九回，寶玉第二次砸玉，比往日鬧大了，黛玉越發傷心的哭了。戊．「為迎春而哭泣」，見第八十一回，寶玉告訴黛玉迎春嫁給孫紹祖之後所受的委屈，黛玉退到炕上一言不發，兩個眼圈已哭得通紅了。

主角的來龍去脈畫龍點晴的概說。此外作者並伏線於各回之情節中，一一呼應此寓言，使其架構內容殷實而不至於落空。夏志清先生曾云：「在寓言的設計中，黛玉被認為正付出淚的債，但這些實際上只有自憐而非感激的味道。」[73]黛玉自幼獲得的親情比別人少，獲得少卻要她回饋得多，則如緣木求魚般的困難，因黛玉不懂得如何表達對他人的關心，只一昧的操心自己之事，哭泣是她唯一可發洩的方式。不過也並非如夏志清先生所云黛玉之哭泣非為感激的味道，筆者在探討黛玉感到失怙無依中提及寶釵加一倍的送禮給黛玉時，黛玉睹物思情的流涕，已是涵蓋對寶釵的感激，否則二人也不會再第四十五回的情節中逆轉了原先敵對的勢態，並將誤會冰釋了。此後黛玉再也不為「金玉姻緣」之事而與寶玉吵架或哭泣。實則，不論是夢中所提及的絳珠草還淚之說，或全書中伏線的流淚事件；一是為感恩圖報，一或為金玉、寶玉、迎春，或為自己而傷泣。此均能突顯甄士隱夢中絳珠草還淚之事由僧道之口說出，不為無稽[74]，並由其攜至人間以了此公案，更能讓讀者對作者於此夢所強調的因果輪迴寓言更具深刻的意象。

　　至於究竟甄士隱於其夢中所扮演的角色與女媧、絳珠神話有何關係？不論是夢中或是真實世界中的甄士隱，應是合而為一的。在夢中

---

[73] 見於夏志清先生〈論紅樓夢〉一文，收入《現代文學》第50期，頁177。
[74] 見於清「佚名氏」之《讀紅樓夢隨筆》一書，頁42。然而《新編中國文學發展史》(下)(頁387)卻以為作者安排了虛無縹緲的神仙世界是一項缺陷，並有一定程度地影響了此現實巨作之完整性與真實性。其實誠如清「佚名氏」所云，就因為作者是將仙境安排在甄士隱「夢中」，那就無可厚非了。

甄士隱所扮演的只不過個旁觀者的角色，聆聽這段公案的人，但在現實生活中甄士隱由於家變出家當和尚，後與賈雨村僅會過兩次面，甄士隱最後一次出現是安排在第一百二十回中，與賈雨村對談，由於賈雨村提及賈寶玉出家之事，甄士隱竟云「知之」且告其寶玉的下落：「『寶玉』即『寶玉』也。那年榮寧查抄之前，釵黛分離之日，此玉早已離世。一為避禍，二為撮合，從此夙緣一了，形質歸一。又復稍示神靈，高魁貴子，方顯此玉乃天奇地靈鍛鍊之寶，非凡間可比。前經茫茫大士、渺渺真人攜帶下凡，如今塵緣已滿，仍是此二人攜歸本處：便是寶玉的下落。」（影乾隆壬子年木活字本《百廿回紅樓夢》、第二十冊、第一百二十回、頁十一。按胡本「僻」字，乾隆抄本百二十回（下）作避，胡本「那」字、全抄本作「乃」，應是「乃」字，故改之。胡本渺渺真人少一「人」字、補之，並參考饒彬校注《紅樓夢》之斷讀）由這段話可知甄士隱真實人生的角色，一如其夢中一般，是個自始自終的旁觀者，且是個事後悟得此因果循環的旁觀者，而其悟道出家，正可為柳湘蓮及寶玉之榜樣。

第三節　未來之茫然及寶玉出生之象徵

作者在第一回中，為甄士隱安排了一個夢，夢中似荒唐卻又有言之有物的神話故事，可為整部《紅樓夢》的情節做一解說，像是楔子，或開場白，而整個夢卻又與作夢者息息攸關。對甄士隱而言，此夢究竟具有何種意義？

在夢內容之探討中，筆者曾就夢的主題及因果關係之必然性論說，即此種「因果關係」及僧道曾謂甄士隱與「通靈寶玉」有一面之「緣」的「緣」字，代表著人生理念的的確立。而甄士隱在此夢中自己所扮演的角色卻與寶玉有一面之「緣」，且與「因果關係」中的絳珠仙草及神瑛侍者（即寶玉）有某種程度的關係。這可由第一百二十回中雨村與士隱言談時，謂寶玉遁入空門是如此決絕之舉，甄士隱卻回答：「非也！這一段奇緣，我先知之。昔年我與先生在仁清巷舊宅門口敘話之前，我已會過他一面。」（影乾隆壬子年木活字本《百廿回紅樓夢》、第二十冊、第一百二十回、頁十一，並參考饒彬校注《紅樓夢》之斷讀），換言之，甄士隱士隱已知有此一玉，有此一人之事。因而此夢的意義具有預示甄士隱與「通靈寶玉」的一面之緣，並可參透人間「因果關係」之理及「色空觀念」，如此讀者對一百二十回中甄士隱的神能預知之力，便可迎刃而解，只是甄士隱獲得此種參透之力卻得付出極大的代價，在遭逢家變之際，痛定思痛的離家抉擇，非意志堅定者，無法達到，而甄士隱參悟的絕妙在此。

　　林以亮先生於其論〈新紅學的發展方向〉一文中云：「紅樓夢也有傳統小說所不常見的特殊手法：象徵、對比、情景的突變等。作者毫不遲疑地用夢、畫冊、曲詞、謎語、花名、籤等指明故事發展和人物的結局，無需煞費經營編造出表面上是一回事，實際上卻另有所指的象徵。」[75]同時瞿海源先生之〈文化心理學的研究趨勢〉一文中亦提及：「象徵行為：對社會學家來說，此類行為會反映在社會結構上，

---

[75] 見於《文壇》第202期，1977.4.10.發行，頁49。

對心理學家來說，這種行為多半是內在心理狀態的投射。在研究的範圍上，象徵行為大約包括了信念（beliefs）、民俗（folklore）、夢和宗教儀式。」[76]可見《紅樓夢》的夢具有某種程度性的象徵。雖然精神科醫師佛洛依德對夢的象徵亦有其獨到的見解，不過就像其他研究夢心理學專家對佛洛依德以「性」來解釋夢的象徵問題的不滿一般，筆者亦較無法接納其「性象徵」的解夢方式，因此筆者在分析《紅樓夢》中夢的象徵時，基本上，雖也採取佛洛依德慣用的聯想方式，不過聯想的內容完全根據夢本身的內容及作夢者一生的際遇或作夢前後所發生的事件為依據。

甄士隱此夢根據夢內容象徵著人類的茫然，對於具有預示作用的事件如神話故事的一知半解，對於未來如僧道所謂的天機不可洩露不可說是全然無知，唯有開悟的一僧一道才是天地中掌握過去未來之命脈者。因此未曾悟得機先的人類，永遠不可避免人世間的沈淪之苦，永遠處在茫然無知的地位上，戰戰兢兢的面對不可知的未來，而甄士隱只不過是人間的一個抽樣而已。這個抽樣只就未遭家難前整日生活在悠遊的日子中的甄士隱而言，因開悟得道畢竟非一般常人之所能，故欲開悟得道也得具有慧根的人借其聰穎的悟性以自悟，常人是難以悟道的，常人往往平庸落俗，渾渾噩噩過一生也就罷了，這便代表人類對未來的茫然無知，不是以己智駕馭時代，反是受時代命運所駕馭著。然而就僧道所謂的「天機不可洩露」一詞而言，人們得由經驗中吸取教訓；而僧道所謂的天機不可洩露即「佛曰不可說」之義。　根

---

[76] 見於《心理學家與你》一書，頁52。

據宏印法師對「佛日不可說」一詞的解釋為:「禪宗標榜明心見性,不立文字,直指人心,見性成佛,但在《大藏經》中資料、語錄、典籍卻遠超各宗派。…佛雖日不可說,但仍有一大堆典籍可以引導人類超凡入聖的。『不可說』在形容聖者的境界,非凡夫心識的分別能知,難以向凡夫說,故日:「不可說」。」[77]果真天下人皆是凡夫俗子,所以參悟入聖之道,可藉典籍指引,然而在甄士隱夢中,僧道未曾洩露天機,甄士隱後來參悟的結局,乃因生活環境的重重挫折及後來的自我心領神會,才妙得夢中天機之義,可見參禪悟道的方式,不一而足,宏印法師所謂的可借書籍引導只是其中工具之一罷了。人生體驗的特殊價值及自我參悟均有助於悟得天機之效,不過凡夫俗子畢竟是凡夫俗子,凡夫俗子就如甄士隱夢中那個主角甄士隱未悟道前一般,在人生旅途上多以聞見為主,對未來是茫然無知的。此外,王師關仕在批閱筆者此部論文的初稿第三章時,曾當面諭示筆者此夢的象徵意義是暗示寶玉的出生,且因甄士隱做此夢是在白晝,而認為不但是暗示寶玉出生且暗示寶玉出生時間在白晝。亦即甄士隱做此夢的同時,此種象徵意義的說法,正可為第二、三回以後提到寶玉或寶玉出現時已是個孩童做了最好的圓說。

---

[77] 見於其所主講之〈空是什麼?〉一文,由衛昭如整理,發表於《宗教世界》第9卷、第3期之中,頁24。

第三章　賈寶玉之夢

　　將不同年齡、不同心態產生不同夢境的意義剖析其精神層面者如劉勰，其《文心雕龍》卷十〈序志〉云：「予生七齡，乃夢彩雲若錦，則攀而採之。齒在踰立，則常夜夢索源，不述先哲之誥，無益後生之慮。」[78]一般人年輕時多為理想家，如劉勰一樣理想高遠且五彩繽紛，有著不畏艱難的勇氣。年長時為實行家，將理想付諸實行。不同年齡之夜夢則反映出迥異之心態。正如譚維漢先生所著之《心理學》一書中云：「大抵兒童時之夢的意象，祇代表意象的對象而已。但到成年人時，則一個夢的意象可以代表幾種事物，而不限於該意象之原來對象。」[79]《紅樓夢》中以賈寶玉的夢最多，共有九個夢，分佈於不同時期、不同年齡，其中有一個夢是賈寶玉所說之夢，因非關寶玉本身之夢，故本論文略而不論，僅論其所作的八個夢之內涵。在寶玉的八個夢中，根據不同的年齡又呈現出何種風貌呢？筆者欲先將其所做之夢分成六則探討之：第一則　初遊太虛幻境之夢，第二則　與金釧兒及蔣玉函有關之夢，第三則　與黛玉有關的三個夢，第四則　與甄寶玉有關之夢，第五則　與晴雯有關之夢，第六則　再遊太虛幻境之夢。這六則之次序是以夢發生的先後次序為主，若有兩個以上的夢都與某

---

[78] 見大本原式精印之《四部叢刊》第99冊，頁56。
[79] 見於譚維漢先生《心理學》一書，頁485。

人有關時，雖然次序先後不一，筆者仍將其合併於一則之中詳加探討，如此或許更能讓讀者了解作夢者與夢中人物之關係。

第一則　初遊太虛幻境之夢

第一節　室內設計刺激成夢及性情之夢的類型

　　在整部《紅樓夢》中，寶玉的第一個夢是初遊太虛幻境的夢，作者從寶玉入睡前走至秦氏房中的觀感至入睡後的夢境均有極其考究與費心的著墨：「說著，大家來至秦氏臥房。剛至房中，便有一股細細的甜香。寶玉此時便覺得眼餳骨軟，連說『好香！』入房，向壁上看時，有唐伯虎畫的『海棠春睡圖』兩邊有宋學士秦太虛寫的一副對聯云：『嫩寒鎖夢因春冷，芳氣襲人是酒香。』案上設著武則天當日鏡室中設的寶鏡，一邊擺著趙飛燕立著舞的金盤，盤內盛著安祿山擲過傷了太真乳的木瓜，上面設著壽昌公主於含章殿下臥的寶榻，懸的是同昌公主製的連珠帳等。寶玉含笑道：『這裡好！這裡好！』秦氏笑道：『我這屋子大約神仙也可以住得了。』說著，親自展開了西施浣過的紗衾，移了紅娘抱過的鴛枕，于是眾奶姆服侍寶玉臥好了，款款散去，只留下襲人…寶玉纔合上眼，便恍恍惚惚的睡去，猶似秦氏在前，悠悠蕩蕩，跟著秦氏到了一處。但見朱欄玉砌，綠樹清溪，真是人跡不逢，飛塵罕到。寶玉在夢中歡喜，想道：『這個地方兒有趣！我若能在這裡過一生，雖然失了家也願意，強如天天被父母師傅管束呢！』正在胡思亂之間，聽見山後有人作歌　曰：…寶玉見是一個仙

姑，喜的忙來作揖，笑問道：『神仙姐姐。不知從那裡來，如今要往那裡去？我也不知這裡是何處，望乞攜帶，攜帶。』那仙姑道：『吾居離恨天之上，灌愁海之中，乃放春山遣香洞太虛幻境警幻仙姑是也。司人間之風情月債，掌塵世之女怨男癡。因近來風流冤孽，纏綿于此，是以前來訪察機會，佈散相思。今日與爾相逢，亦非偶然。此離吾境不遠，別無他物，僅有白採仙茗一盞，親釀美酒幾甕，素練魔舞歌姬數人，新填《紅樓夢》仙曲十二支。可試隨我一遊否？』寶玉聽了，喜躍非常，便忘了秦氏在何處了，竟隨著這仙姑至一個所在。忽然前面有一座石牌橫建，上書『太虛幻境』四大字；兩邊一副對聯，乃是：『假作真時真亦假，無為有處有還無。』轉過牌坊，便是一座宮門，上面橫書著四個大字，道是：『孽海情天』，也有一副對聯，大書云：『厚地高天，堪歎古今情不盡；癡男怨女，可憐風月債難酬。』寶玉看了，心下自思道：『原來如此。但不知何為古今之情？又何為風月之債？從今倒要領略、領略。』寶玉只顧如此一想，不料早把些邪魔招入膏肓了。當下隨了仙姑，進入二層門內，只見兩邊配殿皆有匾額對聯……話猶未了。只聽迷津內響如雷聲，有許多夜叉海鬼將寶玉拖將下去。嚇得寶玉汗下如雨，一面失聲喊叫：『可卿救我。』…卻說秦氏正在房外囑咐小丫頭們好生看著貓兒狗兒打架，忽聞寶玉在夢中喚他小名兒，…」（影乾隆壬子年木活字本《百二十回紅樓夢》第二冊、第五回、頁二--十五，並參考饒彬校注《紅樓夢》之斷讀）寶玉此夢的內容豐富奇異，其成因則又必須回溯寶玉做此夢前的心情與外在環境的影響，其一是受到外來刺激的影響所致，而此種外部刺激除了到秦氏房中後，所聞到的一股細細的甜香，是屬於嗅覺上的外來刺

激外，秦氏房中所有一切的擺設，是屬於視覺方面的刺激。我們且看一下，秦氏房中之壁上有唐伯虎畫的「海棠春睡圖」，有宋學士秦太虛寫的一副對聯、案上設著武則天當日鏡室中設的寶鏡、有趙飛燕立著舞的金盤、盤內盛著安祿山擲過傷了太真乳的木瓜、上有壽昌公主的寶榻及同昌公主製的連珠帳等。接著寶玉漸漸被那股細細的甜香所迷而且覺得眼餳骨軟。整個秦氏臥室的陳設，讓寶玉讚嘆不已。促成寶玉做了初遊太虛幻境之夢的第二個因素是，秦氏笑著說的一句話：「我這屋裡大約神仙也可以住得的。」（影乾隆壬子年木活字本《百廿回紅樓夢》、第二冊、第五回、頁三，並參考饒彬校注《紅樓夢》之斷讀）秦氏的語意暗示結合了香甜的室內設計予人的舒適感，讓寶玉進入了甜美夢鄉。秦氏的這句話算是日常生活經驗的一部分，且是最近發生的經驗，就發生在秦氏親自展開了西施浣過的紗衾，移了紅娘抱過的鴛枕及眾奶姆服侍寶玉臥好入睡之前的一刻。所以在寶玉夢境中秦氏為前導，並引寶玉進入太虛幻境的夢內容，應是可以解說的。而秦氏房中的一切擺設之所以令寶玉眼餳骨軟，乃是作者運用其誇張、浪漫而傳奇的手法[80]，因此寶玉超現實的夢境，實肇因於此。

至於夢的類型，亦較難判定，因夢內容與現實生活中的一切似乎相違背，或許也可將其歸於王符《潛夫論》中之第十類「性情之夢」：「人之情心好惡不同，或以此吉，或以此凶，當各自察常古所從，此謂性情之夢。」[81]這是受當時外在環境影響心情之好惡所致。

---

[80] 根據羅盤先生之〈略論紅樓夢的表現手法〉一文中之有關秦可卿房中之擺設乃：「作者弄賣他浪漫傳奇的手法，極盡誇張之能事。」刊載於《文壇》第219期，頁140。
[81] 見於《四部叢刊·潛夫論》第18冊、頁46-47。

第二節　回歸孔孟之主題及太虛幻境之神話題材

一、回歸孔孟之主題及預示作用

（一）．寶玉不受管束的天性及回歸孔孟之主題

　　在寶玉的夢中，寶玉先是跟隨著秦氏至一朱欄玉砌、綠樹清溪，人跡不逢，飛塵罕至之處，聽到了美妙的歌聲，後來有緣同警幻仙姑遊太虛幻境，並在太虛幻境中的薄命司遊玩，看了金陵十二釵副冊其中一冊、金陵十二釵又副冊其中一冊及金陵十二釵之正冊，又聽了新製的紅樓夢仙曲十二支及副歌，警幻仙姑云因寶玉之祖榮寧二公深囑，盼能以情慾聲色等事警其癡頑，故以己妹可卿許配與寶玉，望今後能改悟前情，留意於孔孟之間，委身於經濟之途。當寶玉、可卿柔情繾綣，並攜手出遊時遇一道黑溪阻路，警幻前來告誡，終究已遲，寶玉瞬間被迷津內如雷響聲後飄出的許多夜叉海鬼拖將下去，於是寶玉被自己在夢中呼喊的：「可卿救我」之聲音驚醒。太愚先生於其所著之《紅樓夢人物論》一書中將寶玉之夢內容細分為三部份；「一是作者對性愛關係的基本理論，一是全書重要人物之總介紹，其它便是說明寶玉一生兩性關係的開始。」[82]實則太愚先生所細分約三部份應合併為兩部份，其一是全書重要人物之總介紹，即寶玉暢遊「薄命司」

---

[82] 見太愚先生之《紅樓夢人物論》中之「三、秦可卿與李紈，編入《紅樓夢藝術論》一書中，頁32。（案：太愚即松菁即王崑崙）

之部分，其二是將作者對性愛關係的基本理論納入「說明寶玉一生兩性關係的開始之中」。因為警幻仙子祕授寶玉雲雨之事的性愛理論，並未直書於書上且更無需將性愛之基本理論與兩性關係分割之必要，因此從二分法的夢內容之中，便不難窺視夢的主題了：警幻仙姑受寶玉之祖寧榮二公之託，以情慾聲色等警其癡頑，使其能悟道並復歸於孔孟之道。[83]大體言之，寶玉初遊太虛幻境的主題仍舊脫離不了舊傳統禮教的模式，仕途似乎是所有文人士子唯一的途徑。

在寶玉的整個初遊太虛幻境夢中，除了主題借警幻仙姑來開悟寶玉，使其回歸孔孟之間及委身於經濟之途外，仍有幾個問題有待討論。根據周汝昌先生之《紅樓夢新證》一書、周紹良先生所著之《紅樓夢研究論集》及日人伊藤漱平引用周汝昌之年代考證所製成之圖表，一致以為第五回，寶玉做初遊太虛幻境之夢時，寶玉僅有八歲[84]對一個僅有八歲的小孩而言，仍是個懵懂的年齡，玩耍依舊是他們的天性與嗜好，因此在寶玉初入夢鄉時，對夢中景緻的極度歡喜，令他想道：「這個地方兒有趣！我若能在這裡過一生，強如天天被父母師傅管束呢！」（影乾隆壬子年木活字本《百二十回紅樓夢》、第二冊、第五回、頁三，並參考饒彬校注《紅樓夢》之斷讀）對寶玉而言父母老師

[83]萬建時先生之〈紅樓夢與佛學〉一文中亦以為第五回警幻仙子的用意是要寶玉能悟道。見於《暢流》第38卷、第6期，頁21-22。不過萬建時先生僅就夢內容而言。並未就夢的主題作進一步的探討。

[84]周紹良先生此書，是由山西人民出版社出版，1983.6.1版。此書較周汝昌先生對《紅樓夢》一書中寶玉年代的考證較晚，然內容方面較周氏的《紅樓夢新證》一書中之「紅樓紀歷」較詳，頁187。而伊藤漱平先生所譯之《紅樓夢》一書中之頁572-574引周汝昌先生之說為十三歲。事實上俞平伯先生於1933年即寫定一年表，只是較雜亂無序，見於《紅樓夢辨》頁46-57。

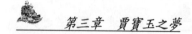

是天天管著自己讀書用功的人，一來無法痛快的整天玩耍，二來行為舉止得受約束，不能自由自在，隨心所欲。因此像寶玉般的孩童，玩耍與好奇是最吸引他的，「家」在他的心中僅是個模糊、抽象的名詞罷了。從寶玉夢中如此簡短的思維，便可表白其好玩，不喜受人管束的天性。而警幻仙姑受寶玉之祖寧榮二公之囑咐，要以情慾聲色等事警其癡頑，或能使其入於正路：「不過今汝略領此仙閨幻境之風光尚然如此，何況塵世之情景呢？而今後，萬萬解釋，改悟前情，留意於孔孟之間，委身於經濟之道。」（影乾隆壬子年木活字本《百二十回紅樓夢》第二冊、第五回、頁十五，並參考饒彬校注《紅樓夢》之斷讀）這是寶玉潛意識中震懾於父權時代舊傳統的束縛。舊傳統父權時代的權威之大，大到令寶玉連夢中都會複述日間此種權威殷切渴望其應要達到回歸孔孟之間及委身於經濟之途的標準，可見舊傳統的權威不止是無形的、更是實質性地帶給寶玉無限的壓力，尤其是對作者塑造的「無故尋愁覓恨，有時似傻如狂。縱然生得好皮囊，腹內原來草莽。潦倒不通庶務，愚頑怕讀文章。行為偏僻性乖張，那管世人誹謗？」（影乾隆壬子年木活字本《百二十回紅樓夢》、第一冊、第三回、頁十一，並參考饒彬校注《紅樓夢》之斷讀）的寶玉形象而言，他的與眾不同，似就更難以世俗的眼光、標準來苛求或規範他了。

（二）. 薄命司裡的冊子及「紅樓夢十二支曲」的預示作用

警幻仙姑引寶玉入薄命司，讓寶玉看了金陵十二釵之正冊、副冊及又副冊，因怕寶玉天分高，洩露了天機，便掩卷領他至別處。而薄命冊中之每一首詩詞均代表著一個或兩個人的一生。其內容為：

霽月難逢，彩雲易散。心比天高，身為下賤。風流靈巧招人怨。壽夭多因誹謗生，多情公子空牽念。

枉自溫柔和順，空云似桂如蘭。堪羨優伶有福，誰知公子無緣！

根並荷花一莖香，平生遭際實堪傷。自從兩地生孤木，致使香魂返故鄉。

可歎停機德，誰憐詠絮才！玉帶林中掛，金簪雪裡埋。

二十年來辨是非，榴花開處照宮闈。三春怎及初春景？虎兔相逢大夢歸。

才自清明志自高，生於末世運偏消。清明涕送江邊望，千里東風一夢遙。

富貴又何為？襁褓之間父母違。展眼弔斜暉，湘江水逝楚雲飛。

欲潔何曾潔？云空未必空。可憐金玉質，終陷淖泥中！

子係中山狼，得志便猖狂。金閨花柳質，一載赴黃梁。

勘破三春景不長，緇衣頓改昔年粧。可憐繡戶侯門女，獨臥青燈古佛旁！

凡鳥偏從末世來，都知愛慕此生才。一從二令三人木，哭向金陵事更哀！

勢敗休云貴，家亡莫論親。偶因濟村婦，巧得遇恩人。

桃李春風結子完，到頭誰似一盆蘭？如冰水好空相妒，枉與他人作笑談。

情天情海幻情深，情既相逢必主淫。漫言不肖皆榮出，造釁開端實在寧。

紅樓夢引子

開闢鴻濛，誰為情種？都只為風月情濃，奈何天，傷懷日，寂寥時，試遣愚衷，因此上演出這悲金悼玉的《紅樓夢》。

終身誤

都道是金玉良緣，俺只念木石前盟。空對著山中高士晶瑩雪，終不忘世外仙姝寂寞林。歎人間，美中不足今方信，縱然是齊眉舉案，到底意難平！

枉凝眉

一個是閬苑仙葩，一個是美玉無瑕。若說沒奇緣，今生偏又遇著他；若說有奇緣，如何心事終虛話？一個枉自嗟呀，一個空勞牽掛。一個是水中月，一個是鏡中花。想眼中能多少淚珠兒？怎經得秋流到冬，春流到夏。

恨無常

喜榮華正好，恨無常又到，眼睜睜，把萬事全拋。蕩悠悠，芳魂消耗。望家鄉，路遠山高，故向爹娘夢裡相尋告：兒命已入黃泉，天倫呵，須要退步抽身早！

分骨肉

一帆風雨路三千，把骨肉家園齊來拋閃。恐哭損殘年，告爹娘，休把兒懸念：自古窮通皆有定，離合豈無緣？從今分兩地，各自保平安。奴去也，莫牽連！

樂中悲

襁褓中，父母歎雙亡。縱居那綺羅叢，誰知嬌養？幸生來英豪闊大寬宏亮，從未將兒女私情，略縈心上，好似霽月光風耀玉堂。廝配得才

貌仙郎，博得個地久天長，準折得幼年時坎坷形狀。終久是雲散高唐，水涸湘江：這是塵寰中消長數應當，何必枉悲傷？

世難容

氣質美如蘭，才華馥比仙，天生成孤癖人皆罕。你道是啖肉食腥羶，視綺羅俗厭；卻不知好高人愈妒，過潔世同嫌。可歎這青燈古殿人將老，孤負了紅粉朱樓春色闌！到頭來，依舊是風塵骯髒違心願，好一似無瑕白玉遭泥陷。又何須王孫公子歎無緣？

喜冤家

中山狼，無情獸，全不念當日根由，一味的驕奢淫蕩貪歡媾。覷著那侯門豔質同蒲柳，作踐的公府千金似下流。歎芳魂豔魄，一載蕩悠悠！

虛花悟

將那三春看破，桃紅柳綠待如何？把這韶華打滅，覓那清淡天和。說什麼天上夭桃盛，雲中杏蕊多？到頭來，誰見把秋捱過？則看那白楊村裡人嗚咽，青楓林下鬼吟哦，更兼著連天衰草遮墳墓。這的是昨貧今富人勞碌，春榮秋謝花折磨。似這般生關死劫誰能躲！聞說道西方寶樹喚婆娑，上結著長生果。

聰明累

機關算盡太聰明，反算了卿卿性命！生前心已碎，死後性空靈。家富人寧，終有個家亡人散各奔騰。枉費了意懸懸半世心，好一似蕩悠悠三更夢。忽喇喇，似大廈傾；昏慘慘，似燈將盡。呀！一場歡喜忽悲辛，歎人世，終難定！

留餘慶

留餘慶，留餘慶，忽遇恩人。幸娘親，幸娘親，積得陰功。勸人生：濟困扶窮，休似俺那愛銀錢忘骨肉的狠舅奸兄！正是乘除加減，上有蒼穹。

晚韶華

鏡裡恩情，更那堪夢裡功名！那美韶華去之何迅？再休提繡帳鴛衾，只這戴珠冠，披鳳襖，也抵不了無常性命！雖說是人生莫受老來貧，也須要陰騭積兒孫。氣昂昂頭戴簪纓，光燦燦胸懸金印，威赫赫爵祿高登，昏慘慘黃泉路近。問古來將相可還存？也只是虛名兒後人欽敬。

好事終

畫梁春盡落香塵。擅風情，秉月貌，便是敗家的根本。箕裘頹墮皆從敬，家事消亡首罪寧。宿孽總因情！

飛鳥各投林

為官的，家業凋零：富貴的，金銀散盡：有恩的，死裡逃生：無情的，分明報應；欠命的，命已還：欠淚的，淚已盡：冤冤相報自非輕，分離聚合皆前定。欲知命短問前生，老來富貴也真僥倖。看破的，遁入空門；癡迷的，枉送了性命；好一似食盡鳥投林，落了片白茫茫大地真乾淨！

（影乾隆壬子年木活字本《百廿回紅樓夢》、第二冊、第五回、頁六--十三，並參考饒彬校注《紅樓夢》之斷讀）

　　　　首先又副冊中之第一支判詞及畫是指晴雯，第二支判詞是指襲人，第三支判詞是副冊中的，指香菱，第四支判詞是指寶釵和黛玉，而自第四支判詞開始，以下均在正冊之中，第五支判詞是指元春，

　　第六支判詞是指探春，第七支判詞指湘雲，第八支判詞指妙玉，第九支判詞指迎春，第十支判詞指惜春，第十一支判詞指鳳姐，第十二支判詞指巧姐，第十三支判詞指李紈，第十四支判詞是指秦氏[85]。以上這些判詞或為刻畫這十五個人的一生寄遇，或為描述這些女子的個性，均能從整部《紅樓夢》中有關這些人物的情節鋪排可獲得印證。

　　另外，有關紅樓夢十二支曲子中，每支曲係指何人？如今已有定論。首先在紅樓夢十二支曲子之前後，有一支〈紅樓夢引子〉及〈飛鳥各投林〉，前者是作為開場白之用而後者則是為十二支曲子作總結。其中第一支曲子「終身誤」是指寶釵，第二支曲子「枉凝眉」是指黛玉，第三支曲子「恨無常」是指元春，第四支曲子「分骨肉」是指探春。第五支曲子「樂中悲」是指湘雲，第六支曲子「世難容」是指妙玉，第十支曲子「喜冤家」是指迎春，，第八支曲子「虛花悟」是指惜春，第九支曲子「聰明累」是指鳳姐，第十支曲子「留餘慶」是指巧姐，第十一支曲子「晚韶華」是指李紈，第十二支曲子「好事終」

---

[85] 目前這十四支判詞各指何人？似乎如筆者於前文所書，早已成了定局，不論大陸研究紅學者或台灣紅學家均於其文章中提及判詞，證之以書中主角之言行作為支持其研究論點之證據。而吳秋林先生及曹靜秋先生於其合撰之〈淺論《紅樓夢》的寓言色彩〉一文中亦將第一支判詞至第十四支判詞各指何人，詳細書明，此文收入《紅樓探藝》（《紅樓夢論集》第2集，第226頁）。而梅開基先生之〈談紅樓夢十二金釵的支曲意義和十二調〉（中）、（下）篇中，刊載於《公教智識》370期，頁16-17及371期，頁16-17。劉榮傑之碩士論文《紅樓夢隱語之研究》中之「紅樓夢引」，頁22-30。高陽先生之《紅樓夢一家言》中頁3，對正冊判詞之推測及王師關仕之《紅樓夢研究》一書中之頁52-66均對判詞究所指為何人，均能有一致的見解。

是指秦氏[86]。以上這十二支曲子或述及容貌、或述及這些女子一生及結局、或論緣之深淺奇特者，與前面薄命冊上之判詞合觀，更能知曉個中之意味。

　　寶玉在夢中所瀏覽到的冊子及十二支曲必有其意義，由於正冊中的人物與十二支曲相同，因此將兩者參看，而又副冊及副冊中的晴雯、襲人及香菱僅皿了述及，因此，筆者僅由冊子中探窺其中意義。
首先看晴雯的判詞和畫，畫上無人，只是一堆烏雲濁霧，這畫是預示晴雯生不逢時。而判詞的「心比天高，身為下賤」（影乾隆壬子年木活字本《百廿回紅樓夢》第二冊、第五回、頁六，並參考饒彬校注《紅樓夢》之斷讀）正將晴雯的氣質心性及低微身份地位揭露而出。接著形容晴雯的儀態「風流靈巧」也因此招致人怨，並云晴雯一生壽命長短與「誹謗」之事息息攸關，此可由後來王善保家的故意陷害晴雯，說晴雯平日打扮得如西施一般，是伶牙利嘴的人，使原來也並不喜歡晴雯的王夫人為了一個什錦春意香袋把晴雯趕了出去，令晴雯受冤早逝，可得到印證。

　　其次，看襲人的判詞和畫，畫上只有一簇鮮花及一床蓆。判詞是描述襲人溫柔的個性，對寶玉百般的好卻無緣結為夫妻，最後嫁給當優伶的蔣玉函。畫上的鮮花或許正象徵著襲人，一床破蓆則象徵襲人

---

[86] 紅學家漸有一致的答案，如筆者於正文所書者。唯高陽先生卻將這十二支曲子分為六組，王師關仕已於其《紅樓夢研究》一書中之〈曹雪芹對紅樓夢的最後構想〉商榷一文，批評高陽先生之分法不妥，此處便不再贅述。又俞平伯先生於其《紅樓夢研究》一書中，對十二支曲子之究指何人之研究，錯誤頗多，亦不值得參考。而皮述民先生之《紅樓夢論集》中述及賈寶玉與金陵十二金釵將十二支曲子之分派情形亦與吳秋林、曹靜秋、梅開基、劉榮傑、王師關仕等諸位先生一致。

嫁後的清簡。接著看香菱的判詞和畫，畫上只見一枝桂花，下方有一個乾池沼，其中蓮枯藕敗。然而桂花代表夏金桂、蓮藕代表香菱、池沼代表香菱的生活困境。夏金桂居上風欺壓下方的香菱。而判詞中形容香菱一生的際遇堪憐，（最後還是產難夭亡離開塵世），這與畫中的蓮枯藕敗的結局是一致的。以上是又副冊及副冊的三位女性之預示。

　　至於有關正冊十二金釵之預示，如下：

第一支曲子「終身誤」及薄命冊中第四支判詞中之「可歎停機德」及「金簪雪裡埋」是寶釵。其中形容寶玉一直不忘黛玉，雖然寶釵能與寶玉成為夫妻，但對寶釵而言，卻不是一件公平的事，寶釵的一切優點就如同埋在雪堆裡的金簪一般，無人知曉，亦無法發揮。至於畫上的地下有一堆雪，雪中一股金簪，金簪代表寶釵：一支被遺棄的金簪預示寶釵日後的命運、寶玉的出家及棄寶釵於不顧。

　　第二支曲子「枉凝眉」及薄命冊中第四支判詞的「誰憐詠絮才！玉帶林中掛」是指黛玉。其中描寫黛玉與寶玉的奇遇，但結局卻如鏡花水月般的虛空，二人彷如牛郎織女天涯相隔，只讓黛玉空有流不盡的眼淚罷了。而畫上有兩株枯木，枯木上懸著一圈玉帶，玉帶代表黛玉。指黛玉如一條玉帶空懸在枯木上，無法相得益彰，預示黛玉的結局事與願違。

　　第三支曲子「恨無常」及薄命冊的第五支判詞，是指元春。形容元春原可榮華富貴過一生的，誰知命運無常，元妃最後卻以病薨，病薨時是以託夢的方式告訴賈母自己死於十二月二十九日「卯年寅月」，

正是「虎（卯）兔（寅）相逢大夢歸」之意[87]。然而此處曲子的預言卻與九十五回中，敘述元妃之薨日之前乃以託夢的方式告知賈母，且隔日賈母進宮後，小太監來報告元妃之薨日的預示相符，可知修補后四十回的人，仍能顧及到第五回預示的重要性。至於薄命冊上的畫，有一支弓，弓上掛著一個香櫞，筆者以爲此畫必有其重要意義，只是較難以想像或預測此重要意義究竟爲何？

第四支曲子「分骨肉」及薄命冊的第六支判詞是指探春，描述探春志高才妙，卻遠嫁海疆，然亦知自古通窮自有定數，反而安慰爹娘別牽掛。而薄命冊的畫上有兩個人放風箏，一片大海，一隻大船，船中有一女子，作掩面泣涕之狀。那女子是探春，這是預示探春結局遠嫁他鄉，傷心哭泣的場面。

第五支曲子「樂中悲」及第十支判詞是描述湘雲的一生，從自幼父母雙亡談起，並述及湘雲個性豪邁，寬宏大量，雖然年幼坎坷，但卻配得如意郎君，誰知最後夫妻應著命理定數而分散，這是指湘雲之夫君病卒。而薄冊上畫著的幾縷飛雲，一灣灣逝水，是預示湘雲的結局如飛雲、逝水，夫妻二人將天地永隔之意。

第六支曲子「世難容」及第八支判詞是描述妙玉氣質高雅、才華比仙，但孤僻的個性及其好潔的心態卻不能如願以償，反遭人妒，最後結局淒慘，如白玉遭泥陷一般。而薄命冊的畫上畫著一塊美玉，落在泥污之中，便預示妙玉未來淒慘的命運。

---

[87] 參考梅開基先生之〈談紅樓夢十二金釵的支曲意義和十二調〉（刊載於《公教智識》370期，頁16），原有提及九十五回中寫元妃薨之日是卯年寅月，後再引證時，竟寫成寅年卯月，而誤將寅卯對調，不知梅開基先生此文是印刷錯誤或筆誤？

　　第七支曲子「喜冤家」及第九支判詞是描述迎春誤嫁中山狼之事，狼心驕奢淫蕩，最後迎春命歹運蹇。至於薄命冊上所畫的一匹惡狼，追撲一美女，有欲啖之意，是預示迎春將入狼口的命運。

　　第八支曲子「虛花悟」及第十支曲子形容惜春看破塵世，頓悟入佛門，尋找心中的理想境界。而薄命冊上畫的是一所古廟，裡面有一美人在內看經獨坐，是預示迎春當尼姑誦經的未來。

　　第九支曲子「聰明累」及第十一支判詞是形容鳳姐聰明一世，糊塗一時，太聰明反害了自己，死前病魔纏身，死後，一切方已。而薄命冊上畫的一片冰山，山上有一隻雌鳳代表鳳姐，預示雖如鳳鳥一般，位在萬人之上，但終究思想孤單的孤立於世。

　　第十支曲子「留餘慶」及第十二支判詞是形容巧姐遇難時，幸因鳳姐曾接濟劉老老，才不致被舅舅王仁及賈環、賈芸賣掉，而薄命冊上畫的一座荒村野店，有一位美人在那裡紡紗織布，便預示巧姐將來嫁作村人婦。

　　第十一支曲子「晚韶華」及第十三支判詞是描述李紈原與夫婿百般恩愛，誰知命理無常，夫婿早逝。而薄命冊裡畫的一盆茂蘭及一位鳳冠霞帔的美人，是預示著李紈一生如蘭高潔的命運，夫死未再嫁，可堪納入貞節牌坊的名冊之中。

　　第十二支曲子「好事終」及第十四支判詞是描述秦可卿的花容月貌好風情，卻因「情」字敗家喪身。至於薄命冊上畫的一座高樓，上有一美人懸樑自盡，是預示秦氏最終以懸樑自縊結束自己的生命的命運。俞德清《三讀紅樓夢隨筆》亦認定秦氏非病死，故秦氏究竟是否因病而死一直都有爭議。不過在乾隆壬子年木活字本百廿回《紅樓夢》

中秦氏卻是因病而終，此或是書中所云曹雪芹一再刪增的結果，或補作者的手筆。

　　大抵言之。薄命冊的判詞與十二支曲不是重複描述一個或兩個人的生平、個性，便是分述十二金釵及晴雯、襲人、香菱的特性與際遇，而薄命冊上的畫，多半是爲這些女子及賈府的結局作預示，而這些女子果然在情節的推演中，一步步地走上預示的道路，似乎這些都是在「『好了歌』和『好了歌注解』的空無思想基礎上，更進一步突出了宿命與天命論。」[88]而這些簿冊上的畫、判詞及十二支曲子的內容也顯示了作者對人物不同程度的預示與評論[89]。無論如何，作者在此中所運用詩形式之寫作及美術繪畫直覺法之預示作用，算得上是成功的寫作技巧。

二、　太虛幻境之夢題材滿足人類超現實的願望

　　人們往往將維妙佳音的難得形容爲天堂的專利。而寶玉夢境中的舞台太虛幻境正是仙境的寫照，它擁有一切凡間所無的美好。因此寶玉的好奇及欣羨之心始終昂然，然而仙境並不存在於人世間，它只存

---

[88] 見於張畢來先生《漫說紅樓》一書，頁296。此外，劉夢溪之《紅樓夢新論》中亦云：「尤其十二釵的命運薄冊，充滿了宿命的色彩。」（頁103）

[89] 邢治平先生之《紅樓夢十講》中之第七講：「《紅樓夢》的藝術結構」曾提到：「薄命冊的冊詞，預示了全書女主人翁的生活道路和結局，有時還概括有作者對人物的評論。」（頁140）此外，徐扶明《試論紅樓夢曲》中亦云：「警幻仙姑新制『紅樓夢曲』，……是從寶玉的角度，預示十二釵的身世和結局。」（頁203）不知徐扶明先生之「寶玉的角度」究指何者而言？寶玉仍是個小孩，她只不過有緣瞥見這些薄命司中的薄冊罷了，預示的角度立場應是作者而非寶玉。

在於人們的幻想及夢境中。此種自古至今一再不斷地被人們重覆使用的神話，具有持久不衰的魅力，原因無他，僅止於滿足人類超越現實桎梏樊籬的願望。

　　寶玉夢中神仙似的人物、神仙似的舞台及神話的情節編織出神話似的夢，一切看似滑稽烏有，光怪陸離，實則在寶玉與警幻的每一句對話中都深具意義且在每一個情節中，作者也都假神話的題材而訴諸嚴肅的問題或思想。因此張錦池先生亦云，寶玉的夢境「似乎是超現實的，實質上是非現實的。」[90]寶玉夢中的神話人物警幻仙姑及太虛幻境是神秘的。根據馮宇先生的考證：「太虛一詞，源于道家術語，最早出自《莊子・知北遊》：『不遊乎太虛』。孫綽〈遊天台山賦〉：『太虛廣廓而無閡』。李善注：『太虛，謂天也。』又《莊子・天地》：『主之以太一』，成玄英疏：『太者，廣大之名，言大道曠蕩，无不制圍；囊括萬有，通而為一。可見所謂太虛是指囊括宇宙，包羅萬象，廣闊無垠而又虛無縹緲的天堂境界。『幻境』一詞，出自佛家概念…是佛家所謂『一切諸法，空無實性』的意思。因此『幻境』亦即『虛空之境』。…佛道加在一起『太虛幻境』便成為宗教裡的天堂境界，而帶有濃厚的神秘色彩。」[91]至於「警幻仙姑」之神話人物之來歷，馮宇先生又云：「『警幻』二字，似佛家用語，所以她是佛教「大士」所服從的主事；『仙姑』二字，乃道家稱呼，因此又是『真人』所崇

---

[90] 見張錦池先生之〈論秦可卿〉一文，收入《紅樓夢研究集刊》，第6輯，頁94。
[91] 見馮宇先生之〈論太虛幻境與警幻仙姑---管窺紅樓夢第五回〉收入《紅樓夢研究集刊》，第6輯，頁167。

奉的至尊，亦佛亦道，合二而一」。[92]作者便是借著如此神奇的仙境及神話性的人物反映、鋪演出一齣栩栩如生的夢境。

第三節　人類殊別相及幻緣之象徵

大抵言之，寶玉的整個夢境是具有強烈的預示作用的。自寶玉被秦氏引入夢境後，先觀看了薄命司中之冊子，又聽了「紅樓夢曲子」，後又與秦可卿雲雨一番，整個夢境是作者利用寶玉的潛意識心態創造出一個作者可以借以預示全書綱領及人物結局[93]的夢境，而所謂的「全書綱領」並非指夢內容的主題或題材，而是指夢內容裡薄命司中的冊子及紅樓夢十二支曲子中所預示的十二金釵、襲人、晴雯、香菱……等人的結局、生平際遇及賈府由盛而衰的命運。作者自第六回起，便讓這十五位女子及賈府的一切事情全部納入綱領的規劃中，借由多線的描寫一回一回地將這些重要人物及隨著不同時間所發生的不同事件，一一地推向未來，推向命運早已註定的結局。人類似乎可憐地被時間、空間及這無形的力量威逼著，由出生後歷經折磨至老邁，再與各種病魔纏鬥至死而後已。寶玉初遊太虛幻境的整個夢不但強烈預示全書之綱領，更象徵著人類殊別相的遠景。

---

[92] 見馮宇先生之〈論太虛幻境與警幻仙姑──管窺紅樓夢第五回〉收入《紅樓夢研究集刊》（第6輯），頁171。

[93] 根據費秉勛先生之〈談《紅樓夢》的心理描寫〉一文中所云的：「『紅樓夢曲子』和冊上的詩，預示全書的綱領…」，收入《紅樓夢研究集刊》（第2輯）中，頁205。鄭明娳教授亦於其〈紅樓夢中的夢〉一文中云：「第五回就是作者對全書結局的預告」，刊載於《國文天地》第4期，頁50。

第三章 賈寶玉之夢

寶玉的夢預示了「全書綱領」的意義，透過主題的訴求及全部夢內容的經過，卻象徵了「人生的方程式是艱深難解的」，至少就警幻仙姑讓寶玉看薄命司裡的冊子及讓寶玉聽紅樓夢演曲時，寶玉不甚了解，因此警幻仙姑感歎到寶玉仍是個癡兒竟尚未悟，於是忙止歌姬，不必再唱，因爲多唱無益。人生旅途充滿荊棘與坎坷，如下棋一般，有時雖步步爲營，仍不免陷入困境無法自拔，人生世事難以預料，往往有人選擇以糊塗的方式過一生，因爲對未來的無知及不知下一秒即將發生啥事的茫然作了退卻的選擇或徹底的投降。而對未來的無知則是人類的一大通病，僅有少數預言家或命理專家根據一些學理的判斷可略知一、二以外，大部分的人類對未來是全然無知的，或許生命及生活已存在一些可供參考研究人類未來的資料，但這些資料或被人們忽略或無法爲人們所理解，因此也就在有關人類生命及生活的周圍環境中產生許多至今仍未曾被科學實證家解開的謎。人生方程式的艱深難解，爲寶玉看了薄命司中冊子上的十五位女子及聽了紅樓夢十二支曲子的參考資料後的依然不解，作了最佳註腳。因此或許羅龍治教授將太虛幻境描寫的象徵性，解釋成是暗示寶玉一生墮落的開始[94]，此種說法似受《聖經》創世紀中描寫亞當夏娃偷食禁果後被逐出伊甸園是代表人類墮落的開始之影響。

在寶玉夢中偷食禁果的對象是秦可卿，由於警幻仙姑的撮合及秘授雲雨之事，二人有了深一層之關係，是研究《紅樓夢》者研討的熱

---

[94] 羅龍治教授之〈談秦可卿————一個夭折時代的叛徒〉一文，刊載於《幼獅月刊》第37卷、第1期、頁37。

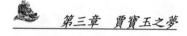

門話題,筆者並不想加入此場筆戰之中,卻只想藉由這幾年來研究心理學之理論之便,提出一己的看法罷了。

《紅樓夢》一書中第五回寶玉夢中,作者藉由警幻仙子之口,提及其受託之事,後將其妹可卿許配與寶玉之用意,並從寶玉與可卿婚後出遊遇難作結:「『今既遇令祖寧榮二公,剖腹深囑,吾不忍子獨為我閨閣增光,而見棄於世道,故引子前來,醉以美酒,沁以仙茗,警以妙曲,再將吾妹一人 乳名兼美,表字可卿者,許配與汝。今夕良時,即可成姻。不過今汝略領此仙閨幻境之風光尚然如此,何況塵世之情景呢?而今後,萬萬解釋,改悟前情,留意於孔孟之間,委身於經濟之道。』說畢,便秘授以『雲雨』之事,推寶玉入房中,將門掩上自去。那寶玉恍恍惚惚,依著警幻所囑,未免作起兒女之事,也難以盡述。至次日,便柔情繾綣,軟語溫存,與可卿難解難分。因二人攜手出去遊玩之時,忽然至一個所在,但見荊棘遍地,狼虎同行,迎面一道黑溪阻路並無橋梁可通。正在猶豫之間,忽見警幻從後追來,說道:『快休前進!作速回頭要緊!』寶玉忙止步問道:『此係何處?』警幻道:『此乃迷津,深有萬丈,遙亙千里,中無舟楫可通,只有一個木筏,乃木居士掌舵,灰侍者撐篙,不受金銀之謝,但遇有緣者渡之。爾今偶遊至此,設如墜落其中,則深負我從前諄諄警戒之語。』話猶未了。只聽迷津內響如雷聲,有許多夜叉海鬼將寶玉拖將下去。嚇得寶玉汗下如雨,一面失聲喊叫:『可卿救我。』嚇得襲人輩眾丫鬟忙上來摟住,叫:『寶玉,不怕,我們在這裡呢。』卻說秦氏正在房外囑咐小丫頭們好生看著貓兒狗兒打架,忽聞寶玉在夢中喚他的小名兒,因納悶道:『我的小名兒,這裡從無人知道,他如何得知,在

夢中叫出來？』」（影乾隆壬子年木活字本《百二十回紅樓夢》第二冊、第五回、頁十五，並參考饒彬校注《紅樓夢》之斷讀）張錦池先生於其〈論秦可卿〉一文中，由於要證明秦氏的淫蕩，曾說秦氏提出讓寶玉至其房中睡覺，寶玉的夢又是以秦氏引夢，又以秦氏出夢，且房中之擺設便呈現出秦氏的精神面貌是『極淫』的[95]。李厚基先生卻提出相反的意見，以爲這些擺設與「恪守封建禮法，懂得大家的家規、禮教、生活嚴肅、態度端莊的少婦，和這些公開展出的東西多麼格格不入。」[96]根據乾隆年間刊行的《紅樓夢》版本中的秦氏確實是屬於後者的人物。雖然筆者亦同意阮沅先生於其〈紅樓小人物〉中所云的作者有時將秦可卿神化，「塑成仙界中一個影像，奇幻曲折，縹緲虛無，人物出場若隱若現。」[97]將秦氏神化，塑成仙界中一個影像，即是寶玉夢中兼美這位美麗的女子而人物出場的忽隱忽現是在秦氏死後的事，在秦氏生前，秦氏是位備受讚美的人物。連鳳姐這樣尖酸刻薄的人都會喜歡她，沒見過她有任何不軌行爲，至於乾隆本的結局與判詞預示的結局的不同，或許因曹雪芹五次修改刪減或後四十回修書人的傑作吧！故此處僅就乾隆年間《百廿回紅樓夢》而論。如此生活嚴謹之人，絕不可能與寶玉有任何關係；既然如此，寶玉爲何夢中會與秦

---

[95] 張錦池先生之〈論秦可卿〉一文收入《紅樓夢研究集刊》（第6輯）中；頁92。此外，陳翺及鄭韻蘭合撰之〈怎樣讀紅樓夢----與吳宏一教授一席談〉頁157，亦認為秦可卿好色。

[96] 見於李厚基先生之〈象外之旨，意外之趣----秦可卿藝術形象塑造之質疑〉一文收入《紅樓夢研究集刊》（第8輯），頁60。

[97] 阮沅先生之〈紅樓小人物〉，刊載於《中華文化復興月刊》，第11卷、第12期，頁81。

可卿雲雨一番呢？筆者在前面夢的成因及類型的探討之初便已說明寶玉做此夢與秦氏房間的擺設有關，像唐伯虎畫的「海棠春睡圖」，安祿山擲過傷了太真乳的木瓜，這些與「性」可聯想在一起的東西是屬於外部刺激的重要來源，就一個兩歲的小孩已對自己的性器官有興趣的科學實證的事實。對八歲的寶玉而言，與「性」聯想在一起就更是理所當然的現象了，而且秦氏又曾替他展開了西施浣過的紗衾，移了紅娘抱過的鴛枕，因此寶玉夢中秦氏的引夢、出夢只是睡前重要人物的重複出現罷了。研究《紅樓夢》之學者往往只憑第五回寶玉夢遊太虛幻境中寶玉與夢中警幻之妹秦可卿曾雲雨一番，便認定寶玉與真實人生中之秦氏有曖昧關係，這是不允當且缺乏證據的說法。陳炳良先生說：「作者不時提醒寶玉和秦可卿的關係」[98]而李元貞女士亦云：「使寶玉特別感到罪惡感的。除了與秦可卿的關係和林黛玉的因他而死的事情外？」[99]前者言之不明，後者的說法亦不合邏輯且書上並未提及寶玉與秦氏有任何不軌的行為。寶玉與秦氏僅是叔叔與姪兒媳婦的姻親關係，寶玉從未對他與秦氏之間有任何罪惡感存在。秦氏死時，寶玉「哇！」的吐了一口血，這該解釋為心電感應的一種反映，因為夢中的秦可卿兼具寶釵與黛玉之美，是位令寶玉心怡的人或許現實世界的秦氏是寶玉潛意識中所暗戀的對象 [100]，夢是心理反映的一種，因此

---

[98] 見陳炳良先生之《神話、禮儀、文學》一書中之「紅樓夢中的神話和心理」頁212。

[99] 見李元貞女士之〈論紅樓夢、賈寶玉的罪惡感與反抗〉一文，《書評書目》第73期，頁36。

[100] 皮述民先生於其《紅樓夢考論集》一書中有這一段話：「此段文字也許可解釋為可卿是寶玉最初暗戀的對象，所以在夢中把童貞獻給了她。」，頁131。皮先生是有見地的，然未能更深入夢理論的探討，殊為可惜。

何大堪先生云：「這裡完全有理由說明寶玉和秦氏之間的關係，實際上只是寶玉夢中的幻象，…」[101]何先生此處的幻象便是寶玉潛意識中醞釀出來的影像，以滿足意識中之我的願望。寶玉此回夢境，是《紅樓夢》作者展現寶玉「天分中生成的一段癡情」，是只可心會而不可口傳，可神通而不可言傳的「意淫」，因此寶玉此夢只不過是他潛意識的作用罷了，意淫的對象則是符合其心中所欣賞的條件者，而在現實生活上，寶玉與秦氏之間，實際僅僅存在著的是叔叔與姪兒媳婦的姻親關係而已。

　　而在寶玉的初遊太虛幻境一夢中，若將重點置於太虛幻境這舞台上所扮演的虛幻故事及賈寶玉與警幻之妹可卿曾雲雨一番並攜手出遊的恩愛事件上，則寶玉的夢具有另一層象徵意義，它象徵著人生的情愛永遠是扮演在虛幻的舞台之上，人的生命終結，情愛亦瞬間化為虛幻[102]。或許令人可歌可泣的情愛故事流傳後世千年萬載，但對當事人而言，實質上的情愛早已隨著肉體的腐化，與黃土為塵，成了歷史，成了神話。

第二則　與金釧兒、蔣玉函有關之夢

第一節　受近日生活經驗影響之夢成因及懼夢類型

---

[101]見何大堪先生之〈夢的藝術---論《紅樓夢》幾個夢的描寫〉收入《紅樓探藝》（第2集）頁38。

第三章　賈寶玉之夢

　　第三十三回中，因為金釧兒投井自殺的事，寶玉被父親賈政狠狠痛打之後，第三十四回，寶釵給寶玉遞藥來，不久寶玉便昏昏入睡，睡夢中的內容正是寶玉被打的原因：「這寶玉昏昏沉沉，只見蔣玉函走進來了，訴說忠順府拿他之事；一時又見金釧兒進來，哭說為他投井之情。寶玉半夢半醒，剛要訴說前情，忽又覺有人推他，恍恍惚惚，聽得悲切之聲。寶玉從夢中驚醒，睜眼一看，不是別人，卻是黛玉。猶恐是夢，忙又將身子欠起來，向臉上細細一認，只見他兩個眼睛腫得桃兒一般，滿面淚光，不是黛玉，卻是那個？寶玉還欲看時，怎奈下半截疼痛難禁，支持不住，便「嗳喲」一聲，仍舊倒下…」（影乾隆壬子年木活字本《百廿回紅樓夢》、第二冊、第五回、頁六--十三，並參考饒彬校注《紅樓夢》之斷讀）寶玉此夢的成因卻得溯自第三十回寶釵笑寶玉來向黛玉「負荊請罪」，寶玉自覺沒趣，又因黛玉問著他，心裡越發沒好氣的走了出來到王夫人處，看見金釧兒坐在王夫人睡著的涼床替王夫人搥腿，便去摘金釧兒的墜子，　金釧兒示意寶玉離開，但寶玉戀戀不捨掏了一丸香雪潤津丹給金釧兒擒著，便說要和太太討了金釧兒，好在一處，金釧兒睜眼推開寶玉說：「你忙什麼？『金簪兒掉在井裡頭，有你的只是有你的。』」連這句俗語難道也不明白？我告訴你個巧方兒：你往東小院子裡頭拿環哥兒同彩雲去。」（影乾隆壬子年木活字本《百廿回紅樓夢》、第五冊、　第三十回、

---

[102]筆者此段文字的靈感來自夏志清先生之〈論紅樓夢〉一文中：「這場夢的結果提示了另一個未被警幻仙子給予明白強調的選擇，…。它是把愛和任何人類對愛的深情看做是虛幻的根源。」刊載於《現代文學》第50期，頁164。

頁六，並參考饒彬校注《紅樓夢》之斷讀）寶玉回答仍要守著金釧兒，誰知王夫人一翻身，照金釧兒臉上打了一巴掌，並叫金釧兒的母親白老媳婦兒將金釧兒領出去。誰知金釧兒卻投井自殺，正應了自己所說的那句俗話：「金兒掉在井裡頭」。金釧兒投井之事傳開後，寶玉聽得只覺自己已五內摧傷，進門時又被王大夫人教訓了一頓，接著寶玉又因賈環的誣陷被賈政痛打了一頓，這是夢中夢見金釧兒的成因，屬於生活經驗類的，且是受最近之生活經驗所刺激。

此外，寶玉夢中的蔣玉函及忠順親王府之事。則要溯自第三十三回中與賈家素日並無往來的忠順親王府，前來索回府裡的小旦棋官蔣玉函，原因是棋官常三、五日不回去，而忠順親王府的王爺又頗疼愛蔣玉函，察訪的結果說是與寶玉相交甚厚，希望寶玉能將棋官蔣玉函放回去。寶玉因為這件事被賈政大聲叱罵，且差點被打。這是日間讓寶玉最驚心動魄的事，也是日間生活經驗影響到寶玉夢境的第二個成因。然而此二件事乃相繼發生，寶玉先是聽到金釧兒死亡後的五內摧傷，又被王夫人教訓了一番，接著是忠順府的人來向寶玉索回棋官時被父親賈政痛罵，最後賈環的故意陷害讓寶玉被賈政狠打了一場。也因為相隔時間極為短暫，因此兩件事均在寶玉的同一個夢中出現，寶玉所受到之驚嚇，可見一斑且均可被視為受最近生活經驗之影響。

就夢的類型而言，此乃《周禮》所謂的受驚嚇而夢的「懼夢」。

第二節　關切、內疚之主題及主樸題材

一、潛意識之關切、內疚的主題

在寶玉此夢中，夢的內容有二：一是忠順親王府來拿蔣玉函，一是金釧兒說自己為寶玉的事投井自殺及寶玉來不及為自己辯白。因此在此夢中也反映了兩個主題：其一是反映出寶玉內心對蔣玉函的關心程度極為殷切。就夢的內容觀之，蔣玉函是來訴說被帶回忠順親王府的過程，相信這並非是寶玉的願望，而應解說為寶玉對蔣玉函之事的擔心或潛意識中的極度關切。其二就金釧兒來向寶玉哭訴自己是因寶玉之事而投井自殺的。夢內容中，寶玉原想要有所解釋，但來不及解釋時，就被黛玉推他的觸覺及自己的哭聲所吵醒，而無法真正達成寶玉的目的。夢中寶玉想傾訴前情，是具有雙重意義的。首先當寶玉聽到金釧兒投井自殺的消息後心痛得厲害，這正是張畢來先生所云的寶玉心中必定感到「極端的痛苦和慚愧」[103]。這是寶玉的懊悔，懊悔自己做錯了事，同時或許也具有為自己當時馬上跑開而未替金釧兒辯解的行為懺悔，然而孩童在做錯事情時，往往因為怕被責罵而一走了之。就心理學而言，這是一種逃避責任的行為，但是孩童因本身的知識領域及價值觀尚未建立，因此，「逃避責任」一詞對僅有十二、十三歲未成年的寶玉而言[104]，也許只是聽過、知道，卻不了解它在人類行為中代表了退卻、不成熟及缺乏責任感的意義。所以慚愧、內疚及道歉是寶玉心底的話語，也是寶玉想傾訴前情所涵蓋的內容。而寶玉夢中金釧兒自訴為了此事自殺，多少意味著此事是因寶玉而起，其中含有

---

[103] 見張畢來先生之《漫說紅樓》頁 476。

[104] 在周汝昌先生的《紅樓夢新證》（上）一書中之「紅樓紀歷」一文（頁198）考證此時寶玉為十三歲，此外在周紹良先生《紅樓夢研究論集》一書中，則將寶玉年齡考證為

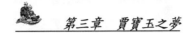

或多或少的埋怨成分，這是寶玉潛意識中所反映出來對金釧兒投井自殺之事的內疚的另一重要主題。

二、知音、主模題材之處理

在寶玉夢見金釧兒與蔣玉函的夢中，雖然簡短，但卻借由身份與彼此關係可看出作者夢題材的選擇方向。

首先，蔣玉函來向寶玉敘述自己被忠順王府尋拿之事，蔣玉函是寶玉的好友，寶玉曾以玉玦扇墜及松花汗巾子和蔣玉函交換信物，以示彼此的友好，但卻因此事引起襲人的不悅，蔣玉函是讓寶玉第一次見面就願與其交好的人，而此段夢的題材是著重在處理與知音心有靈犀一點通及對好友的關懷層面上。

其次作者處理了寶玉與其母親王夫人的丫環金釧兒之間的事。金釧兒雖不像襲人、晴雯、秋紋、碧月等是寶玉的貼身丫環，但亦是令寶玉親口說出自己想要向王夫人討來在一處的第一人。寶玉是個多情種，往往亦會說出有口無心的話，但由夢境中，讀者看到金釧兒是來訴冤屈的，夢中寶玉卻並無依附情感或思念金釧兒的任何話語，這正是作者借著夢境，更強調其與金釧兒毫無情感牽扯之關係。因為在金釧兒投井自殺之前，金釧兒曾被王夫人打了一巴掌，寶玉並未為其辯

十二歲(頁15)；另在伊藤漱平譯之《紅樓夢》上引用周汝昌先生之〈紅樓紀歷〉所作的圖表中，仍為十三歲(頁573)。此處筆者兼採二者的說法。

護，反是做賊心虛、臨陣脫逃的孩子習氣，不成熟做法，便可了解寶玉與金釧兒之間的關係純粹是主子與奴僕的角色運作，寶玉毫無責任感的脫逃，便代表寶玉任由王夫人處置金釧兒，也代表寶玉心中對金釧兒的關心有多少。總而言之，這是一段闡明主僕關係之題材的夢。

第三節　坎坷及顧全名節之象徵

在夢內容的探討中，提及夢內容是反映寶玉對蔣玉函的關心，而對於金釧兒投井之事則是反映寶玉對其內疚之心。在第二十八回中，我們看到寶玉受馮紫英邀請至馮家，與薛盤、蔣玉函、馮紫英及梨香院妓女雲兒一起吃茶喝酒，出席後寶玉見蔣玉函嫵媚溫柔心中十分留戀。寶玉以玉玦扇墜送蔣玉函，而蔣玉函還贈寶玉北靜王給的大紅汗巾子，建立了二人的友好關係，會後大家才各自散去，分開後二人並未再見面，這是同一年內發生的事，而忠順親王府來尋回將玉函這件事，卻又將蔣玉函在寶玉腦中的形象又繪深了一層。寶玉此段夢的意義具有「願望的達成」的功用，因寶玉可藉此夢將白日的震驚及對蔣玉函究竟被尋拿回忠順府與否之事的疑惑付諸夢中，以釋心中的猶疑。

至於金釧兒來哭說為寶玉投井之事，而寶玉想對金釧兒解說未果。這是一個受外界刺激、干擾的夢，雖未能如潛意識所預期的效果，不過寶玉夢中對金釧兒的訴說前情，是代表寶玉嚐試著表達自己心中的意念讓金釧兒知道，且做面對面的直接溝通方式，因此就寶玉此段夢的意義而言：它亦算得上是具有「願望達成」之動機的夢。

　　寶玉此夢的前半段象徵著蔣玉函曾經歷坎坷。因為傳統社會以為人的一生中曾當過優伶的人是低階層的貧窮人，其成為優伶前的甘苦生活或奇遇，恐非一般人所能想像得到的，何況不論現實中及夢中，蔣玉函都是被忠順親王府尋拿的對象，讀者在結局時看到襲人嫁給城南有房地又有店舖的蔣玉函，雖然與榮寧二府相比簡直鳳毛麟角，但蔣玉函的成就，是自己奮鬥出來的，同時是歷經一番坎坷後的果實。寶玉此夢的後半段象徵著金釧兒受到極大的屈辱。其以自殺來顧全名節的作法，既冤枉且不值得，王夫人攆走金釧兒的理由並不充足，此種作法並不妥當[105]。因為王夫人可以用懲戒或其他手段來警告金釧兒而不必攆人，且王夫人單憑金釧兒的三言兩語便打人、處決人，完全是封建時代貴族權威的象徵，奴僕豈有辯白的機會？低階層之人的生計與生命完全操在這些權勢的股掌之中，徒然害死一條人命，殆無其必要。

　　金釧兒的自殺是抗議王夫人的決擇。同時亦是給王夫人最殘酷的報復，讓王夫人為她痛哭，並良心難安，對金釧兒自己而言也許是一

---

[105] 滕云先生的〈《紅樓夢》人物形象的客觀性〉一文中云：「王夫人攆金釧，那理由我看來是無理的、不義的，……」收入《紅樓夢研究集刊》一書第5輯，頁66，無名氏《新編國文學發展史》（下）云：「封建統治階層用血淋淋的魔手，殺害了金釧、晴雯，逼死了鴛鴦、司棋，逐走了藕官、蕊官……。」（頁379）陳秀芳女士之〈曹氏筆下受曲辱的女性〉中提及金釧兒之死云：「但事實上他是在『勢力』之下被犧牲的『個體』，姑不論這種『勢力』是『傳統勢力』或『家庭勢力』」（此文刊載於《幼獅月刊》第34卷、第3期，頁25）。王圯先生之〈紅樓夢人物的死〉一文中以為金釧兒死得最冤枉。此文刊載於《現代學苑》第4卷、第10期，頁30。筆者的論點與以上四位學者大同小異。（按：《新編中國文學發展史》寫逐了蔣官、蕊官，因蔣乃藕之字誤，故筆者改蔣為藕）。

時羞念的衝動，但卻可保護自己免去被攆出去的臭名[106]，及向他人宣告自己的清白及所受的屈辱。當時主動調情的是寶玉，不是金釧兒，事件的始作俑者，應當負起更大的責任，因此對金釧兒所受的屈辱最易反擊對方的方式便是投井自殺。寶玉此夢金釧兒的出現除了與蔣玉函一般象徵經歷坎坷之外，更象徵著金釧兒「以自殺顧全名節」的冤屈。

第三則　與黛玉有關之夢

第一節　日思夜夢之成因及思夢類型

在寶玉的八個夢中。便有三個夢與黛玉有關，爲了行文及可並列比較夢之類別及內容差異之便，筆者將其合爲一則，一併討論之。

寶玉夢中與黛玉有關的第一個夢是在第三十六回中，第二及第三個夢是在黛玉死後的第九十八回中。就第一個夢的成因而言。已無法得知夢內容，僅存「夢囈」部分。因此，只能就夢囈之內容來追溯其原因。根據夢研究專家所做之夢囈及夢遊何時發生之實驗中顯示，受

---

[106] 太愚先生所著之《紅樓夢人物論》二書提及：「金釧兒逗著寶玉吃嘴上胭脂，又說些輕挑的話，因而挨打被攆，羞忿自殺，這是由於不自尊盲目行動所招致的打擊，既非殉情，又非抵抗。」收入《紅樓夢藝術論》一書中，頁69。筆者以為年輕人血氣方剛、行事較衝動，金釧兒的羞忿自屬必然，如此衝動自殞的行為本身，便已是一種無言的抗議了。此外阮沅先生之〈紅樓小人物〉一文中亦提及金釧兒「祇想到這是關係著一個人的終身名節大事，以後如何出去見人的問題-既是名節不存，活著就沒有意義。」此文刊載於《中華文化復興月刊》第11卷、第7期、頁85。

試者中「有百分之七十五到八十是發生在非快速眼球運動睡眠狀態中
（階段二、三、四）百分之二十到二十五則發生於快速眼球運動睡眠
狀態中（rapid-eyes movement, *Arktn and Others*, 1970 ）」[107]此種
說法代表睡夢者多在非熟睡階段產生夢囈現象，此外寶玉的「夢囈」
行為根據心理學家的研究以為這是屬於變態行為中暫時變態的例外。
[108]先了解夢囈行為的背景，再就夢囈內容探討其成因。在《紅樓夢》
書中云：「這裡寶釵只剛做了兩三個花瓣，忽見寶玉在夢中喊罵，說：
和尚道士的話如何信得？什麼『金玉姻緣！』我偏說『木石姻緣！』
寶釵聽了這話，不覺怔了。忽見襲人走進來，笑道：『還沒醒嗎？』
寶釵搖頭。」（影乾隆壬子年木活字本《百廿回紅樓夢》、第六冊、
第三十六回、頁七，並參考饒彬校注《紅樓夢》之斷讀）根據寶玉夢
囈中的喊話：「和尚道士的話如何信得？什麼『金玉姻緣！』我偏說
『木石姻緣！』」寶玉夢內容中必定有個說話對象，而且極可相信是
黛玉，因為只有黛玉為金玉之事與寶玉吵嘴，令寶玉心情不快。此外，
或許夢中亦有其他角色，但因夢內容的無法確知，便無法認定。因此
寶玉此夢之成因可解釋為由於黛玉常以金玉姻緣暗指寶玉及寶釵才是
婚配之對象，致使寶玉不悅而做此夢。這可由第十九回及第二十九回

---

[107] 見於鄭伯壎及張東峰先生所編譯之《心理學》，第6章：意識狀態，頁237。
[108] 根據衛爾德著，張繩祖、朱定鈞譯之《心理學之科學觀》第6章：變態心理學，文中述及：「夢為自然睡眠之產物，而稱為變態的者，由於奇異的意念之迅速的繼續呈現，由於夢者之無所鑒別之態度，（夢者一無所疑的承受夢之事項），亦由於一切動作之幾屬完全抑阻。有時夢者能自談話，更間有在夢中行走者，但凡此屬例外。」（頁79）。

中得到證明。首先是第十九回黛玉故意用話激寶玉：「我有『奇香』你有『暖香』沒有？」寶玉見問一時解不來，因問：『什麼暖香？』」黛玉點頭笑歎道：『蠢才！蠢才！你有玉，人家就有金來配你』；人家有『冷香』，你就沒有『暖香』去配他？」（影乾隆壬子年木活字本《百廿回紅樓夢》、第四冊、第十九回、頁十四，並參考饒彬校注《紅樓夢》之斷讀） 此乃黛玉因受「金玉姻緣」的影響，故意試探寶玉的反應，而寶玉雖然聽出語意，卻不反擊只說黛玉說狠話，接著第二十九回中，寶黛依然是停留在假情試探的階段，寶玉因黛玉病了來探問她，誰知二人又嘔氣吵嘴，黛玉說：「你自認得了我嗎？我那裡能夠像人家有什麼配得上你呢？」（影乾隆壬子年木活字本《百廿回紅樓夢》、第五冊、第二十九回、頁十一，並參考饒彬校注《紅樓夢》之斷讀）黛玉雖未直指金鎖與寶玉，但就上、下文的內容就可斷定是金玉姻緣，因為下文中又提及黛玉心中想著：「你心裡自然有我，雖有金玉相對之說，你豈是重這邪說不重人的呢？我就時常提這金玉，你只管了然無聞的？方見得是待我重，無毫髮私心了。怎麼我只一提金玉的事，你就著急呢？可知你心裡時時有這個金玉的念頭，我一提，你又怕我多心，故意見著急，安心哄我。」（影乾隆壬子年木活字本《百廿回紅樓夢》、第五冊、第二十九回、頁十二，並參考饒彬校注《紅樓夢》之斷讀）熱戀中的情人總是多疑的，黛玉屢次借題試探寶玉的目的只是想確知寶玉心中是否也相信金玉姻緣及命定之說，但卻導致寶玉極度困擾及不悅。因為這兩件事都發生於過去，因此，此夢的成因及來源均屬於受過去經驗影響的夢。若就夢類型而言，僅保留了「夢囈」形態，因已無夢內容可考。

寶玉第二個與黛玉有關之夢的成因，是因為寶釵深知寶玉之病是因黛玉而起，失玉之事次之，因此趁寶玉追問時說明，使寶玉能神魂歸一，病能痊癒。於是寶釵告訴寶玉：「『實告訴你說罷：那兩日你不知人事的時候，林妹妹已經亡故了。』寶玉忽然坐起，大聲詫異道：『果真死了嗎！』寶釵道：『果真死了。豈有紅口白舌咒人死的呢！老太太、太太知道你姐妹和睦，你聽見他死了，自然你也要死，所以不肯告訴你。』寶玉聽了，不禁放聲大哭，倒在床上，忽然眼前漆黑辨不出方向，心中正自恍惚，只見眼前好像有人走來。寶玉茫然問道：『借問此是何處？』那人道：『此是陰司泉路。你壽未終，何故至此？』寶玉道：『適聞有一故人已死，遂尋訪至此，不覺迷途。』那人道：『故人是誰？』寶玉道：『姑蘇林黛玉。』那人冷笑道：『林黛玉生不同人，死不同鬼，無魂無魄，何處尋訪？凡人魂魄，聚而成形，散而為氣，生前聚之，死則散焉。常人尚無可尋訪，何況林黛玉呢？汝快回去罷。』寶玉聽了，獃了半晌，道：『既云死者，散也，又如何有這個「陰司」呢？』那人冷笑道：『那「陰司」說有便有，說無就無，皆為世俗溺於生死之說，設言以警世。便道：上天深怒愚人，或不守分安常；生祿未終，自行夭折；或嗜淫慾，尚氣逞凶，無故自殞者。特設此地獄，囚其魂魄，受無邊的苦，以償生前之罪。汝尋黛玉，是無故自陷也。且黛玉已歸太虛幻境，汝若有心尋訪，潛心修養，自然有時相見；如不安生，即以自行夭折之罪，囚禁陰司，除父母之外，欲圖一見黛玉，總不能矣。』那人說畢？袖中取出一石，向寶玉心口擲來。寶玉聽了這話，又被這石子打著心窩，嚇的即欲回家，只恨迷了道路。正在躊躇，忽聽那邊有人喚他。回首看時，不是別人，正是

賈母、王夫人、寶釵、襲人等圍繞哭泣叫著，自己仍舊躺在床上。見案上紅燈，窗前皓月，依然錦繡叢中，繁華世界。定神一想，原來竟是一場大夢。」（影乾隆壬子年木活字本《百廿回紅樓夢》，第十七冊，第九十八回，頁三，並參考饒彬校注《紅樓夢》之斷讀）誰知寶玉聽了之後，便放聲大哭，並哭倒在床上，接著便做了此夢。這算是「生活經驗」類的夢，且是受最近發生之事件所影響而做了此夢。而寶玉與黛玉有關的第三個夢是在多日之後，也在第九十八回之中有：「王大人、鳳姐一一答應了，賈母饒過寶玉這邊來，見了寶玉，因問：『你做什麼找我？』寶玉笑道：『我昨日晚上看見林妹妹來了，他說要回南去。我想沒人留的住，還得老太太給我留一留他。』賈母聽著說：『使得，只管放心罷。』襲人因扶寶玉躺下。」（影乾隆壬子年木活字本《百廿回紅樓夢》，第十七冊，第九十八回，頁三，並參考饒彬校注《紅樓夢》之斷讀）寶玉此夢之成因與第二個夢相同，因為相隔時日並不長，故亦是受最近之生活經驗影響而做了此夢。

就夢的類型而言，此三個夢均可歸之於王符《潛夫論》的「記想之夢」：「人有所思則夢，甚至有憂即夢其事」[109]。亦即《周禮》鄭玄注之「思夢」。然而在王符《潛夫論》中另提及：「意精之夢」云：「孔子生於亂世，日思周公之德？夜即夢之。此謂意精之夢也。」[110]實則「思夢」、「記想之夢」及「意精之夢」很難區分；「思夢」與「記想之

---

[109] 見於《四部叢刊》第18冊，頁46-47

[110] 王符之《潛夫論》，輯於《四部叢刊》、第18冊、頁46-47。

夢」均具有「意精之夢」的「日有所思，夜有所夢」之特色，故筆者此論文中將捨「意精之夢」的夢類型而取「思夢」或「記想之夢」之名稱作為「日有所思，夜有所夢」之類型的代言。至於佛洛依德《夢的解析》中因無此種類型之分類，因而本論文之夢類型分類將以《周禮》及《潛夫論》的為主，若二者均無則以佛洛依德《夢的解析》之分類類型補充之。

第二節　相思之主題與夢入陰司、回南方的題材

一、相思之主題

由於在寶玉的夢中，與黛玉有關的第一個夢只是夢囈；因此完整的夢內容已無法獲知，亦無法探討，至於第三節的夢的意義與象徵則可就夢囈的部分探討之，而此處僅就其餘兩個夢的主題討論。

在寶玉夢中，與黛玉有關的第二個夢，夢內容是闡述寶玉至陰司地府去尋訪黛玉，但陰司的人卻告訴他無可尋訪，最後又被告誡一番，勸其當以潛心修養為稱，若不安生的話，就更見不到黛玉了。因此整個夢的主題是寶玉至陰曹地府去尋訪黛玉，來表達寶玉對黛玉的極度思念。而夢中回答寶玉問題，在陰司黃泉路的那個人所告訴寶玉的話中卻深深地透露了作者的幾個思想。首先他告訴寶玉：「林黛玉生不同人，死不同鬼，無魂無魄，何處尋訪？凡人魂魄，聚而成形，散而為氣，生前聚之，死則散焉。常人尚無可尋訪，何況林黛玉呢？」·（影乾隆壬子年木活字本《百廿回紅樓夢》、第十七冊、第九十八回、

頁三十二，並參考饒彬校注《紅樓夢》之斷讀）是作者對宇宙中人類
起源的哲學思維，以為人死後魂魄變成氣散入天地之中。這與《聖經》
中所謂的人來自塵土，歸之於塵土的說法似乎論調是相反的，不過卻
是中國很傳統的哲學思維。此外那個人又為寶玉解釋「陰司」二字的
意義是：「那『陰司』說有便有，說無就無，皆為世俗溺於生死之說，
設言以警世。便道：上天深愁愚人，或不守分安常；或生祿未終；或
嗜淫慾，尚氣逞凶，無故自殞者特設此地獄，囚其魂魄，受無邊的苦，
以償生前之罪。汝尋黛玉：是無故自蹈也。且黛玉已歸太虛幻境，汝
若有心尋訪，潛心修養，自然有時相見，如不安生，即以自行夭折之
罪囚禁陰司，除父母之外，欲圖一見黛玉，終不能矣。」（影乾隆壬
子年木活字本《百廿回紅樓夢》、第十七冊、第九十八回，頁三。按
胡本之「恕」字，乾隆抄本百二十回紅樓夢稿作「怒」字，故改之，
並參考饒彬校注《紅樓夢》之斷讀）那個人除了告訴寶玉「陰司」二
字是人類創造來警告世人之外，並對「陰司」的內涵作一概略的描述，
是專門囚禁不安分、無故自縊身亡、嗜淫慾及早夭的人，因此勸寶玉
不可做出傻事，否則除了父母外，其他人一概不可得見。並勸寶玉應
以潛心修養為主。由此可知作者想表達兩種觀念：一是對「陰曹地府」
下了定義，這是作者個人對「陰曹地府」的解釋；一是勸寶玉當多做
修身養性之事，且應有「既來之，則安之」的心態，不可妄自損毀前
程，否則後果不堪設想。因此最後拿了一塊石頭擲向寶玉以提醒針砭
他。作者此用意，無非亦是勸誡世人不可嗜淫慾，荒淫無度，人生在
世以安分守己為要，修身養性更是當前之急務。

在寶玉夢中與黛玉有關的第三個夢的內容是夢見林黛玉來告說要回南邊去。因為夢的整個內容作者並未寫出，僅是寶玉將夢的大概告訴賈母，因此由夢的大概，僅可知寶玉夢中的主題是黛玉要回故鄉，因與寶玉自幼情篤，故特來相告。事實上黛玉已經死了，絕不可能又跑來找寶玉，而寶玉請求賈母能留一留黛玉，這就更荒唐了，然而作者文中所顯示的寶玉失玉的迷糊？便可解釋寶玉整個人尚未恢復正常時的錯誤想法及行為。

二、夢入陰司及黛玉回南方之題材

寶玉夢中與黛玉有關的夢，不論是夢魘或是夢均是以黛玉為主要對象。與黛玉有關的第一個夢是夢魘，夢魘部分因未能得知完整的夢，故題材不予討論，而第九十八回與黛玉有關的第二個夢中，寶玉夢入陰間地府的夢題材，並非現實生活中所有的。第九十八回與黛玉有關的第三個夢是由寶玉之口敘述出來的一則夢，架構在現實生活之上。其中尤其是與黛玉有關得第二個夢，是人類發揮其想像力所創造出來以思想箝制欲為非作歹之惡人的手段，假造陰間慘狀、形像以嚇阻歹念歹行的滋生，因此寶玉此夢的題材雖非神話，亦非以現實生活為背景，而是架構在人類的想像幻境之中。

在寶玉所有的夢中，與黛玉有關之夢是藉著表兄妹的現實生活之角色，深入夢中觸及寶黛之間的愛情、有情及人鬼兩界問題的探討，

似乎更能牽動讀者去思考一個自古恆存的迷惑---冥界是否存在？並對生死觀念有另一層警悟，這是作者題材運用的人間與陰司地府所欲探討的問題。

第三節　渴望黛玉復活之象徵

寶玉的夢囈顯示著寶玉對黛玉常提金玉之事，令其內心困擾不已，故在夢中喊著誰信金玉因緣之說。這便意味著寶玉的吶喊是在訴說自己的立場，並為自己辯護自己並不相信金玉因緣的命定之說，可見得此階段之寶玉對宿命論是極為排斥的。此時的寶玉仍是十二、三歲的小孩[111]，能意識到宿命論是頗令人訝異的。

在寶玉所作的與黛玉有關的第二個夢，是對黛玉思念的主題，夢中顯示出具有預測黛玉去世後究竟身往何處的意義。畢竟人死後，肉體已不再具有生命力，原先擁有的，後來失去的感覺，總是較無法令人霎時接納的，亦由於此種心中無法獲得平衡的感覺，令人遁入幻想的境界中，人類可以借著做白日夢的方式或遁入夢境中以滿足自己的慾望。因此，寶玉夢入陰司尋找黛玉的愛內容正足以滿足作夢者的願望。

在寶玉所作的與黛玉有關的第三個夢，具有向讀者再次地強調即使黛玉已死，寶玉與黛玉之間的情感依舊深篤的意義，這也就是為何

---

[111] 周汝昌先生之《紅樓夢新證》中考證第三十六回時寶玉是十三歲（頁199）；周紹良先生之《紅樓夢研究論集》考證為十二歲（頁16）；伊藤漱平引用周汝昌先生之說法所做成之圖表亦為十三歲（頁573），筆者兼採之。

在寶玉夢中，黛玉要以前來告別回南方的方式出現的原因了。只有情篤的好友，才會夢中相告的，這又代表著二人之間的心有靈犀。

在寶玉夢中與黛玉有關的第九十八回的兩個夢時，已是十六歲的寶玉了[112]，夢中思念黛玉的傾向，正是少男幻夢的年齡，作者夢境的描述頗爲貼切。

在寶玉夢中與黛玉有關的第一個夢中，是個夢魘，象徵著寶玉的生活空間有了困境，所以需要以吶喊的方式（即夢魘）來爭辯；而爭辯的對象，根據夢魘內容觀看，極可能是黛玉，那麼寶玉此夢所顯示出生活空間的困境便以黛玉爲重心了。

其次是寶玉夢中與黛玉有關的第二個夢，根據寶玉曾到陰曹地府尋找黛玉的夢內容，及寶玉在做此夢之前曾大聲痛哭並倒在床上，是象徵著寶玉正在死亡邊緣掙扎。我們可由作者在描寫這個夢時提到寶玉被那人所攔的一塊石頭打中心窩後一直想回家，但卻迷了路的說法獲得證明，離開陰曹地府回家代表離開鬼門關重回塵世。寶玉此夢正象徵著世間無數死後復生的人所告訴世人，他們進入彌留狀態時所看見的另一個世界的狀況。

寶玉夢中與黛玉有關的第三個夢是象徵著寶玉內心極度渴望黛玉的復活或者可以說是寶玉潛意識中渴望回憶過去的一種願望。這由黛玉事實上已死，但在寶玉夢中卻活著，且來道別，可資證明。本來黛玉來告別說回南邊去，就黛玉已死之事實而言，是代表著人死後有如

---

[112] 由於周汝昌先生《紅樓夢新證》的考證僅止於前八十回，因此自八十回以後的均闕如，筆者採用周紹良先生考證之說法是在九十六回乙卯時，寶玉已是十六歲了。（頁47-48）

落葉歸根一般，有深厚之「重死」觀念，但對仍未恢復正常的寶玉而言，此種實質上的意義似乎並存在。

第四則　　與甄寶玉有關之夢

第一節　　奇疑心驅使之夢成因及思夢類型

《紅樓夢》作者創作有關寶玉的雙胞演出，堪稱一絕，亦有令人對夢境深入探究之價值，書中從賈寶玉在榻上，默默盤算，不覺昏昏睡去，竟到一座花園之內，掀起小說懸疑高潮：「寶玉詫異道：『除了我們大觀園，竟又有這一個園子？』正疑惑間，忽然那邊來了幾個女孩兒，都是丫鬟。寶玉又詫異道：『除了鴛鴦、襲人、平兒之外，也竟還有這一干人？』只見那些丫鬟笑道：「寶玉怎麼跑到這裡來？」寶玉只當是說他，忙來陪笑說道：『因我偶步到此，不知是那位世交的花園。姐姐們帶我逛逛。』眾丫鬟都笑道：『原來不是俺們家的寶玉！他生的也還乾淨，嘴兒也倒乖覺。』寶玉聽了，忙道：『姐姐們！這裡也竟還有個寶玉？』丫鬟們忙道：『[寶玉]二字，我們家是奉老太太、太太之命，為保佑他延年消災，我們叫他，他聽見喜歡；你是那裡遠方來的小廝，也亂叫起來！仔細你的臭肉，不打爛了你的！又一個丫鬟笑道：『俺們快走罷，別叫寶玉看見。』又說：『同這臭小子說了話，把俺們薰臭了！』說著，一徑去了。寶玉納悶道：『從來沒有人如此荼毒我，他們如何竟這樣的？莫不真也有我這樣一個人不

成？』一面想，一面順步早到了一所院內。寶玉詫異道：『除了怡紅院也竟還有這麼一個院落？』忽上了臺階，進入屋內，只見榻上有一個人臥著，那邊有幾個女兒做針線，或有嬉笑玩耍的。只見榻上那個少年歎了一聲，一個丫鬟笑問道：『寶玉，你不睡又歎什麼？想必為你妹妹病了，你又胡愁亂恨呢。』寶玉聽說，心下也便吃驚。只見榻上少年說道：『我聽見老太太說，長安都中也有個寶玉，和我一樣的性情，我只不信。我纔做了一個夢，竟夢中到了都中一個大花園子裡頭，遇見幾個姐姐，都叫我臭小廝，不理我。好容易我到他房裡，偏他睡覺，空有皮囊，其性不知往那裡去了！』寶玉聽說，忙說道：「我因找寶玉來到這裡；原來你就是寶玉？」榻上的忙下來拉住，笑道：『原來你就是寶玉！這可不是夢裡了？』寶玉道：『這如何是夢？真而又真的！』一語未了，只見人來說：『老爺叫寶玉。』嚇得二人皆慌了。一個寶玉就走，一個便忙叫：『寶玉快回來！寶玉快回來！』襲人在旁，聽他夢中自喚，忙推醒他，笑問道：『寶玉在那裡？』此時寶玉雖醒，神意尚自恍惚，因向門外指說：『纔去不遠。』襲人笑道：『那是你夢迷了。你揉眼細瞧，是鏡子裡照的你的影兒。』寶玉向前瞧了一瞧，原是那嵌的大鏡對面相照，自己也笑了。』（影乾隆壬子年木活字本《百二十回紅樓夢》第十冊、第五十六回、頁十四--十五，並參考饒彬校注《紅樓夢》之斷讀）

　　寶玉夢見了另一個酷似自己的甄寶玉，究其成因是因江南甄府前來賈府的四位女人提及甄家寶玉之事，賈母逢人便云江南有位甄寶玉與寶玉有一般行景，寶玉本不相信，以為是四位女人承悅賈母的話，

誰知湘雲又提起甄寶玉與寶玉是一對，寶玉可放心的鬧了，於是寶玉回房後在疑心與好奇心的趨使之下做了此夢。

此外，有關鏡子的傳言，自古中外皆有。鏡子所扮演的神性與魔性更是吸引著芸芸眾生。而《紅樓夢》中所提到的鏡子傳說，是借由麝月口中轉述賈母的話：「小人兒屋裡不可多有鏡子：人小魂不全，有鏡子照多了，睡覺驚恐做胡夢。」（影乾隆壬子年木活字本《白廿回紅樓夢》、第十冊、第五十六回、頁十五並參考饒彬校注《紅樓夢》之斷讀）麝月口中轉述賈母的囑咐，是代表傳統社會對臥房中多幾面鏡子的詮釋，同時亦是襲人、麝月、賈母、甚或更有其他人等相信寶玉此時做了怪夢的原因便是因鏡子而起，因此麝月根據賈母的說法所做的解釋是因「大鏡子那裡安了一張床，有時放下鏡套還好；往前去，天熱困倦，那裡想的到放他？比如方纔就忘了。自然先躺下照著影兒來玩著，一時合上眼自然是胡夢顛倒的；不然如何叫起自己的名字來呢？不如明日挪進床是正經。」（影乾隆壬子年木活字本《百二十回紅樓夢》第二冊、第五十六回、頁十五--十六，並參考饒彬校注《紅樓夢》之斷讀）麝月的解釋代表傳統說法，此說法究竟有無其說服力？雖然有關鏡子的傳奇太多，然而唐太宗所言之「以銅為鏡可以正衣冠，以古為鏡可以知興替，以人為鏡可以明得失。」其中之銅鏡、古鏡是引申之說法，而銅鏡的說法被界定在「正衣冠」，這是鏡子對人類積極正面的效用。至於魔鏡害人，賈端的慘死在風月寶鑑之下，這可能是賈瑞因「肺結核菌的腦膜炎」[113]所產生之幻覺所誤導的悲劇，並非

---

[113] 見於筆者與臺大醫院石富元醫師〈隱匿在強迫型性格異常下之妙玉〉，刊於《國家

鏡子本身有殺傷力，然而在小孩子房間若安置過多的鏡子，由於鏡子相互之間的反射原理，必然會產生較多的重像，對小孩而言，恍惚中或許會將自己的重像誤認為是其他人與自己共居一室的錯覺，而產生驚恐。此種多鏡子的房間佈置並不妥當，亦缺乏美感。因此，麝月轉述賈母的話「小人魂不全」，是指小孩神魂不定，若用科學原理解釋則是鏡子的反射原理，再加上小孩認知的不足，於是會有倏忽震驚之虞。這是《紅樓夢》作者透過麝月之言告訴讀者寶玉此夢的原因，這算是受外在環境擺設不當之因素影響所作的夢。雖然寶玉未入睡之前，只是在床上默默盤算，並未有隻字片語提到鏡子之事，不過外在環境的潛移默化一直是教育學家、甚至心理學家一致公認的事實；其抽象的移形換影，功效實不可小覷。不過，筆者以為寶玉除了受最近發生之事（屬於日常生活之經驗）的影響外，寶玉的好奇心及疑心之驅使，才是此夢的成因及來源，似乎亦極為合理，因重要的心理因素往往影響夢境內容的鋪演。好奇心與疑心亦是產生奇異夢境的原動力，故嚴格說來，寶玉此夢實兼受外在環境及內在心理因素之影響。

至於寶玉此夢之夢類型，可歸於《周禮》鄭玄注的「思夢」或王符《潛夫論》中之「記想之夢」，其因在於《紅樓夢》作者保留了「寶玉未入睡之前，只是在床上默默盤算」的想像空間予讀者，或者說作者亦給予寶玉相當大之想像空間，讓寶玉在睡前及睡眠中築構空中樓閣，以償其一見甄寶玉之極大願望。

第二節　賈寶玉自由心證之主題及真假寶玉之題材

一、賈寶玉自由心證之主題

在《紅樓夢》第五十六回中，寶玉此夢之內容是描述自己來到一座花園，見了一些不曾睜面的丫鬟，又被丫鬟們誤為是甄寶玉，同時也被臭罵了一頓，後來至一所院內，看到了甄寶玉，聽到了他的歎息聲，知道甄寶玉也曾做個尋訪自己的夢，只不過當時自己正在睡覺，未能如願，於是賈寶玉說出自己的來意，甄寶玉自榻上下來拉著寶玉的手言歡，卻被別人一句：「老爺叫寶玉」的聲音打斷了二人的談話，並結束了此夢。

就寶玉此夢的主題而言，是個賈寶玉尋找甄寶玉的夢，作者借著一座花園及一些寶玉不相識的丫環來營造整個夢的氣氛，使這座花園有著濃厚的神祕色彩，而寶玉在被丫鬟們臭罵一頓後說道：「莫不真也有我這樣一個人不成？」（影乾隆壬子年木活字本《百廿回紅樓夢》、第十冊、第五十六回、頁十四，並參考饒彬校注《紅樓夢》之斷讀）這正揭露出寶玉的疑惑，當他走進一所院內時心裡詫意著：「除了怡紅院，也竟還有這麼一個院落？」（影乾隆壬子年木活字本《百廿回紅樓夢》、第十冊、第五十六回、頁十四，並參考饒彬校注《紅樓夢》之斷讀）此處便充分顯露出寶玉的好奇心，由於受到好奇心的趨使，寶玉一徑的走上台階，並進入屋內，看到一個酷似自己的少年甄寶玉臥在床上，而達到見甄寶玉的目的。夢中寶玉的疑惑及好奇心毫無掩飾地反映了現實世界中寶玉的精神面貌。

　　由夢中甄寶玉之形象塑造可看出賈寶玉自由心證之主題。在現實生活中的甄寶玉，借由賈雨村口中將甄寶玉的個性及生活狀態，具傳奇、神秘色彩的敘述出來，讓讀者知道甄寶玉讀書時得由「女兒」陪著，並將「女兒」視爲「比那瑞獸珍禽、奇花異草更覺稀罕尊貴」（影乾隆壬子年木活字本《百廿回紅樓夢》、第一冊、第二回、頁八，並參考饒彬校注《紅樓夢》之斷讀），也曾被其父死笞楚過幾次，但個性依舊不改。這是以虛筆寫甄寶玉在日常生活習慣及個性、思想與賈寶玉共通之處，接著在第五十六回中，由甄府來訪的四位女人口中說出來已是十三歲的甄寶玉淘氣異常，天天逃學，就知道二人連模樣兒也相仿，甄府四位女人差點認錯人。到了第一百十五回時，賈寶玉終於與甄寶玉見面了，但是由於甄家歷遭消索，更比瓦礫猶賤，甄寶玉品嚐了世道人情，而步上文章經濟之途。這是甄寶玉因環境影響而變志改行而與賈寶玉的人生觀有了歧異的開始。然而在第五十六回賈寶玉夢中的那個甄寶玉，又是個什麼造形的人物呢？

　　首先由賈寶玉在一座花園中被誤爲是甄寶玉，就知道二人的模樣兒相仿。接著進入院內聽見甄寶玉提及其曾做一夢，夢入一座花園中被幾個姐姐罵爲臭小廝，後來找到寶玉房裡，卻見他在睡覺及一個丫鬟笑問甄寶玉不睡覺而歎氣，是否爲妹妹害了的緣故？甄寶玉的爲妹妹歎氣似現實生活中賈寶玉爲林黛玉操心之行爲，被罵爲臭小廝又與寶玉此時的夢相仿，無疑的賈寶玉此夢中之甄寶玉造形如同賈寶玉複製出來的人一般，不但性格、模樣相似，連心思及夢都有其一致性。賈寶玉夢中甄寶玉的造形乃受到夢形成之成因與來源的影響外，其次便是寶玉很直覺地根據所知有關甄寶玉的資料自由心證所創造出來的

人物，而這個甄寶玉便是以少年時期停留在浪漫幻想階段、頑性頗強似賈寶玉的造形出現，算得上二人是屬同一典型的人物，與甄寶玉後來走上文章經濟之途的類型不同。同時二人在環境變遷中的「悟道」亦相異且對立，筆者以為「環境的影響」是對此二人類型不同的最具說服力之說法。

二、眞假寶玉之題材

賈寶玉夢中與甄寶玉有關的夢題材，由於是座落在一座類似榮府的花園中，且一些丫環所談論到的另一個寶玉的情形正是賈寶玉日間曾疑惑不解的難題，因此整個的夢的材料是來自現實世界的「日常生活」之中，夢中所見的一切事物，幾乎是日間現實生活景物的再現，並非子虛烏有。

賈寶玉此夢的題材是特殊的，寶玉與陌生人甄寶玉的晤面情節的安排是浪漫的，夢中似曾相識的一切，是人間事物的成功仿冒。根據周汝昌先生、周紹良先生及伊藤漱平引周汝昌之《紅樓夢》年代考證所橫列之一表均指出賈寶玉與甄寶玉時年十三歲，夢中酷似賈寶玉的「甄寶玉」，正是作者借著題材強調二人年齡相仿，氣質相似的寫作技巧，畢竟處理一對陌生人的題材並非易事，尤其是夢中的陌生人與作夢者或多或少必定有某種關係存在，作者需有識見，方能連繫為一夢。

至於賈寶玉與後來之甄寶玉二人問題之探討，胡適先生以為：「若作者是曹雪芹，那麼，曹雪芹即是《紅樓夢》開端時那個深自懺悔的

『我』！即是書裡的甄賈（真假）兩個寶玉的底本了！」[114]依照胡適先生的說法是二者合而爲一，這是胡適之先生爲其主張《紅樓夢》一書是「曹雪芹的自傳」所提出的論點，似乎已無法爲今之學者所接納。陳炳良先生更提出了「重像說」及「超我」、「本我」、「慾我」之說，其以爲：「我們可以說，甄寶玉是賈寶玉的外表重像（manifest double）而黛玉和寶釵則是個的內在重像（Latent double），甄、賈寶玉代表他的超自我（好兒子），黛玉和晴雯則代表他的自我（壞兒子），寶釵和襲人則代表他的情慾。」[115]就陳炳良先生所提出之「超我」、「自我」、「本我」及「重像」之說而論，寶玉的「慾我」應不止襲人與寶釵，還應包括金釧兒及夢中的兼美，若將《紅樓夢》中之人物做一統一整理，恐怕寶玉的重像會多出許多來。事實上賈寶玉與甄寶玉模樣雖相仿，但卻非同一人，必然有所差異，只是作者並未詳細寫出。從寶玉在第五十六回夢中夢見自己被那一群丫環誤認出不是甄寶玉時被罵「臭小廝」的描述來看，應是作者的匠心獨運，借以告訴讀者二人相貌必然各有其特徵。若以人的三個層次而言，引他人作爲層次當作重像，似較難說服人。而皮述民先生亦引甲戌本之夾住：「甄家之寶玉乃上半部不寫者，故此處極力表明以遙照賈家之寶玉。凡寫賈寶玉之文，則正爲真寶玉傳影。」[116]皮先生以爲：「甄寶玉後半部的出現，就是要接替變質的賈寶玉，爲保存一個『真』的影像，

---

[114] 見於《胡適文存》第1集、第3卷、頁166。
[115] 見於《神話、禮儀、文學》，頁209。
[116] 此段話原見於《脂硯齋賈戌抄本石頭記》，頁31。

作補充性質的寓懷人物。」[117]皮先生的說法雖與胡適之「二者合而爲一」之論點不同，但補充接替的性質卻也難脫「二者合而爲一」之嫌。此外，康來新教授於《石頭渡海----紅樓夢散論》中云：「至於『甄寶玉』，在基本意義上是賈寶玉的學生，但執『真』執『假』，兩者原係同途出發，終而是殊方以歸，…」[118]康來新教授之論點筆者基本上同意，但若能再就「類型」的異同及「環境的影響」深入探討，必將能予《紅樓夢》中之人物更清晰的輪廓描繪。在一粟先生所編《紅樓夢卷》中，收有陳蛻〈憶夢樓石頭記泛論〉一文，文中云：「薛蟠、寶玉之影也；又甄寶玉影中之影也。事實不欲盡顯，則不便悉以正角起，故設爲一影也。」[119]但「影中之影」一詞把甄寶玉描寫得更抽象了。王圯先生的〈紅樓夢人物之死〉中提及的影子說，殆源於此。[120]筆者贊成王曉家先生所撰〈賈寶玉與甄寶玉---《紅樓夢》裡兩個互相對立的人物〉，分析爲兩個類型之說。[121]或許賈寶玉與甄寶玉之間更應解釋爲相同類型之人，因緣於不同環境之塑造下，而產生不同性向之典型。

第三節　尋找「對子」之象徵

---

[117] 見於《紅樓夢考論集》，頁 170-171。
[118] 見於頁 230。
[119] 見於頁 28。
[120] 見於《現代學苑》第 4 卷、第 10 期、頁 20。
[121] 見於《紅樓夢研究論叢》頁 128-129。

第三章　賈寶玉之夢

　　寶玉在第五十六回中所作的夢具有解釋心中疑惑的意義，在主題賈寶玉尋找甄寶玉的過程中，最後終於看到自己心中疑惑的主角，這完全符合佛洛依德所謂的：「夢是願望的達成」。由於日間清醒時刻賈寶玉並不相信世上竟有酷似他的人，大家言之鑿鑿，令寶玉疑信相參，而亞里士多德及佛洛姆以為人在睡眠狀態中，洞察事物的能力較清醒時刻更為靈敏的說法[122]，已能為研究夢的學者所接受，寶玉夢中所透視的這位少年甄寶玉的行止，正是賈寶玉夢中以靈敏的洞察力來解決自己心中疑惑的寫照。事實上，賈寶玉夢中的少年甄寶玉亦能符合那四位來自甄府的女人對甄寶玉的描述。根據作者述說甄寶玉是十三歲，賈寶玉此時亦是十三歲，夢境的安排恰如其分，亦能突出青少年的心靈與幻想。

　　寶玉的夢，象徵著渴望另一個寶玉的存在，使自己不至於成為零碼的異數。所謂「酒逢知己千杯少」，在杜甫的〈贈衛八處士〉中描述見故舊老友一舉累十觴的痛快，是世間所企盼獲得的。寶玉生在權貴榮府之家，卻有不凡的來歷與特異的個性，缺乏志同道合者的人生是何其孤獨！賈寶玉於此夢中所遇見的甄寶玉之性格、人生態度，與真實生活中甄寶玉並無二致，且與賈寶玉的精神形貌極其相似，這是夢

---

[122] 亞里士多德對夢的觀點是：「強調它們的理性本質。他認為我們在睡眠時，我們能更精細的觀察微妙的身體的變化，尤有進者，我們能擁有行動的計劃與原理，並比白天時更能清楚的透視它們。」（見於佛洛姆《夢的精神分析》一書，第5章：「夢的分析歷史」，頁115）佛洛姆以為：「假若我們做夢，也許不會更聰明、更明智，也不會更優秀，但我們會比在清醒生活時所表現的，更加優秀，更加聰慧。」（見於佛洛姆所著、葉頌壽所譯《夢的精神分析》一書，第3章「夢的性質」，頁41）

中尋找知己的最佳寫照。同時也兌現了史湘雲說賈寶玉潛意識中的逃避思想：「『先還單絲不成線，獨樹不成林』；如今有了個對子了，鬧利害了，再打急了，你好逃到南京找那個去。」（影乾隆壬子年木活字本《百廿回紅樓夢》、第五十六回、第十冊、頁十三，並參考饒彬校注本《紅樓夢》之斷讀）的話，或許史湘雲真能猜中賈寶玉潛意識中的渴望，或許只是一種巧合讓史湘雲猜中罷了。不過賈寶玉潛意識的渴望卻可從其夢中所塑造的這位甄寶玉的精神面貌的酷似之下得到明證。人類急於尋找「對子」以為自己的行為背書，至少是希求「作伴」的深層心理作祟，而寶玉此夢尋找「對子」之象徵性，適足以破除其內心「單絲不成線，獨樹不成林」的隱憂。

第五則　與晴雯有關的夢

第一節　心電感應而成夢及託夢類型

在《紅樓夢》一書中第七十七回敘述著王夫人進怡紅院搜檢，凡是有眼生之物，便命搜撿回自己房中，並叫人將病重、蓬頭垢面的晴雯架了出去，且將晴雯的貼身衣物摍出去，其他留下特別好的給丫頭用。又吩咐將昔日與寶玉同日生、平日又曾與寶玉竊竊私語同日生就是夫妻的四兒及受乾娘湊罵的芳官，並唱戲的孩子們一律趕出榮府。寶玉在知道此事後便親自去探視晴雯，晴雯住在兄嫂家沒料到寶玉會來，悲喜交加、哽咽了半日，後來寶玉問晴雯有何話可告訴他，晴雯嗚咽地對寶玉訴說自己生命已是垂危了，回來以後當天晚上便夢見晴

雯來道別。寶玉做此夢之前的心緒狀況，作者精雕細琢寶玉發了一晚上的獃：「襲人催他睡下，然後自睡。只聽寶玉在枕上長吁短歎，復去翻來，直至三更以後，方漸漸安頓了。襲人方放心，也就朦朧睡著。沒半盞茶時，只聽寶玉叫晴雯。襲人忙連聲答應，問：『做什麼？』寶玉因要茶吃。襲人倒了茶來，寶玉乃歎道：『我近來叫慣了他，卻忘了是你。』襲人笑道：『他乍來，你也曾睡夢中叫我，以後纔改了。』說著，大家又睡下。寶玉又翻轉了一個更次，至五更方睡去時，只見晴雯從外走來，仍是往日形景，進來向寶玉道：『你們好生過罷。我從此就別過了！』說畢，翻身就走。寶玉忙叫時，又將襲人叫醒。襲人還只當他慣了口亂叫，卻見寶玉哭了，說道：『晴雯死了！』襲人笑道：『這是那裡的話？叫人聽著，什麼意思？』寶玉那裡肯聽，恨不得一時天亮了就遣人去問信。」（影乾隆壬子年木活字本《百廿回紅樓夢》、第五十六回、第十冊、頁十三，並參考饒彬校注本《紅樓夢》之斷讀）

　　事實上晴雯確實當晚直著脖子叫了一夜，次日清晨便去世了。這算是晴雯託夢給寶玉，不過在託夢之前卻有兩次在暗示自己已是在捱日子了，這些均是影響寶玉作此夢之成因。因為這些影響因素發生的時間與寶玉作此夢的時間很接近，因此可以說寶玉此夢的成因是受了「最近之生活經驗」的影響，不過更重要之因素為心電感應。此外，就夢的類型而言，寶玉此夢是屬於託夢性質。西方有關託夢之歷史，最早「肇始於埃及的託夢，在希臘演變成一種高度發展的藝術，從西元五世紀左右開始，託夢的神廟在希臘境內開始迅速增加，到西元二世紀左右，在希臘及羅馬帝國境內香火鼎盛的託夢神廟即超過三百

間。」[123] 古時將託夢神話了。在《聖經》中，我們可以看到很多篇預言式的夢及神託夢給凡人的夢，如《舊約聖經‧創世紀》（Genesis）中的第二章　神託夢給比米利奇王（King Abimelech）還亞伯拉罕的妻子莎拉（Sarah）給亞伯拉罕；國王篇（kings）中第三章的所羅門王（Soloman）夢見神欲賜給他一切想要之事物的夢及《新約聖經‧馬太福音》（Matthew）中第一章神在夢中諭示約瑟帶著已懷有身孕的未婚瑪麗（Mary）逃到埃及去…等的故事。[124] 古代對夢的分析「也不是根據心理學說，而是依據夢是由有神力的人所送來的信息的假設」[125]。至於今日有關託夢及心電感應的問題則備受重視。如今的「心電感應」已成為科學研究的範疇之一，「心電感應」這名詞「是屬於現代稱為『超心理學』（Parapsychology）中的一個領域。所謂『超心理學』意指研究生物體與其環境間不受已知的知覺運動功能（Sensor；motor functions）所支配的相互作用。…心電感應（Telepathy）指對他人思想的超感官知覺…」[126] 而晴雯託夢給寶玉正是此種超感官知覺（心電感應）之運用。

第二節　死亡告別式之主題及主僕關係親暱之題材

---

[123] 見於王溢嘉先生編輯《夢的世界》，頁 15。

[124] *The Living Bible. p.3.* By Tyndale House Publishers. Wheaton, Illinois, 1971. 有關〈創世紀〉部分，在頁 3，〈所羅門王〉的故事在頁 283，〈馬太福音〉的故事在頁 746。

[125] 見於佛洛姆《被遺忘的語言》，葉頌受譯為《夢的精神分析》，頁 107。

[126] 見於王溢嘉先生編輯《夢的世界》，頁 162。

一、死亡告別式之主題

寶玉此夢極短，夢見晴雯一如往昔一般，自外走來，向寶玉道別。夢的內容便是晴雯託夢寶玉，自己即將離開塵世。晴雯是寶玉怡紅院中，除了襲人以外的貼身丫鬟。一個俏麗、尖銳的女孩，也因自己容貌勝過於其他丫環的靈秀，使這位水蛇腰的女孩被他形容爲妖妖調調。平日晴雯敢於直陳寶玉的不是，忘了奴僕與主子之間的界線，但卻因自己生得姣好，最後反落得被王夫人趕出榮府的厄運。雖然晴雯被逐出了榮府，寶玉卻親自去探視他，而晴雯去世託夢，便顯示出夢的主題是：寶玉渴望晴雯仍是他身邊的丫環，同時晴雯的道別，又代表著強調晴雯與寶玉（主僕）之情深篤。寶玉此夢之主題，乃爲晴雯透過其與寶玉之心電感應所做之「死亡告別式」。

二、主僕關係之親暱題材

寶玉夢見晴雯之夢是架構在現實生活之上，絲毫無浪漫色彩可言。在現實生活中，寶玉是扮演主子的身分而晴雯則是奴僕的角色。《紅樓夢》作者藉著「心電感應」將題材有效的轉化、運用，強化此種主僕相處間之情誼深厚的可能性；同時似乎令人懷疑是否二人之間所存在的是否僅僅是純粹之友誼而已？亦即二人之間究竟真正是處於何種狀況？

　　從夢境中的描述，可知寶玉心中渴望著晴雯仍住在榮府，能與其像往日一般，過著兩小無猜的日子。寶玉曾與晴雯相處長達五年八個月之久[127]。彼此間的情感建立於晴雯十歲被賴大買進來，先侍奉賈母後，再侍奉寶玉時開始的。晴雯是個反擊性很強的人，在第二十回中，因受不得寶玉冤枉人的口氣，立即反彈。在第二十六回中晴雯與碧痕吵架，把氣移發在寶釵頭上，黛玉來時又假寶玉的吩咐，不讓黛玉進來，可見晴雯不假修飾的遷怒性格。第三十回中撕扇折扇的驕縱及七十四回超檢大觀園時，晴雯激烈的倒箱與被逐出之士所展現的激烈個性至死不屈的態度，寶玉就能將就她，容忍她[128]。又第五十二回晴雯病中替寶玉補孔雀裘及第三十四回中，晴雯替寶玉送絹子給黛玉當定情之物的義不容辭，可看出晴雯和寶玉算得上是知己，可以傾訴心語的親暱朋友而非愛人。汪文科先生之〈不必為賢者諱---論晴雯性格的複雜的一面，兼及古典文學研究的一個問題〉一文中以為寶玉之夢是晴雯之遺言，但最後卻又根據種種論斷以為寶玉與晴雯之間有深厚的愛情，這是自相矛盾的，且《紅樓夢》一書中亦不曾述及寶玉與晴雯

---

[127] 根據吳師宏一所撰〈紅樓夢的的悲劇精神〉一文中有：「他與晴雯『相與狎褻達五年八月有奇』」之一句話而來，刊載於《幼獅月刊》第 34 卷、第 3 期、頁 53。
[128] 有關晴雯突出的性個分布在第二十六回、三十一回及七十四回是根據翁蓉的〈水蛇腰，直心腸〉一文所述，刊載於《文壇》第 93 期，頁 13。至於晴雯個性激烈及至死不屈的態度與筆者意見一致的有石昕生和毛國瑤所撰的〈秦淮八艷與金陵十二釵〉一文中提及晴雯倒箱子之事：「還是描寫晴雯個性激烈，光明磊落，千古如見」（收入《紅樓夢研究集刊》第 13 輯，頁 512）；武漢大中文系七二級評紅組所著《我們是怎樣讀《紅樓夢》的》一書中亦提及晴雯、鴛鴦、司棋、芳官等…他們奮起反抗，至死不屈。（頁 130）有關日常生活中寶玉將就晴雯的部分，汪文科先生之〈不必為賢者諱---論晴雯性格的複雜的一面，兼及古典文學研究的一個問題〉一文中亦提及此言，見於《紅樓探藝》一書，頁 148。

談情說愛之情節，故汪先生如此論斷似有待商榷。

　　現實生活中晴雯與寶玉的親暱關係，反映在夢中是晴雯來勸寶玉好好過一生，而自己卻是來道別的。晴雯前來道別的託夢方式，便是二人親暱關係的印證，但絕非愛人。此時的寶玉已經十五歲了，依舊是個很有感情的人[129]；夢境中頗能呈現其與晴雯的真情至性，且並未沾染成年人的市儈氣息，夢境頗能符合寶玉此時的年齡。

第三節　合理的預言範疇及天人永隔的象徵

　　寶玉的夢，除了提示讀者有關晴雯與寶玉關係深厚外，兼具有預見未來的作用。亞里士多德（Aristotle, 384-322.B.C.）是第一位寫系統心理學者。其探討「睡眠與夜夢」的理論中曾提及：「夜夢乃一般行為的一部份，與人及其環境有關，所謂預兆，無非是巧合而已。」[130]然亞里士多德的理論卻被後起之心理學家推翻，例如佛洛姆以為「許多作夢者預見未來事情之發生的夢，往往屬於我們…界定的合理預言範疇。」[131]及鄧氏（J.W. Dunne）的《時間實驗》一書中說：「他曾收集了許多種夢，發現均與其後來的事情有奇異的關連。此等夢均為夢見某種事情發生，後來居然應驗的。」[132]鄧氏的說法正是佛洛姆所謂的

---

[129] 根據周汝昌先生《紅樓夢新證》之考證（頁211）、周紹良《紅樓夢研究論集》之考證（頁34）及伊藤漱平所譯之《紅樓夢》（上）引周汝昌先生之說，三人均已為此時寶玉是十五歲。
[130] 見張肖松先生之《心理學史》第2章，第3節：「希臘極盛時期的心理學」，頁21。
[131] 見於佛洛姆著《夢的精神分析》第3章：夢的性質，頁43。
[132] 見於譚維漢先生著的《心理學》，頁490

預見，而在中國古籍中如《太平廣記》，更是收入爲數不少的「預見的夢」對於夢具有預兆的問題已不容置疑。因此可以說寶玉此夢具有預示著晴雯死亡的意義。

在寶玉此夢具有預示晴雯即將死亡的意義上，它亦正象徵著「寶玉與晴雯即將永遠分離」，從晴雯被王夫人趕出去後，寶玉與晴雯已不再狎暱在一起，而成了短暫分離的局面，到了晴雯病死時，寶玉也撲了個空，連憑棺痛哭的機會都喪失了，這是寶玉和晴雯的永久分離，而寶玉夢裡正透露著晴雯死亡的消息，此乃象徵二人將天人永隔。

第六則 再遊太虛幻境之夢

第一節 受童年經驗影響而成夢及複現之夢的類型

在《紅樓夢》第一百十五回中敘述寶玉失玉後情況更糊塗了，和尚終於出現還給寶玉失去的那塊玉，但是因麝月心裡高興，忘了情去扶寶玉時說了一句話：「真是寶貝，才看見了一會兒就好了，虧的當初沒有砸破！」（影乾隆壬子年木活字本《百廿回紅樓夢》、第二十冊、第一百十五回，頁四，並參考饒彬校注本《紅樓夢》之斷讀），誰知寶玉聽後，身往後仰，復又死去，牙關緊閉，脈息全無，只有胸口仍有微溫。賈政忙請醫師灌藥救治，此後寶玉便開始神遊太虛幻境。究竟寶玉之神遊太虛幻境是否是「夢」？頗令人玩味。《紅樓夢》作者僅說寶玉魂魄離身，但從寶玉神遊太虛幻境的內容中所言：「大凡人

作夢，說是假的，豈知有這夢便有這事！我常說還要做這個夢再不能的，不料今兒被我找著了」（影乾隆壬子年木活字本《百廿回紅樓夢》、第二十冊、第五十六回、頁三，並參考饒彬校注本《紅樓夢》之斷讀）可見《紅樓夢》中之寶玉以為自己是在作夢，雖然作者文中並未明言，不過從寶玉之觀點卻可略窺一、二，而若從醫學觀點言之，由於寶玉此種「譫妄」[133]現象，至今醫學界仍無法排除重病者於此種現象中所見到或聽到的幻象不是在睡眠狀態下的「作夢內容」之可能性，因此，本論文即根據此二觀點，將寶玉再遊太虛幻境之譫妄現象，歸之於「夢」。

至於寶玉所作此夢之內容如下：

　「那知那寶玉的魂魄早已出了竅了。你道死了不成？卻原來恍恍惚惚趕到前廳，見那送玉的和尚坐著，便施了禮。那和尚忙站起身來，拉著寶玉就走。寶玉跟了和尚時，覺得身輕如葉，飄飄颻颻，也沒出大門，不知從那裡走出來了。行了一程，到了個荒野地方，遠遠的望見一座牌樓，好像曾到過的。正要問那和尚，只見恍恍惚惚又來了一個女人。寶玉心裡想道：『這樣曠野地方，那得有如此麗人？必是神仙下界了。』寶玉想著，走近前來，細細一看，竟有些認得的，只是一時想不起來。見那女人合和尚打了一個照面，就不見了。寶玉一想，竟是尤三姐的樣子，越發納悶：『怎麼他也在這裡？…』又要問時，

---

[133] 見於徐靜、曾文星《精神醫學》中云：「譫妄」（delirium）—除了混亂、意識朦朧之外，有錯覺等知覺障礙，且呈現緊張不安等現象，常見於高燒、大出血、中毒等原因，所引起之器質急性腦症狀。

那和尚早拉著寶玉過了牌樓。只見牌上寫著『真如福地』四大字，兩邊一副對聯，乃是：『假去真來真勝假，無原有是有非無。』轉過牌坊，便是一座宮門。門上也橫書著四個大字道：『福善禍淫』。又有一副對聯，大書云：『過去未來，莫謂智賢能打破：前因後果，須知近親不相違。』寶玉看了，心下想道：『原來如此！我倒要問問因果來去的事了。』這麼一想，只見，鴛鴦站在那裡，招手兒叫他。寶玉想道：『我走了半日，原不曾出園子，怎麼改了樣兒了呢？』趕著要合鴛鴦說話，豈知一轉眼便不見了，心裡不免疑惑起來。走到鴛鴦站的地方兒，乃是一溜配殿，各處都有匾額。寶玉無心去看，只向鴛鴦立的所在奔去，見那一間配殿的門半掩半開。寶玉也不敢造次進去，心裡正要問那和尚一聲，回顧頭來，和尚早已不見了。寶玉恍惚見那殿宇巍峨，絕非大觀園景象，便立住腳，抬頭看那匾額上寫道：『引覺情癡』。兩邊寫的對聯道：『喜笑悲哀都是假，貪求思慕總因癡。』寶玉看了，便點頭歎息。想要進去找鴛鴦，問他是什麼所在。細細想來，甚是熟識，便仗著膽子推門進去。滿屋一瞧，並不見鴛鴦，裡頭只是黑漆漆的，心下害怕。正要退出，見有十數個大櫥，櫥門半掩。寶玉忽然想起：『我少時作夢，碰到過這樣個地方；如今能個親身到此，也是大幸！』恍惚間，把找鴛鴦的念頭忘了，便仗著膽子把上首大櫥開了櫥門一瞧。見有好幾本冊子，心裡更覺喜歡，想道：『大凡人作夢，說是假的，豈知有這夢便有這事！我常說還要做這個夢再不能的，不料今兒被我找著了！但不知那冊子是那個見過的不是。』伸手在上頭取了一本，冊上寫著「金陵十二釵正冊」。寶玉拿著一想道：『我恍惚記得是那個，只恨記得不清楚！』便打開頭一頁看去。見上

頭有畫，但是畫跡模糊，再瞧不出來。後面有幾行字跡，也不消楚，尚可摹擬，便細細的看去。見有什麼玉帶上頭有個好像『林』字，心裡想道：『莫不是說林妹妹罷？』便認真看去。底下又有『金簪雪裡』四字，詫異道：『怎麼又像他的名字呢？』……。復將前後四句合起來一念道：『也沒有什麼道理，只是暗藏著他兩個名字，並不為奇。獨有那『憐』字『歎』字不好。這是怎麼解？……』想到那裡，又啐道：『我是偷著看，若只管獃想起來，倘有人來，又看不成了！』遂往後看，也無暇細玩那畫圖，只從頭看去。看到尾兒，有幾句詞，什麼『虎兔相逢大夢歸』一句，便恍然大悟道：是了！果然機關不爽！想必是元春姐姐了。若都是這樣明白，我要抄了去細玩起來，那些姐妹們的壽夭窮通，沒有不知的了。我回去自不肯洩漏，只做一個『未卜先知』的人，也省了多少閒想。又向各處一瞧，並沒有筆硯。又恐人來，只得忙著看去。只見圖上影影有一個放風箏的人兒，也無心去看。急急的將那十二首詩詞都看遍了，也有一看便知的，也有一想便得的，也有不大明白的，心下牢牢記著。一面歎息，一面又取那『金陵又副冊』一看。看到『堪羨優伶有福，誰知公子無緣』，先前不懂，見上面尚有花席的影子，便大驚痛哭起來。待要往後再看，聽見有人說道：『你又發獃了，林妹妹請你呢！』好似鴛鴦的聲氣，回頭都不見人。心中正自驚疑，忽鴛鴦在門外招手。寶玉一見。喜得趕出來，但見鴛鴦在前，影影綽綽的走，只是趕不上。寶玉叫道：『好姐姐！等等我！』那鴛鴦並不理，只顧前走。寶玉無奈，儘力趕去。忽見別有一洞天，樓閣高聳，殿角玲瓏，且有好些宮女隱約其間。寶玉貪看景致，竟將鴛鴦忘了。

第三章　賈寶玉之夢

寶玉順步走入一座宮門，內有奇花異卉，都也認不明白，惟有白石花欄圍著一顆青草，葉頭上略有紅色，『但不知是何名草，這樣矜貴！』只見微風動處，那青草已搖擺不休。雖說是一枝小草，又無花朵，其嫵媚之態，不禁心動神怡，魂消魄喪。

寶玉只管獃獃的看著，只聽見旁邊有一人，說道：『妳是那裡來的蠢物，在此窺探仙草！』寶玉聽了，吃了一驚，回頭看時，卻是一位仙女，便施禮道：『我找鴛鴦姐姐，誤入仙境，恕我冒昧之罪！請問神仙姐姐：這裡是何地方？怎麼我鴛鴦姐姐到此還說是林妹妹叫我？望乞明示。』那人道：『誰知妳的姐姐妹妹？我是看管仙草的，不許凡人在此逗留。』寶玉欲待要出來，又捨不得，只得央告道：『神仙姐姐！既是那管理仙草的，必然是花神姐姐了。但不知這草有何好處？』那仙女道：『你要知道這草，說起來話長著呢。那草本在靈河岸上，名曰 [絳珠草]。因那時萎敗，幸得一個神瑛侍者日以甘露灌溉，得以長生。後來降凡歷劫，還報了灌溉之恩，今返歸其境，所以警幻仙子命我看管，不令蜂纏蝶戀。』寶玉聽了不解，一心疑定必是遇見了花神了，今日斷不可當面錯過，便問：『管這草的是神仙姐姐了。還有無數名花，必有專管的，我也不敢煩問，只有看管芙蓉花的是那位神仙？』那仙女道：『我卻不知，除是我主人方曉。』寶玉便問道：『姐姐的主人是誰？』那仙女道：『我主人是瀟湘妃子。』寶玉聽道：『是了！妳不知道這位妃子就是我的表妹林黛玉？』那仙女道：『胡說！此地乃上界神女之所，雖號為瀟湘妃子，並不是娥皇、女英之輩，何得與凡人有親？你少來混說！瞧著叫力士打你出去！』寶玉聽了發怔，只覺自形穢濁。正要退出，又聽見有人趕來說道：『裡面叫請神

128

瑛侍者。』那人道：『我奉命等了好些時，總不見有神瑛侍者過來，妳叫我那裡請去？』那一個笑道：『饒想去的不是麼？』那侍女慌忙趕出來，說：『請神瑛侍者回來！』寶玉只道是問別人，又怕被人追趕，只得跟蹌而逃。正走時，只見一人手提寶劍，迎面攔住，說：『那裡走！』唬得寶玉驚惶無措。仗著膽抬頭一看，卻不是別人，就是尤三姐。寶玉見了，略定些神，央告道：『姐姐，怎麼你也來逼起我來了？』那人道：『你們弟兄沒有一個好人：敗人名節，破人婚姻！今兒你到這裡，是不饒你的了！』寶玉聽了話頭不好，正自著急，只聽後面有人叫道：『姐姐！快快攔住！不要放他走了！』尤三姐道：『我奉妃子之命，等候已久。今兒見了，必定要一劍斬斷妳的塵緣！』寶玉聽了，益發著忙，又不懂這些話到底是什麼意思，只得回頭要跑。豈知身後說話的並非別人，卻是晴雯。寶玉一見，悲喜交集，便說：『我一個人走迷了道兒，遇見仇人，我要逃回，卻不見你們一人跟著我。如今好了！晴雯姐姐，快快的帶我回家去罷！』晴雯道：『侍者不必多疑。我非晴雯，我是奉妃子之命，特來請你一會，並不難為你。』寶玉滿腹狐疑，只得問道：『姐姐說是妃子叫我，那妃子究是何人？』晴雯道：『此時不必問，到了那裡，自然知道。』寶玉沒法，只得跟著走。細看那人背後舉動，恰是晴雯：『那面目聲音是不錯的了，怎麼他說不是？我此時心裡模糊，且別管他。到了那邊，見了妃子，就有不是，那時再求他。到底女人的心腸是慈悲的，必定恕我冒失。』正想著，不多時，到了一個所在，只見殿宇精緻，彩色輝煌，庭中一

129

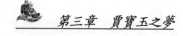

叢翠竹，戶外數本蒼松。廊簷下立著幾個侍女，都是宮粧打扮。見了寶玉進來，便悄悄的說道：『這就是神瑛侍者麼？』引著寶玉的說道：「就是，你快進去通報罷。」有一侍女笑著招手，寶玉便跟著進去。

過了幾層房舍，見一正房，珠簾高掛。那侍女說：『站著候旨。』寶玉聽了，也不敢則聲，只好在外等著。那侍女進去不多時，出來說：『請侍者參見。』又有一人捲起珠簾。只見一女子頭戴花冠，身穿繡服，端坐在內。寶玉略一抬頭，見是黛玉的形容，便不禁的說道：『妹妹在這裡，叫我好想！』那簾外的侍女悄叱道：『這侍者無禮！快快出去！』說猶未了，又見一個侍兒將蛛簾放下。寶玉此時欲待進去又不敢，要走又不捨，待要問明，見那些侍女並不認得，又被驅逐，無奈出來，心想要問晴雯。回頭四顧，並不見有晴雯。心下狐疑，只得怏怏出來，又無人引著。正欲找原路而去，卻又找不出舊路了。正在為難，見鳳姐站在一所房簷下招手兒。寶玉看見，喜歡道：『可好了！原來回到自己家裡了！怎麼一時迷亂如此？』急奔前來，說：『姐姐在這裡麼？我被這些人捉弄到這個分兒，林妹妹又不肯見我，不知是何原故！』說著走到鳳姐站的地方，細看起來，並不是鳳姐，原來卻是賈蓉的前妻秦氏。寶玉只得立住腳，要問鳳姐姐在那裡。那秦氏也不答言，竟自往屋裡去了。

寶玉恍恍惚惚的，又不敢跟進去，只得獃獃的站著，歎道：『我今兒得了什麼不是，眾人都不理我！』便痛哭起來。見有幾個黃巾力士執鞭趕來，諭是：『何處男人敢闖入我們這天仙福地來！快走出去！』寶玉聽得，不敢言語。正要尋路出來，遠遠望見一群女子，說笑前來。寶玉看時，又像是迎春等一千人走來，心裡喜歡，叫道：『我迷住在

這裡，你們快來救我！』正嚷著，後面力士趕來。寶玉急得往前亂跑，忽見那一群女子都變作鬼怪形像，也來追撲。

寶玉正在情急，只見那送玉來的和尚，手裡拿著一面鏡子一照，說道：『我奉元妃娘娘旨意，特來救你！』登時鬼怪全無，仍是一片荒郊。寶玉拉著和尚說道：『我記得是你領我到這裡，你一時又不見了。看見了好些親人，只是都不理我，忽又變作鬼怪。到底是夢是真？望老師明白指示。』那和尚道：『你到這裡，曾偷看什麼東西沒有？』寶玉一想，道：『他既能帶我到天仙福地，自然也是神仙了，如何瞞得他？況且正要問個明白。』便道：『我倒見了好些冊子來著。』那和尚道：『可又來！你見了冊子，還不解麼？世上的情緣，都是那些魔障！只要把歷過的事情細細記著，將來我與你說明。』說著，把寶玉狠命的一推，說：『回去罷！』寶玉站不住腳，一交跌倒，口裡嚷道：「啊喲！」眾人等正在哭泣，聽見寶玉甦來，連忙叫喚。寶玉睜眼看時，仍躺在炕上，見王夫人、寶釵等哭的眼泡紅腫。」（影乾隆壬子年木活字本《百廿回紅樓夢》、第二十冊、第一百十六回、頁一--八，其中之「元春妹妹」是錯誤的，筆者改爲「元春姊姊」，「一棵青葉」改爲「一棵青草」，並參考饒彬校注本《紅樓夢》之斷讀）

在寶玉再遊太虛幻境之夢中是由和尚引導，可見得在寶玉栽倒前不久，和尚的出現給予寶玉的印象有多深刻！因此第一百十六回中寶玉再遊太虛幻境之夢的成因與來源是受到「最近生活經驗的影響」。

就夢的性質而言，此夢是繼初遊太虛幻境之夢後，所做的第二次再遊太虛幻境的夢，究其類型而言，算是個「複現之夢」，雖然內容稍異於初遊太虛幻境的第一個夢，不過參閱冊詞及遊太虛幻境的意義

卻相同，故可視為「複現之夢」。此種夢的來源，根據佛洛依德《夢的解析》的說法以為孩提時就做過的夢，在成年時仍一再出現於夢中的「經年複現之夢」（perennial dream）乃源自於受「孩提時期經驗的影響」[134]。我們仔細研究寶玉「初遊太虛幻境之夢」是在八歲時所做的夢，而「再遊太虛幻境之夢」已是二十歲[135]成年時，八歲時「初遊太虛幻境之夢」是寶玉孩童時期所做的夢，此後寶玉也曾自忖，若再做此夢時必定將簿冊中的字句記牢，果真在第一百十六回中，寶玉終於能一償宿願，有意識地記下那些字句而獲得開悟。這便是寶玉做此夢的第二個成因，受幼年時期之經驗影響。雖然寶玉的夢與佛洛依德對「經年複現之夢」的定義略有不同，寶玉的再遊太虛幻境僅是成年後的第一次複現幼年時期的夢，而非經年複現之夢，不過對寶玉而言，寶玉此夢的確是受「初遊太虛幻境」之夢極大的影響。

　　此外，寶玉此夢的另一個特質，異於其所做的其他的夢。何大堪先生於其〈夢的藝術---論《紅樓夢》幾個夢的描寫〉一文中曾提及：「《紅樓夢》中寶玉的第二次到太虛幻境（見第一百一十六回）卻由虛幻成實際，寶玉竟有意識地背下了冊子裡的判詞，后來成了個未卜

---

[134] 參考佛洛依德原著A‧A‧Brill, J. Strachey英譯，賴其萬及符傳孝先生所譯之《夢的解析》 *The Interpretation of Dreams*一書，第五章:「夢的材料與來源」頁117。英譯文為：There is another way in which it can be established with certainty without the assistance of interpretation that a dream contains elements from childhood. This is where the dream is of what has been called the "recurrent type": that is to say, where a dream was first dreamt in childhood and then constantly reappears from time to time during adult sleep *(The Complete Psychology works of Sigmund Freud.* Volume IV. p.190)

[135] 根據作者的暗示及周紹良先生《紅樓夢研究論集》考證出為二十歲，頁68。

先知的人。」[136]何先生已能就寶玉是持有「清醒意識」地作夢爲議題而論，然何先生卻又將這種情形視爲續書人的敗筆，是拙劣的預言，已無夢的色彩可言。此種說法是錯誤的，事實上夢學專家對夢者擁有清醒意識所做的夢極爲重視，且在美國改夢學已成夢學專家的熱門研究項目，改夢學欲窺視人類的潛意識心態，藉著清醒的意識來將夢境中令人恐怖不安的惡夢成分轉移或非惡夢的夢內容[137]。因此可見何大堪先生此處只就文學層次探討《紅樓夢》一書的夢內容，未能全盤就夢的精神分析專家對夢的研究內涵運用於文學作品中之描述的技巧加以考量，而將夢中的「有意識」視爲荒唐無稽。破壞夢的神秘色彩及產生它是續書人的敗筆的錯誤判斷，這是對此類以「清醒亦是改變夢境」之類型不了解的緣故。

　　清人陳其泰先生於其《桐花鳳評紅樓夢輯錄》一書以爲寶玉遊太虛幻境是「夢遊類」的一種[138]，此與宋・李昉《太平廣記》中所搜集的夢遊類之分類標準相同，均以夢的出遊內容爲劃分之標準，但卻與今日醫學中所謂病態的睡眠中的人起來走動的「夢遊症」大相逕庭。研究夢學專家應可辨明其中的差異才對。

---

[136]見於何大堪先生之〈夢的藝術---論《紅樓夢》幾個夢的描寫〉一文收入《紅樓探藝》一書中，頁42。
[137]見雷久南博士之〈說夢、講空、談解脫---喜瑪拉雅來鴻之三〉刊載於《慧炬》雜誌，頁35。
[138]　其文爲：「夢遊以警幻爲線索，魂遊以和尚爲線索。…（卻原來恍恍惚惚，趕到前廳）仍是夢遊時光景。」（頁356）

第二節　尋訪黛玉之主題及仙境奇緣之題材

一、尋訪黛玉之主題

　　寶玉再遊太虛幻境之夢是由和尚引夢，途中曾遇見尤三姐，而後進入「真如福地」看見鴛鴦招手呼叫他，一轉眼鴛鴦、和尚均無去向，寶玉想進入鴛鴦原先站著所在的配殿去找鴛鴦，大膽推門進去後，方才想起少時曾做過此夢，便打開大櫥看了金陵十二釵正冊及金陵十二金釵又副冊，忽聽見似鴛鴦的聲音說：「林妹妹請你呢！」（影乾隆壬子年木活字本《百廿回紅樓夢》、第二十冊、第一百十六回、頁四），便又追隨鴛鴦至另一樓閣高聳，殿角玲瓏之處。見一仙女問鴛鴦說林妹妹有請之事，對方說不知，又叫力士打寶玉出去，寶玉返出後尤三姐奉妃子之命來斬寶玉情緣，寶玉回頭跑時聽見晴雯說奉妃子之命，特請寶玉一會：「待要往後再看，聽見有人說道：『你又發獸了，林妹妹請你呢！』…「請問神仙姐姐：這裡是何地方？怎麼我鴛鴦姐姐到此還說是林妹妹叫我？望乞明示。」那人道：『誰知妳的姐姐妹妹？我是看管仙草的，不許凡人在此逗留。』寶玉欲待要出來，又捨不得，只得央告道：『神仙姐姐！既是那管理仙草的，必然是花神姐姐了。但不知這草有何好處？』那仙女道：『你要知道這草，說起來話長著呢。那草本在靈河岸上，名曰[絳珠草]。因那時姜敗，幸得一個神瑛侍者日以甘露灌溉，得以長生。後來降凡歷劫，還報了灌溉之恩，今返歸其境，所以警幻仙子命我看管，不令蜂纏蝶戀。』寶玉聽了不解，一心疑定必是遇見了花神了，今日斷不可當面錯過，便問：『管這草

的是神仙姐姐了。還有無數名花，必有專管的，我也不敢煩問，只有
看管芙蓉花的是那位神仙？』那仙女道：『我卻不知，除是我主人方
曉。』寶玉便問道：『姐姐的主人是誰？』那仙女道：『我主人是瀟
湘妃子。』寶玉聽道：『是了！妳不知道這位妃子就是我的表妹林黛
玉？』那仙女道：『胡說！此地乃上界神女之所，雖號為瀟湘妃子，
並不是娥皇、女英之輩，何得與凡人有親？你少來混說！瞧著叫力士
打你出去！』寶玉聽了發怔，只覺自形穢濁。」…豈知身後說話的並
非別人，卻是晴雯。寶玉一見，悲喜交集，便說：『我一個人走迷了
道兒，遇見仇人，我要逃回，卻不見你們一人跟著我。如今好了！晴
雯姐姐，快快的帶我回家去罷！』晴雯道：『侍者不必多疑。我非晴
雯，我是奉妃子之命，特來講你一會，並不難為你。』寶玉滿腹狐疑，
只得問道：『姐姐說是妃子叫我，那妃子究是何人？』晴雯道：『此
時不必問，到了那裡，自然知道。』寶玉沒法，只得跟著走。細看那
人背後舉動，恰是曠雯：『那面目聲音是不錯的了，怎麼他說不是？
我此時心裡模糊，且別管他。到了那邊，見了妃子，就有不是，那時
再求他。到底女人的心腸是慈悲的，必定恕我冒失。』正想著，不多
時，到了一個所在，只見殿宇精緻，彩色輝煌，庭中一叢翠竹，戶外
數本蒼松。廊簷下立著幾個侍女，都是宮粧打扮。見了寶玉進來，便
悄悄的說道：『這就是神瑛侍者麼？』引著寶玉的說道：「就是，你
快進去通報罷。」有一侍女笑著招手，寶玉便跟著進去。

　　過了幾層房舍，見一正房，珠簾高掛。那侍女說：『站著候旨。』
寶玉聽了，也不敢則聲，只好在外等著。那侍女進去不多時，出來說：
『請侍者參見。』又有一人捲起珠簾。只見一女子頭戴花冠，身穿繡

服，端坐在內。寶玉略一抬頭，見是黛玉的形容，便不禁的說道：『妹妹在這裡，叫我好想！』那簾外的侍女悄叱道：『這侍者無禮！快快出去！』說猶未了，又見一個侍兒將珠簾放下。寶玉此時欲待進去又不敢，要走又不捨，待要問明，見那些侍女並不認得，又被驅逐，無奈出來」在寶玉「再遊太虛幻境之夢」中，寶玉見了黛玉之後，卻被簾外侍女趕走，又找不到晴雯，在回程時看見鳳姐在一所屋簷下招手兒，走近時卻是秦氏，秦氏不理寶玉竟自往屋裡去，寶玉見無人理他便痛哭起來，又有幾個力士執鞭追趕寶玉，遠處的一群女子，像是迎春一干人也變成了鬼怪來追撲寶玉，最後和尚來搭救寶玉，拿鏡子一照，妖怪都消失了，和尚問寶玉看了什麼？寶玉照實說了。和尚便要寶玉記著，並在將來告訴他，狠推了寶玉一把，寶玉跌倒，喊了一聲「啊喲！」便醒來。根據夢內容而言，此夢的主題是以寶玉再遊太虛幻境爲主導，主題之一是悟得了先機，對初遊太虛幻境時所見之大部分簿冊上判詞的意義之洞察，成了未卜先知；主題之二是在仙境中尋訪黛玉，亦能一了心願地見了黛玉一面。《紅樓夢》作者並借著牌坊上的詞如「福善禍淫」（影乾隆壬子年木活字本《百廿回紅樓夢》、第二十冊、第一百十六回、頁二，並參考饒彬校注本《紅樓夢》之斷讀）告示世人淫必致禍、善必致福的因果報應關係，又以「假去真來真勝假，無原有是有非無。」（影乾隆壬子年木活字本《百廿回紅樓夢》、第二十冊、第一百十六回、頁二，並參考饒彬校注本《紅樓夢》之斷讀）及「過去未來，豈謂智賢能打破，前因後果，須知親近不相逢。」（影乾隆壬子年木活字本《百廿回紅樓夢》、第二十冊、第一百十六回、頁二，並參考饒彬校注本《紅樓夢》之斷讀）來闡釋有無

真假之辨及其本質和因果關係牢不可破的真理。要之，此夢很明顯地可看出從尋訪黛玉之夢的主題中，作者透過寶玉的悟得天機，渴望灌輸給讀者的是人生哲理及因果思想。

　　寶玉再遊太虛幻境之夢時，已是二十歲弱冠的成年了，試將此時的再遊太虛幻境的夢與八歲時的初遊太虛幻境之夢相比較，筆者不難發現，八歲時夢境中的天真無邪、無知與二十歲夢境中的開悟，思想上有著極大的差別，這代表著作者能掌握得住不同年齡、心態所反映出來不同夢境的原理。

二、仙境奇緣之題材

　　寶玉再遊太虛幻境取材自神話，這是一個架構在非現實世界的仙境上，而此仙境正如寶玉的初遊太虛幻境一般，均是以第一回甄士隱夢中所提及的「太虛幻境」、「警幻仙姑」與其他人物為整個似幻似真之夢境場所及背景。換言之，夢的題材是以第一回甄士隱夢境為基石，又以第五回寶玉「初遊太虛幻境之夢」延展的。由於第一百十六回中寶玉「再遊太虛幻境之夢」與第一回「甄士隱之夢」及第五回「寶玉初遊太虛幻境之夢」題材大略是一致的，均是神話，且筆者已於第二章第甄士隱之夢中作了探討，故此處不再贅述。在寶玉夢入此大虛幻境之仙界中，除了表現對林黛玉極度思念、尋訪黛玉之主題外，《紅樓夢》之作者更安排了賈寶玉被追殺之題材，其中有被力士追殺：「正嚷著，後面力士趕來。寶玉急得往前亂跑，……」被尤三姐追殺：「正走時，只見一人手提寶劍，迎面攔住，說：『那裡走！』唬得寶玉驚

惶無措。仗著膽抬頭一看，卻不是別人，就是尤三姐。寶玉見了，略定些神，央告道：『姐姐，怎麼你也來逼起我來了？』那人道：『你們弟兄沒有一個好人：敗人名節，破人婚姻！今兒你到這裡，是不饒你的了！』寶玉聽了話頭不好，正自著急，只聽後面有人叫道：『姐姐！快快攔住！不要放他走了！』尤三姐道：『我奉妃子之命，等候已久。今兒見了，必定要一劍斬斷妳的塵緣！』寶玉聽了，益發著忙，又不懂這些話到底是什麼意思，只得回頭要跑。」被一群女子都變作鬼怪追撲：「正要尋路出來，遠遠望見一群女子，說笑前來。寶玉看時，又像是迎春等一千人走來，心裡喜歡，叫道：『我迷住在這裡，你們快來救我！』正嚷著，後面力士趕來。寶玉急得往前亂跑，忽見那一群女子都變作鬼怪形像，也來追撲。」此正是夢境中不可思議之幻化，其深義，是賈寶玉危機意識的反應。

　而被和尚拯救之題材則有：「寶玉正在情急，只見那送玉來的和尚，手裡拿著一面鏡子一照，說道：『我奉元妃娘娘旨意，特來救你！』登時鬼怪全無，仍是一片荒郊。寶玉拉著和尚說道：『我記得是你領我到這裡，你一時又不見了。看見了好些親人，只是都不理我，忽又變作鬼怪。到底是夢是真？望老師明白指示。』那和尚道：『你到這裡，曾偷看什麼東西沒有？』寶玉一想，道：『他既能帶我到天仙福地，自然也是神仙了，如何瞞得他？況且正要問個明白。』便道：『我倒見了好些冊子來著。』那和尚道：『可又來！你見了冊子，還不解麼？世上的情緣，都是那些魔障！只要把歷過的事情細細記著，將來我與你說明。』說著，把寶玉狠命的一推，說：『回去罷！』寶玉站

不住腳，一交跌倒，口裡嚷道：「啊喲！」眾人等正在哭泣，聽見寶玉甦來，連忙叫喚。」或許亦是現實界中和尚度話人之一種轉換表現。

然而在第一百十六回中此夢所可注意的是，一些已去世的重要人物均再度出現於寶玉夢中，且與寶玉的夢中角色搭配演出，令寶玉又喜又驚的一場夢，作者能不以陳腔濫調的複製第五回初遊太虛幻境的夢題材處理，而另闢新境，是作者值得人讚許的地方。

第三節　人類生命中重要之主題表現及開悟之象徵

根據夢學專家佛洛姆的說法：「毫無疑問，重覆的夢有特殊的意義。許多當代心理學家發現，人反覆的夢，是他的生命中最重要的主題表現。」[139]筆者在第一節 受童年經驗之影響的夢成因與複現之夢的類型，根據佛洛依德的說法以爲寶玉此夢的類型屬於「複現之夢」，並受童年時期經驗的影響。此種「複現之夢」在寶玉再遊太虛幻境的夢中，證實了佛洛依德以爲童年時期生活經驗影響的可能性說法。而至佛洛姆時，他強調此種夢的意義是夢者生命中最重要的主題。而此生命中的重要主題又意味著什麼？

《紅樓夢》第一○九回中，寶玉細想自己成日想念著黛玉，但黛玉的魂魄卻不能入夢來，或許因剛從園裡回來，心想應可以致黛玉魂魄，因此便在外間睡覺，誰知依然無夢。於是又睡了一夜，黛玉還是未入夢。但在第一百十六回中，寶玉再遊太虛幻境時，便見到了瀟相

---

[139] 見於佛洛姆《被遺忘的語言》*The Forgotten Language* 著的葉頌壽譯爲《夢的精神分析》，頁123。

妃子黛玉，雖然夢中黛玉並未開口說話，但寶玉看見黛玉時說道：「妹妹在這裡，叫我好想。」（影乾隆壬子年木活字本《百廿回紅樓夢》、第二十冊、第一百十六回、頁七，並參考饒彬校注本《紅樓夢》之斷讀）這句話便明顯地道出了寶玉此夢對黛玉思念的意義，夢只不過是此種思念的表現方式罷了。

　　此外，寶玉的再遊太虛幻境之夢，是應了第一百十四回中寶玉的期盼，王夫人打發人來說鳳姐病重夢囈喊要趕到金陵歸冊的話，寶玉詫異地問：「『這也奇！金陵做什麼去？』」襲人輕輕的說道：『你不是那年作夢？'我還記得說有多少冊子。莫不是璉二奶奶也到那裡去麼？』寶玉聽了點頭道：『是啊！可惜我都不記得那上頭的話了。這麼說起來，人都有個定數的了。但不知林妹妹又到那裡去了？我如今被你一說，我有些懂的了。若再做這個夢時，我心細細的瞧一瞧，便有未卜先知的分兒了。』」（影乾隆壬子年木活字本《百廿回紅樓夢》、第二十冊、第一百十四回、頁三，並參考饒彬校注本《紅樓夢》之斷讀）寶玉對夢中薄命冊子的詩詞極為有興趣，且兒時的夢，至今依然印象深刻，只是忘了甚至不太懂夢中那些詩詞的意思，但是其心中卻依然想著若再做這個夢時，便要記牢這些，此種說法正顯示出寶玉心中的渴盼，因為根據夢學專家的研究以為「複現之夢」是「表示內心尚有未解決的問題，時常迴繞腦際；周圍的頑固思想，無法打破，不得解決，寂寞、膽怯、苦悶、恐懼異常。有時也是一種期待，如期待來信，期待一項消息，一種發表等。」[140]寶玉此夢非但解決了昔日夢

---

[140]　見鮑家驄先生著之《夢的研究》一書第3章，頁225。

中之疑惑，並且是日積月累的心中之期盼的實現，因此，寶玉此夢可謂是人類生命中重要的主題表現之象徵。

　　寶玉此夢又象徵著寶玉的「開悟出家」。在《紅樓夢》所有的作夢者中，只有甄士隱、襲人及寶玉的夢與和尚有關。甄士隱夢後因環境變遷及世事無常而悟道出家，寶玉也因夢再遊太虛幻境之後得到和尚的提示而開悟出家。在此夢中筆者解釋其象徵著「開悟出家」的二項條件爲夢中寶玉看了冊詞後了然於心的「領悟」及出夢前和尚告訴寶玉之言：「世上的情緣，都是些魔障----只要把經歷過的事情細細記著，將來我與你說明。」（影乾隆壬子年木活字本《百廿回紅樓夢》、第二十冊、第一百十六回、頁八，並參考饒彬校注本《紅樓夢》之斷讀）此種由和尚說明點化而穎悟的夢如禪宗教弟子開悟時不明說而以當頭棒喝爲之，因此寶玉再遊太虛幻境夢中和尚的不明說正意味著禪宗要弟子開悟之前的自我省思。這與現代日本偉大禪師之一的盤珪（Bankei）教人以「無生」（the unborn）之義，方可「悟道」（Satori；）的道理是殊途同歸的[141]。

　　在寶玉「初遊太虛幻境之夢」中，寶玉的懵懂與無知及在後來的歲月中倍嚐人間甘苦及失去黛玉之痛「是基於對整個人事無常的幻滅感而非由於婚姻生活、感情生活的失敗。」[142]這是學習歷程中的試誤至寶玉「再遊太虛幻境之夢」時是領悟。皮述民先生於其《紅樓夢考論集》一書中將寶玉的一生視爲非夢悟，非領悟，而是一次體悟的累

---

[141] 根據佛洛姆與鈴木大拙合著，由徐進夫所譯，之《心理分析與禪》一書，頁29。
[142] 見於趙岡先生之《紅樓夢研究新編》一書、第3章：「紅樓夢的素材與創作」，其233，皮述民先生的《紅樓夢考論集》一書，頁133，亦曾引用其文。

積。[143]此種「體悟」論點正是寶玉「再遊太虛幻境之夢」中「領悟」冊詞中之意義的最佳註腳，也是「寶玉整個人格對於真際之完全覺醒。」[144]因此我們在寶玉「初遊太虛幻境之夢」中，見到夢中的寶玉雖有點悟性，卻天真無邪，而在「再遊太虛幻境之夢」中所見到約二十歲成年的寶玉，有思想，具成熟人格的反應及夢見到冊詞的穎悟，便不難理解在寶玉生長歷程中，由試誤到領悟之間所付出的代價及令讀者乍見歲月寂然飄逝的驚恐。因此「再遊太虛幻境之夢」讓寶玉看懂了冊詞是「開悟」了，和尚方外之士在出夢前的引導話語便又象徵著「出家人的引渡俗人」之義。

---

[143] 見於皮述民《紅樓夢考論集》一書，頁133。

第四章　王熙鳳之夢

　　被李紈稱作水晶玻璃心肝的鳳姐，是對其所呈現的種種歹惡形象之下的另一種讚美。鳳姐對尤二姐的奸宄令讀者毛骨悚然，但她對黛玉身世淒零所流下的淚水，相信不會被讀者誤爲虛情假意，大凡一個人絕非一身全污，總有些小才幹、小優點來陪襯、點綴；鳳姐因賈璉之事不分清紅皂白的痛打平兒，是讀者最爲平兒打抱不平的一回，但鳳姐爲即將回家的襲人到處張羅衣服，要襲人穿得體面一些，又何嘗不是個設想周到的人，難怪豈凡先生在〈論王熙鳳與美〉一文中提出看法：「曹雪芹，尊重事實的偉大藝術家，又表現爲描述王熙鳳性格的善的表露。在關於鳳姐與巧姐兒的故事情節中，我們看到一位活生生的善良的、慈愛的母性形象。」[145]這是鳳姐性格的另一面，因此在《紅樓夢》一書中，鳳姐是個重要的角色。

　　在《紅樓夢》一書中，鳳姐的夢共有三個：其一是第十三回「秦氏託夢」，其二是第七十二回「面善但不知姓名的人來奪錦」，其三是第一百一十四回中之「歷幻返金陵」。其中有關秦氏於其病死前之託夢疑義最多，究其係病死或自縊而死之爭議，自有紅學者發現與第五回寶玉初遊太虛幻境的夢中之冊詞矛盾後便開始引起爭論，根據脂批之甲戌本的說法：「秦可卿淫喪天香樓，作者史筆也。老朽因有魂

---

[144] 見於皮述民《紅樓夢考論集》一書，頁164。
[145] 豈凡先生之〈王熙鳳與美〉一文收入《紅樓探藝》一書中，頁158。

托鳳姐賈家後事二件：嫡是安富尊榮，坐享人能想得到處，其事雖未漏其言，其意則令人悲切感服、姑赦之，因命芹溪刪去。」[146]然而庚辰本中亦有脂批云：「通回將可卿如何死，故隱去，是大發慈悲心也。」[147]有關秦氏的結局甲戌本及庚辰本的說法，雖真與第五回的判詞不同，且俞平伯先生於其《紅樓夢研究》一書，特為探究秦可卿是死於自縊而非病死[148]。雖亦有其獨特見解，然而由於筆者採用影乾隆壬子年木活字本《百廿回紅樓夢》之說法，故依之，以病死為論。

此外，本論文因王熙鳳之第一百一十四回的夢囈，因已不知夢之內容，故筆者無法對夢內容進行深入之探討，且被作者所創造出之夢囈話語亦極短，故筆者將其合併於第七十二回中論之。

第一則　秦氏託夢

第一節　近親心電感應之成因及託夢類型

在《紅樓夢》第十三回中，賈璉送黛玉往揚州去後，一日夜間平兒已熟睡了，鳳姐方覺眼睛微矇，恍惚之間，但見秦氏從外走來，於是便產生了夢境，作者對其作夢前後如此敘述：「話說鳳姐兒自賈璉送黛玉往揚州去後，心中實在無趣，每到晚間，不過同平兒說笑一回

---

[146] 見《脂硯齋甲戌抄閱再評石頭記》一書中第13回，頁137。
[147] 見庚辰鈔本《石頭記》（一），頁255。俞平伯先生所輯之《脂硯齋紅樓夢輯評》一書中，將甲戌本及庚辰本脂評並列，以便讀者參校。
[148] 見於其著作《紅樓夢研究・論秦可卿之死》一文，頁175-186。

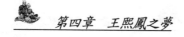

就胡亂睡了。這日夜間，正和平兒燈下擁爐，早命濃薰繡被，二人睡下，屈指計算行程，該到何處，不知不覺，已交三鼓。平兒已睡熟了。鳳姐方覺睡眼微朦，恍惚只見秦氏從外走進來，含笑說道：『嬸娘好睡！我今日回去，你也不送我一程。因娘兒們素日相好，我捨不得嬸娘，故來別你一別。還有一件心願未了，非告訴嬸娘，別人未必中用。』鳳姐聽了，恍惚問道：『有何心願？只管託我就是了。』秦氏道：『嬸娘，妳是個脂粉隊裡的英雄，連那些束帶頂冠的男子也不能過你，你如何連兩句俗語也不曉得？常言『月滿則虧，水滿則溢』，又道是『登高必跌重』。如今我們家赫赫揚揚，已將百載，一日倘或『樂極生悲』，若應了那句『樹倒猢猻散』的俗語，豈不虛稱了一世詩書舊族了？』鳳姐聽了此話，心胸不快，十分敬畏，忙問道：『這話慮的極是，但有何法可以永保無虞？』秦氏冷笑道：『嬸娘好癡也！「否極泰來」，榮辱自古周而復始，豈人力所能常保的？但如今能於榮時籌畫下將來衰時的世業，亦可以常遠保全了。即如今日，諸事俱妥，只有兩件未妥，若把此事如此一行，則後日可保無患了。』鳳姐便問道：『什麼事？』秦氏道：『目今祖塋雖四時祭祀，只是無一定的錢糧；第二，家塾雖立，無一定的供給。依我想來，如今盛時固不缺祭祀供給，但將來敗落之時，此二項有何出處？莫若依我定見，趁今日富貴，將祖塋附近多置田莊、房舍、地畝，以備祭祀、供給之費皆出自此處，將家塾亦設於此。合同族中長幼，大家定了則例，日後按房掌管這一年的地畝、錢糧、祭祀、供給之事。如此周流，又無競爭，也沒有典賣諸弊。便是有罪，己物可以入官，這祭祀產業，連官也不入的。便敗

落下來，子孫回家讀書務農，也有個退步，祭祀又可永繼。若目今以為榮華不絕，不思後日，終非長策。眼見不日又有一件非常的喜事，真是烈火烹油，鮮花著錦之盛。要知道也不過是瞬息的繁華，一時的歡樂，萬不可忘了那『盛筵必散』的俗語！若不早為後慮，只恐後悔無益了！』鳳姐忙問：『有何喜事？』秦氏道：『天機不可洩漏。只是我與嬸娘好了一場，臨別贈你兩句話，須要記著！』因念道：『三春去後諸芳盡，各自須尋各自門！』鳳姐還欲問時，只聽二門上傳事雲板連叩四下，正是喪音，將鳳姐驚醒。」（影乾隆壬子年木活字本《百廿回紅樓夢》、第三冊、第三回、頁一--三，並參考饒彬校注本《紅樓夢》之斷讀），並參考饒彬校注本《紅樓夢》之斷讀）

　　就時間而言，王熙鳳此夢並無特殊處，是該合為睡眠的時刻，也非特別節日；就事件而言，亦無任何婚喪喜慶之事，回溯前幾回，除了第十回中有秦氏病了：「張太醫論病細窮源」一則，且並無鳳姐與秦氏聚會或暢談的任何記載外，第十一回中尤氏與鳳姐談及秦氏之病時，尤氏道：「你是初三日在這裡見她的，他強掙扎了半天，也是因你們娘兒兩個好的上頭，還戀戀捨不得去。」（影乾隆壬子年木活字本《百廿回紅樓夢》、第三冊、第十一回、頁三，並參考饒彬校注本《紅樓夢》之斷讀）這便是最近之經驗所可引起鳳姐做此夢之原因。至於昔日與童年的經歷，書中則未提及，而鳳姐此夢的內容又與事實相吻合，便可稱為是預言式的夢了，因鳳姐夢見秦可卿在夢中云：「三春去後諸芳盡，各自須尋各自門了」（影乾隆壬子年木活字本《百廿回紅樓夢》、第三冊、第十三回、頁二，並參考饒彬校注本《紅樓夢》之斷讀）後便被二門上傳事雲板所連叩的四下喪音驚醒，接著又聽見

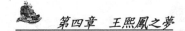

有人報曰：「東府蓉大奶奶沒了。」（影乾隆壬子年木活字本《百廿回紅樓夢》、第三冊、第十三回、頁二，並參考饒彬校注本《紅樓夢》之斷讀）一事，正與夢中秦氏來與鳳姐告別一事吻合，故鳳姐的夢與甄士隱的夢一般，算是一種預見。除此外，夢中秦氏以託夢來鳳姐來了結其心中的一件心願，亦算是一種心電感應（Telepathy）。鳳姐的夢便是此種心電感應狀況下對彼方所欲傳達的訊息能穿越空間立即拍發而出。這在科學實證上也已獲得某種程度上的肯定，例如世上最特出的莫斯科生物資訊實驗（Moscow Laboratory of Bio-information）在一九六六年所作的長距離心電感應試驗（Long-distance tests in telepathy），由蘇聯有名的超心理學者尤里、卡曼斯基（Yuri Kamensky）留在莫斯科發送心電感應的信號給在西伯利亞科學研究中心諾伏雪伯斯克（Novosibirsk）擔任接收員的蘇聯明星卡爾‧尼克拉耶夫（Karl Nikolayev），但未公布結果。一年後，由莫斯科和列寧格勒之間同時進行一種貫徹到底的實驗（A fallow-up experiment），結果由莫斯科方面的實驗家證實了人類情緒的幻像是心電感應活動最大的因素[149]。鳳姐與秦氏的心電感應活動除了蘇俄所研究出的情緒幻像造成之外，或許將來之科學家會發現新理論或補充此說法也未可知，至於「心電感應」的造成是否有其他必要因素呢？研究超心靈學說的專家以為「受

---

[149] 見於黃大受先生主編之《超心理學研究》第52、53期，馬丁‧愛明(Martin Ebon)撰之《心靈戰爭》(Psychic Warfare)第7章「心電感應的密碼(Code byTeIepathy)第11版。名可‧陳知青譯，由於全文冗長了些，筆者又重新組合過。

感應的人物多爲與作夢者關係密切者（甚至是自己）。」[150]此點對鳳姐與秦氏而言，可由第七回中賈珍之妻請了鳳姐到寧府去坐坐，鳳姐初見秦鐘並未備禮，平兒經鳳姐丫環媳婦的提醒又「素知鳳姐和秦氏厚密，遂自作主意，拿了一疋尺頭，兩個狀元及弟的小金錁子交付來人送過去。」（影乾隆壬子年木活字本《百廿回紅樓夢》、第二冊、第七回、頁九，並參考饒彬校注本《紅樓夢》之斷讀）飯後鳳姐且同著尤氏及秦氏抹骨牌。二人情深意厚也可以在鳳姐於秦氏病後不時的前往探視及替秦氏料理喪事上的盡心力及痛哭流涕見出友誼之深厚，或許更因姻親之關係且二人友誼之深厚濃烈令鳳姐與秦氏心靈相通而做了此夢，這種夢的種類，在《周禮》的六類夢及《潛夫論》之十類夢中闕如，而在西方國家中一般人將此種心電感應交流所產生的夢與事實符合者，均稱爲「託夢」。

第二節 貴族榮枯之主題及心電感應之題材

一、貴族榮枯之主題

　　鳳姐夢見秦氏前來道別，並述說一件未了的心願，算是與秦氏友好一場，所賜給鳳姐的臨別贈言。而秦氏的臨別贈言正是鳳姐此夢的主題，榮府赫赫揚揚已將百載，倘或一日「樂極生悲」，豈不應了「樹倒猢猻散」的俗語，應未雨綢繆，方可常保。

---

[150] 見王溢嘉先生編譯之《夢的世界》頁164。

其實在中國講長保攝生最力的是老子。老子的學說以君王的胸襟要能如江海下百川，乃爲政之道，並教人「持而盈之，不如其已；揣而銳之，不可常保；金玉滿堂，莫之能守；富貴而驕，自遺其咎；功遂身退，天之道。」[151]的順其自然原則，似乎與秦氏教鳳姐的未雨綢繆、置田產，訂定一套完善的管理辦法大相逕庭。然二者心態、原則、方法雖不同，卻殊途同歸，均以「長保」爲標的。

貴族之由榮而枯，古今中外，世世代代上演著，「富不過三代」之警訊，在先哲典籍或家族訓誡中，亦不時被耳提面命，不過人類似乎亦一直不斷地像鞭毛蟲一般地在「嚐試錯誤」，未能從過去之經驗與教訓學習到更坦途的前進，且不斷地重蹈覆轍。或許「在錯誤中成長」是人類不斷「試誤」不可避免之「試金石」；也因此，在鳳姐之夢中，秦氏所言之一番大道理雖是肺腑之言且苦口婆心，甚至連「如何常保」之方法，亦先洩露而出，不過對作夢者而言，鳳姐卻無法動察機先，亦讓秦氏所費之唇舌不但無法立竿見影，更無任何有益於鳳姐之經濟策略及有關如何維護榮寧二府之貴族聲望與家族事業綿延不絕的實效。 或許王熙鳳此夢中極爲明顯的貴族榮枯之主題，對於一個心術不正者而言，不但是難以洞察且路數又異，自是若秦氏死後有靈，其應未料知其所苦口婆心之託夢竟是「對牛彈琴」之最佳實例。

---

[151] 見舊題河上公章句、清莫友芝及近人羅振玉、吳湖帆、郭南祥等手跋之《纂圖釋文重言互註老子道德經》運夷第九，書中未標示頁碼。

　　就秦氏託夢鳳姐的成因上探究，已可粗略地讓讀者明瞭二者之間的情誼非比尋常。究竟二人有何關係？將是此單元的重點。在鳳姐的夢中秦氏以一個身爲寧府媳婦的身分提醒鳳姐經濟大權的掌握應有節度且有計畫，讓人覺得秦氏似乎已越俎代庖的替鳳姐擔憂榮寧二府的盛衰，然而也就因爲秦氏的反常舉動令人更深信作者所強調的秦氏與鳳姐的深厚友誼，是死生與共，二體合而爲一的。

　　首先就秦氏與鳳姐的相貌與舉止而言，在第五回中就有：「賈母素知秦氏是極妥當的人，…因他生得嬝娜纖巧，…乃重孫媳中第一個得意之人…」（影乾隆壬子年木活字本《百廿回紅樓夢》、第二冊、第五回、頁二，並參考饒彬校注本《紅樓夢》之斷讀）秦氏外表的纖巧、行事的溫柔，是作者將秦氏的優美形象第一次灌輸給讀者的敘述。接著在第八回時又提及秦氏是從養生堂抱來的，「小名叫做可兒，又起個官名叫做兼美，長大時，生得形容嬝娜，性格風流。」（影乾隆壬子年木活字本《百廿回紅樓夢》、第二冊、第五回、頁十二，並參考饒彬校注本《紅樓夢》之斷讀）秦氏的外貌似乎就是以「形容嬝娜」概括一切。而鳳姐的形貌在第三回中便有：「一雙丹鳳三角眼，兩彎柳葉掉梢眉。身量苗條，體格風騷。粉面含春威不露，丹唇未啟笑先聞。」（影乾隆壬子年木活字本《百廿回紅樓夢》、第一冊、第三回、頁五，並參考饒彬校注本《紅樓夢》之斷讀）尤其是鳳姐的丹鳳三角眼、體格風騷，似乎能將鳳姐此角色揣摩得更傳神。然而秦氏與鳳姐既爲好友，是否此二種不同的形容有其共同之處？事實上，很難判定。不過值得注意的是在寶玉再遊太虛幻境之夢時，寶玉曾看到鳳姐在屋

簷下向他招手，等到來至鳳姐面前時，細看對方並非鳳姐而是秦氏，如果《紅樓夢》的作者是運用夢光怪陸離的邏輯來創造夢境，而鳳姐突然變成秦氏，本無可訾議，因夢的邏輯是不規則的；如果作者不是以夢的邏輯來處理寶玉再遊太虛幻境之夢，而是寶玉一時錯覺看錯，則錯覺的產生是因為二人形體相似，在寶玉驚慌時所產生的誤看，那麼秦氏必然形貌長得與鳳姐肖似，更何況作者不是以「鳳姐突然變成秦氏」的文句來形容，而是「走到鳳姐站的地方，細看起來，並不是鳳姐，原來卻是賈蓉的前妻秦氏。」（影乾隆壬子年木活字本《百廿回紅樓夢》、第二十冊、第一百十六回、頁七，並參考饒彬校注本《紅樓夢》之斷讀）而紅樓夢作者的此種描述手法，似乎更讓人相信寶玉是一時錯覺誤將秦氏看作鳳姐的成分較大。既是錯覺，可見秦氏與鳳姐形貌可能亦應極為肖似。

　　其次有關秦氏與鳳姐的心性、性格與人緣，秦氏的性格風流已見於前，而在第十回中尤氏口中的秦氏：「那媳婦雖則見了人有說有笑的，他可心細，不拘聽見什麼話兒，都要忖量個三日五夜，纔罷。」（影乾隆壬子年木活字本《百廿回紅樓夢》、第三冊、第十回、頁三，並參考饒彬校注本《紅樓夢》之斷讀）這代表秦氏是心細謹慎、好勝心極強的人，因此後來張友士先生，替秦氏診脈後對秦氏的剖析：「大奶奶是個心性高強、聰明不過的人。但聰明太過，則不如意事常有；不如意事常有，則思慮太過。」（影乾隆壬子年木活字本《百廿回紅樓夢》、第三冊、第十回、頁八，並參考饒彬校注本《紅樓夢》之斷讀）張友士憑著診脈所下的斷語是極精確的，正與秦氏的性兒吻合。而鳳姐的性格，從第十三回作者敘述王夫人心中的鳳姐是最喜好攬事

及賣弄能幹的，尤以鳳姐兼掌寧府之事一個月可見其端倪。在第十四回寧國府中都總管口中的鳳姐是「那是個有名的烈貨，臉酸心硬，一時惱了不認人的了」（影乾隆壬子年木活字本《百廿回紅樓夢》、第三冊、第十四回、頁一，並參考饒彬校注本《紅樓夢》之斷讀）鳳姐酸烈的一面似乎被賴陞給看穿了，因此涂瀛先生之〈紅樓夢論贊〉稱鳳姐是亂世的奸雄[152]。周中明先生之〈鳳姐的形象為什麼這樣生動活潑〉中亦批評鳳姐是個「以假作真，乖滑伶俐、嘴甜心苦的亂世奸雄。」[153]在第二十四回中，寫著賈芸心中的鳳姐是個喜奉承、愛排場的。在第三十六回中，薛姨媽眼中的鳳姐：「你們只聽鳳丫頭的嘴倒像倒了核桃車子是的！賬也清楚，理也公道。」（影乾隆壬子年木活字本《百廿回紅樓夢》、第六冊、第三十六回、頁四，並參考饒彬校注本《紅樓夢》之斷讀）鳳姐的伶牙利齒及理念的清晰可見一斑。在第六十五回中興兒批評鳳姐是個「嘴甜心苦，兩面三刀」（影乾隆壬子年木活字本《百廿回紅樓夢》、第十一冊、第六十五回、頁十一，並參考饒彬校注本《紅樓夢》之斷讀）的人。有關鳳姐的心性描述，在第十九回的敘述頗為詳細；「第一個鳳姐事多任重，別人或可偷閒躲靜。獨他是不能脫得的；二則本性要強，不肯落人褒貶，只掙扎著，與無事人一樣。」（影乾隆壬子年木活字本《百廿回紅樓夢》、第四冊、第十九回、頁一，並參考饒彬校注本《紅樓夢》之斷讀）鳳姐要強的心

---

[152] 見於《紅樓夢研究集刊》（第13輯），頁86。
[153] 收錄於一粟先生所編之《紅樓夢卷》，頁134。

性已能深刻地灌注讀者腦海，至此讀者能更進一步明瞭，秦氏與鳳姐均是心性高強的人。

此外，在第五回中透過作者的敘述知道賈母以爲秦氏是個溫柔和平的人，這就與鳳姐稍有差異了。在鳳姐受託於寧府處理秦氏之喪、代掌經濟大權一個月時的威重令行，一絲不苟及在榮府執法如山的態度，可知鳳姐絕不似秦氏一般的可說人情且溫柔和平了。

秦氏與鳳姐各方面的肖似，正足以解釋秦氏託夢鳳姐的夢內容何以與寧榮二府的經濟大權之處置有關了，更何況秦氏原在寧府也是掌管經濟大權的人，難怪鳳姐要對賴陞媳婦道：「我可比不得你們奶奶好性兒，諸事由著你們。再別說你們這府裡原是這麼樣的話，如今可要依著我行。錯我一點兒，管不得誰是有臉的，誰是沒臉的，一例清白處治。」（影乾隆壬子年木活字本《百廿回紅樓夢》、第三冊、第十四回、頁一，並參考饒彬校注本《紅樓夢》之斷讀）因此讀者對秦氏託夢鳳姐的內容竟然是教鳳姐對榮寧二府的經濟大權如何掌握得當的未雨綢繆之法，就不以爲奇了。因爲就二者的類型說來，雖然稍有差異，但應是同一典型的人，所關心之事一致，二人如同親生姊妹的好友關係，自然比他人親暱。

鳳姐夢中的人物秦氏是自己的好友，夢中提及理財持家未雨綢繆均是日常生活的瑣碎。作者借著二人相似的身分、地位及掌管相似的職務爲這對知音舖設出一個夢來，同時亦借著「知己」之名以述說彼此之情感、彼此所關心之事及對家務的安排計畫。讀者極易察覺到作者對人類心理狀態，尤其既是姻親，又是好友之電感應之夢題材的處

理，匠心獨運及對整部《紅樓夢》情節之發展所投射的伏筆手法是含蓄的、內斂的，並借著各種迴異的題材以經營之。

第三節　榮寧二府『盛筵必散』之沒落象徵

有關託夢的故事，在《莊子‧人間世》有櫟社見夢於匠石，〈至樂〉有髑髏見夢於莊子。而在《太平廣記》中所收入如「蔣涵」此類的託夢故事繁多，然而每一個託夢故事均有其特殊之意義。當然秦氏託夢給鳳姐的夢，必然有其意義。胡士明先生於其〈如何認識秦可卿形象的思想意義〉一文中云：「關于秦可卿託夢的性質，早在二十多年前，就有研究者指出：這段話和秦可卿的故事沒有關聯。這並不是在寫她的性格，而是借這個人物寫出作者的一種思想。」[154]究竟是什麼思想？胡士明先生並未言明，只是他在此文中並不贊成鳳姐此夢具有反映秦氏性格的意義。然而將所謂的作者的思想再更進一步作解釋的有《新編中國文學發展史》中的：「秦可卿託夢、探春理家等情節，更流露出作者希望統治階層出現有能力的人物，以便『重建家業』。」[155]及何大堪先生的「夢的內容卻既非鳳姐與秦氏的私房密語，亦非告什麼別人的隱私，而是一個堂堂正正的為賈府將來敗落時善后的建議。」[156]此外，何大堪先生並深入探討鳳姐此夢的價值時云：「在全

---

[154] 見於胡士明先生之〈如何認識秦可卿形象的思想意義〉，收入《紅樓夢研究集刊》（第6輯），頁101。
[155] 千金出版社所編的「新編中國文學發展史」（下），頁383。
[156] 見於《紅樓探藝》所收入之〈夢的藝術---論《紅樓夢》幾個夢的描寫〉，頁39。

書的情節結構中，這個夢並不占什麼重要地位，后來鳳姐大概也沒有按照秦氏的建議去實行預作善後安排的措施，所以這夢的作用是在補充秦氏的另一面形象而已。」[157]事實上，若以作者的觀念為出發點，不僅鳳姐此夢是表達作者自身的思想，此夢亦是作者寫作技巧的運用，因此不論建議也好，是在補充秦氏的另一面形象而已也好，無非均是作者借寫作技巧以表達其重要的思想理念，然而何先生認為此夢並不重要，似乎是個嚴重的誤判。相信大多數研究紅樓夢者不會同意此種說法，因為若純粹就夢內容本身而言，則鳳姐此夢透露了秦氏對榮寧二府未來極度關懷的重要訊息，同時此夢的預示意義，是極不容忽視的，它預示著若榮寧二府不能未雨綢繆，則榮寧二府由盛而衰的情勢是必然的。所以鳳姐夢中的秦氏又在夢欲結束之前再次強調地說：「不可忘了那『盛筵必散』的俗語！若不早為後慮，只恐後悔無益了。」（影乾隆壬子年木活字本《百廿回紅樓夢》、第三冊、第十三回、頁三，並參考饒彬校注本《紅樓夢》之斷讀）此夢之象徵意義便極為明顯，可說是《紅樓夢》未來情節發展的重要關鍵。何先生「不占重要地位」的說法，便是忽視了預示的意義與價值。鳳姐此夢中，隱然浮現榮寧二府『盛筵必散』之沒落先兆。

鳳姐此夢的象徵是架構在具有預示的意義之上，它象徵著榮寧二府「由盛而衰」的未來，而鳳姐夢中秦氏臨別贈言，可讓讀者深切的感覺到秦氏話中的措辭絕非累贅或廢話。根據秦氏此句話之內容分析

---

[157]見於《紅樓探藝》所收入之〈夢的藝術———論《紅樓夢》幾個夢的描寫〉，頁40。

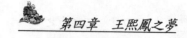

得知，文中含有極濃厚的蕭條意味，代表著家世衰敗的象徵。這是作者的伏筆手法，寫得真切自然。

第二則 面善不知姓名的人來奪錦的夢及夢讞

第一節 壓力、病痛之夢成因及思夢、夢讞類型

此則將合併第七十二回及第一百十四回中王熙鳳的二個夢討論之，因在第一百十四回中王熙鳳的夢讞太短，欲獨立成一則較難，故筆者將其合併之。在《紅樓夢》第七十二回中，鳳姐與旺兒媳婦閒話家常時，鳳姐告訴旺兒媳婦：「…昨兒晚上，忽然做了個夢，說來可笑。夢見一個人，雖面善，卻又不知名姓，找我說：娘娘打發他來，要一百疋錦。我問他是那一位娘娘，他說的又不是咱們的娘娘。我就不肯給他，他就來奪，正奪著，就醒了。」（影乾隆壬子年木活字本《百廿回紅樓夢》、第十二冊、第七十二回、頁九，並參考饒彬校注本《紅樓夢》之斷讀），而旺兒媳婦聽了鳳姐述說的夢內容之後，卻笑著回答說：「這是奶奶日間操心，惦記應候宮裡的事。」（影乾隆壬子年木活字本《百廿回紅樓夢》、第十二冊、第七十二回、頁九，並參考饒彬校注本《紅樓夢》之斷讀）此處旺兒媳婦的答言，正是鳳姐做此夢的原因之一。

榮府中掌經濟大權的是鳳姐，所有賬目款項之支出及收入悉由其手。鳳姐要旺兒媳婦將外頭賬目一概趕今年年底都收進來，並牢騷滿

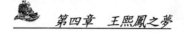

腹的說：「我真個還等錢做什麼？不過為的是日用，出的多，進的少。這屋裡有的沒的，我和你姑爺一月的月錢，再連上四個丫頭的月錢，通共一、二十兩銀子，還不夠三、五天使用的呢？若不是我千湊萬挪，早不知過到什麼破窯裡去了！如今倒落了一個放賬的名兒。既這樣，我就收了回來。」（影乾隆壬子年木活字本《百廿回紅樓夢》、第十二冊‧‧第七十二回、頁八--九，並參考饒彬校注本《紅樓夢》之斷讀）將自己平日如何想法子挪用錢以濟榮府之急的辛苦說了出來。此中亦包括宮裡予取予求之事，只是鳳姐並未說出來而由旺兒媳婦根據鳳姐作夢的內容而提醒鳳姐是因為一心一意應侯宮中的事罷了。這即是「日有思，夜有所夢」之意或稱「思夢」或稱「記想之夢」，這是此夢的類型。

　　鳳姐之所以「日有所思」可由賈璉的話語中得到答案，在鳳姐與旺兒家的一語未了時，夏太監打發小廝來借銀兩，賈璉躲著由鳳姐出面，事後賈璉氣憤填膺的說：「昨兒周太監來，張口一千兩，我略應慢了些，他就不自在。將來得罪人的地方多著呢！這會子再發個三五百萬的財就好了！」（影乾隆壬子年木活字本《百廿回紅樓夢》、第十二冊、第七十二回、頁十一，並參考饒彬校注本《紅樓夢》之斷讀）。賈璉所說的昨兒的事實，只是宮廷不斷來借錢的一次罷了，書中雖未明言，然而或許鳳姐就因昨兒之事便做了此夢亦有可能，因而此夢的成因乃是受了最近生活經驗之影響。

　　至於在第一百十四回中，根據精神醫學之說法，以為夢囈是一種緊張情緒之宣洩。作夢者在作夢的同時，嘴巴亦會吶喊出聲，藉此以

宣洩緊張情緒或病痛之不舒適。在王熙鳳此夢中，便藉由夢囈方式表達出來。

王熙鳳此夢是由王夫人那邊打發的人來說的：「『璉二奶奶不好了，還沒有嚥氣，二爺、二奶奶且慢些過去罷。璉二奶奶的病有些古怪，從三更天起，到四更時候，沒有住嘴，說了好些胡話，要船要轎，只說趕到金陵歸入什麼冊子去。眾人不懂。他只是哭哭喊喊的。璉二爺沒有法兒，只得去糊了船轎，還沒拿來。璉二奶奶喘氣等著呢。太太叫我們過來說，等璉二奶奶去了再過去罷。』寶玉道：『這也奇！金陵做什麼去？』襲人輕輕的說道：『你不是那年作夢？我還記得說有多少冊子。莫不是璉二奶奶也到那裡去麼？』寶玉聽了，點頭道：『是呀！可惜我都不記得那上頭的話了。這麼說起來，人都有個定數的了。但不知林妹妹又到那裡去了？我如今被你一說，我有些懂的了。若再做這個夢時，我心細細的瞧一瞧，便有未卜先知的分兒了。』」（影乾隆壬子年木活字本《百廿回紅樓夢》、第十九冊、第一百十四回、一，並參考饒彬校注本《紅樓夢》之斷讀）傳來的訊息中說王熙鳳病雖重，但氣仍未絕，至半夜時還喊著要船要轎，以便趕到金陵歸冊。《紅樓夢》作者書中雖未明言鳳姐半夜之喊叫是作夢的囈語現象，或是鳳姐見到任何一幻象，不過有可能是作者「藏詞」[158]之用法，因對一位病重者而言，除了臥床修養以外，別無他法；王熙鳳既然是在半夜叫喊者，且之前雖有一些幻覺現象 （指王熙鳳見到尤二姐之魂魄、見到一

---

[158] 見於黃師麗真《實用修辭學》第18章 「藏詞語譬解語」，頁271。

男一女之幻影[第一百一十三回]及在大觀園見到秦是鬼魂之幻影[第一百一十四回]），但並無任何屬於精神病患之特徵表現，因此王熙鳳之此種狀況亦應視爲「夢」。探討王熙鳳此處夢魘之成因，著重在王夫打發人來說鳳姐病重之事。雖然作者未明言此是一夢，但就一個病重的人而言，綿惙之際，其對生命的意義必有一番新體認，尤其生理之病痛影響病人之情緒尤爲重要，此乃鳳姐半夜有此夢魘之成因。總而言之，鳳姐夢魘之成因在於生理之病痛，讓其有「老死故鄉」之意念。

　　就夢類型而言，因詳細內容已不可知，僅留下王熙鳳「半夜之喊叫」之型態，故筆者將其歸於「夢魘」類。

第二節　宮廷需索無度之主題及現實界之經濟題材

一、宮廷需索無度及歷幻返金陵之夢主題

　　《紅樓夢》第七十二回，從鳳姐提及其夢見面善但不知姓名的人來奪錦一事看來，雖然夢內容極短，但夢的主題卻是明顯地反映出鳳姐內心爲榮府經濟擔憂的素描。儘管鳳姐私放高利貸圖利，畢竟身爲一家經濟之主的人，難免會爲支出費心的。

　　由此夢中鳳姐的反映看來，不愧是位持家掌權的人，在清楚對方的娘娘並非是自己熟人時，就不肯將錦隨便交給對方，這便是鳳姐辦事的經驗與技巧，先曉得對方的來路，方可決定如何佈局應對，這也是鳳姐的精幹之處。

　　鳳姐在敘說這個夢給旺兒媳婦聽之前，她先說自己為榮府金錢問題費盡腦筋之事，再告訴旺兒媳婦這個夢的大概，讓旺兒媳婦根據夢內容中面善但不知名的人及娘娘等稱呼推知是宮裡的事，而了解到鳳姐夢中所反映的正是日間的壓力。而此夢的內容中鳳姐的處世態度與其說話一般乾淨俐落，絲毫不拖泥帶水，且有行政經驗及原則，此夢所透露的不僅是鳳姐的精明、歷練、有原則，更是鳳姐內心為榮府經濟擔憂掙扎的素描。因此王昆侖先生才於其〈王熙鳳論〉一文中言及「在賈氏家庭內部生活結構中少不得王熙鳳這一根從屋頂直貫到地面的支柱。如果王熙鳳這一人物從書中抽了出去，《紅樓夢》全部故事結構就要坍塌下來。」[159]王昆侖先生之論頗有見地。

　　《紅樓夢》第一百十四回中，由於王熙鳳之夢只留下「夢囈」之話語，故無論是主題或題材實已不可考，但由於作者於回目即明白強調，王熙鳳之「歷幻返金陵」，可說為「囈語」之核心畫龍點睛，應是作者幾句短語之描述的主題。

二、架設在現實世界中之經濟題材

　　鳳姐此夢的題材是著眼在榮府與宮庭的往來之上，而往來的事件則以與經濟生計有關的一百疋錦之奪或取為主。這則夢與第一則的「秦氏

---

[159] 原見於王昆侖先生之〈王熙鳳論〉（上）、《光明日報》1963.4.15. 邢治平之《紅樓夢十講》亦引用之，大陸中州書畫社出版，（頁85）；台灣木鐸出版社出版之《紅樓夢十講》頁95)

託夢」相似，均是以日常生活中的經濟問題為題材，亦均是架設在現實世界之中。作者在處理這個夢的手法，不是以平和的給予方式而是訴諸暴力的強奪。也就是因為暴力形式的過於令人驚嚇，所以鳳姐夢醒後，依然將此夢的內容銘記在心。至於夢中的人物，來奪錦的是個面善卻不知姓名的人，是個宮中的僕役與鳳姐的關係彷如陌生人，作者借著奪錦一事，突出宮中僕役這個角色的重要性，適足以借鳳姐這個夢題材將榮府與宮庭搭連在一塊兒。

《紅樓夢》第一百一十四回中，王熙鳳之夢所留下之「夢魘」，尚可從回目探得此夢魘之主題，至於題材則真不可考。

第三節　宮廷豪奪及生命終結之象徵

《紅樓夢》第七十二回鳳姐的夢境，借由旺兒家的解釋是因鳳姐日間過於操心惦記著宮廷之事所致，而旺兒家的解釋竟一語成讖，在與鳳姐話還未說完時，就有一個夏太監打發來的小內家向榮府借錢。從賈璉生氣皺眉地說：「又是什麼話？一年他們也搬夠了。」（ 影乾隆壬子年木活字本《百廿回紅樓夢》、第十二冊、第七十二回、頁九，並參考饒彬校注本《紅樓夢》之斷讀）後來賈璉又躲了起來由鳳姐出面應付之言行舉止看來，榮府確實有不堪其擾之事實。而宮廷太監來借錢的原因竟是因為看中一所房子前來借一、二百兩銀子，前賬一千二百兩銀子未還，又來借錢，對經濟狀況日見短絀的榮府而言，確實令人頭痛，最後叫平兒將兩個金項圈拿出去押了四百兩銀子，才打發了這小太監。由此觀之，鳳姐夢境中的宮廷人來巧取豪奪，正是一則不折不扣的預示夢。預示著宮廷即將派人前來需索，正由現實中小太

監來借銀子之事所印證。同時，此夢亦具有揭發清朝社會風氣之正面
意義。

　　呂啓祥先生曾於其「藝術的開拓與酒及夢之關係--談紅樓夢的生
活容量」一文中，做了史料的考證：「據史料記載，內務總管凌普（允
礽乳母之夫）于康熙四十四、四十六年從曹寅那裡先后取過銀四萬兩，
這是有賬可查的（見『關於江寧織造曹家檔案史料』六十、六十一、
頁七。內廷無限止的需索，正是曹家經濟虧空，終于敗落的重要原因。
小說的有關情節當是此類生活素材的藝術概括，以賈府所虛的地位，
對皇家不能有絲毫怠慢。）[160]有關曹家被宮廷剝削的事實，根據史料
記載或許具有可信度，然而呂啓祥先生不過是借此說明《紅樓夢》的
作者即是曹雪芹；並借著其所下的結論：「**王熙鳳的夢境把皇帝家的
巧取豪奪形象直截地顯現出來，富于象徵的意義。**」[161]以說明「紅樓
夢」此書素材的來源。撇開鳳姐的夢境與曹家的關係，單就小說本身
而言，鳳姐的夢境所反映出的面善卻不知姓名的人來強奪的現象，正
如旺兒家的所云，鳳姐乃因日間操心惦記著宮裡的事而做的夢。而夢
中那位面善卻不知名姓的人，便是經過象徵手法處理過的人，他自稱
是某個娘娘派來的，其所代表的象徵意象即是「宮廷勢力」，宮廷與
榮府之間的關係除了賈元春被選為鳳藻宮的尚書及與達官顯貴的交往

---

[160]根據呂啟祥先生之〈藝術的開拓與酒及夢之關係---談紅樓夢的生活容量〉一文收
入《紅樓夢研究集刊》（第12輯）頁181。
[161]見於呂啟祥先生之〈藝術的開拓與酒及夢之關係---談紅樓夢的生活容量〉一文收
入《紅樓夢研究集刊》（第12輯）頁182。

之外，實質關係本是若即若離的，故鳳姐夢中對宮廷派來的人似面善卻不知姓名的模糊印象，正足以解釋宮廷與榮府間的關係。又這位面善卻不知姓名的人竟敢公然強奪起鳳姐的錦來，並指明是要一百足錦的大數目，而此種「強奪」之氣勢，乃象徵著宮廷權勢所施加的壓力及一昧恣意而行的豪奪行為。

　　另《紅樓夢》第一百十四回中，王熙鳳之夢所留下之「夢囈」，可視為人類「生命終結」之象徵，同時亦與第五回賈寶玉夢見金陵簿冊上的預言，首尾相映，因此鳳姐夢囈的安排，只不過是作者借以表達其情節之延展的目的。

　　至於王熙鳳此夢囈的話語，從其意義上觀看其象徵性，則有其「生命終結」之象徵。《紅樓夢》作者對王熙鳳此夢囈之處理確有特殊之處，至少其未明言是一場夢，對讀者而言，仍是懸疑之筆，且就一個生命垂危者而言，任何幻象均可能在夢中出現，只是生病者或有可能將之誤以為是幻覺，不過作者既未明言是幻覺，透過具有懸疑性之夢囈詮釋王熙鳳「生命終結」之象徵的創作手法，卻能突顯王熙鳳終究需「歷幻返金陵」之主題，且符應第五回賈寶玉夢中對金陵十二釵之預示：「凡鳥皆從末世來，都知愛慕此生才。一從二令三人木，哭向金陵事更哀。」

第五章　秦鍾之夢

　　由於賈珍之妻尤氏之邀，寶玉得以隨鳳姐宴寧府而初會秦鍾。一位被鳳姐當眾笑稱寶玉之形貌「被比下去了的小生」，秦鍾，《紅樓夢》作者描述其爲「眉目清秀、粉面朱唇、身材俊俏、舉止風流，似在寶玉之上，但卻又怯怯羞羞、有女兒之態、靦腆含糊」（影乾隆壬子年木活字本《百廿回紅樓夢》、第二冊、第七回、頁八，並參考饒彬校注本《紅樓夢》之斷讀），讓讀者對其形貌、性格之大略有清晰之輪廓。又讓寶玉見了秦鍾之人品出眾、心中若有所失之獃意思忖下，驚嘆「天下竟有這等人物，如今看了我竟成了泥豬癩狗」，並自貶爲「裹了錦繡羅紗的死木頭」及「填了美酒羊羔之糞窟泥溝」之語所震驚。透過秦氏對秦鍾之剖析「雖然靦腆，卻性子左強」，讀者對秦鍾之性格有更深一層之體認。畢竟在《紅樓夢》一書中，能超越寶玉之「形容出眾，人品不凡」者，恐只有秦鍾了。秦鍾在薛蟠所掀起的「偶動龍陽之興」[162]下，有驚人之舉，後又得趣於饅頭庵與小尼姑智能兒

---

[162]《紅樓夢》作者透過《戰國策·魏策四》中魏王與龍陽君共船而釣時，龍陽君以魚譬己，因怕魏王幸喜天下美女，令己失寵而涕下，後得魏王承諾，無言美人之事而寬心。所謂的「龍陽之興」，即是同性戀之「隱喻」。曹雪芹、高鶚著，馮其庸等校注《紅樓夢校注》中注9有：「龍陽之興——即喜好男色。戰國時有個叫龍陽君的人，以男色侍魏王而得寵。見《戰國策·魏策》。後世以『龍陽』代指『男色』」（頁163）。在艾禮士《性心理學》中之附錄：中國文獻中同性戀舉例：「無論如何，後人稱同性戀為「龍陽」源於此。」（頁373）

幽期密會，更是顛覆傳統地令人「無可置信」，而在第十六回秦鍾之夢中，《紅樓夢》作者又留給讀者進一步探究秦鍾心靈世界之一貌的契機。

　　本論文所討論之夢乃以「在睡眠狀態之下所做之夢」爲主，第十六回秦鍾病重時，秦鍾遇見許多鬼判持牌來提索他，此乃人類病死亡前是介乎意識清醒與非清醒狀態之間，臨死者所感受到似真實般的夢幻，或伴隨是一種幻覺或錯覺，在精神醫學中屬於「譫妄」之類[163]，與寶玉一樣是一種「意識障礙」，然而至今醫學上仍無法排除在此種狀況下所做見之幻象爲「夢」之可能性，因而本章將針對秦鍾此處之譫妄現象歸之於「夢」，並對夢成因、內容及象徵進行探討。

第一節　內外病痛、聲光影響之夢成因與思夢類型

　　《紅樓夢》第十六回至第十七回之間，敍述了一個年輕生命的突然消逝，所給予讀者的不但是錯愕，更是惋惜，同時作者以秦鍾魂魄離身之「離魂記」，將小說之敍事推入高潮，透過一個病重者有一番既是視覺，亦是聽覺上之幻象的超現實描述，引領讀者陷入三度空間之謎思：「那秦鍾早已魂魄離身，只賸得一口悠悠餘氣在胸，正見許多鬼判持牌提索來捉他。那秦鍾魂魄那裡肯就去，又記念著家中無人管理家務，又記掛著智能兒尚無下落，因此百般求告鬼判。無奈這些

---

[163] 見於徐靜、曾文星《精神醫學》中云：「譫妄」(delirium)──除了混亂、意識朦朧之外，有錯覺等知覺障礙，且呈現緊張不安等現象，常見於高燒、大出血、中毒等原因，所引起之器質急性腦症狀。

鬼判都不肯徇私，反叱吒秦鍾道：『虧你還是讀過書的人，豈不知俗語說的，閻王叫你三更死，誰敢留人到五更。我們陰間上下都是鐵面無私的，不比你們陽間瞻情顧意，有許多的關礙處。』正鬧看，那秦鍾魂魄忽聽見『寶玉來了』四字，便忙又央求道：『列位神差，略發慈悲，讓我回去，和我這一個好朋友說一句話就來的。』眾鬼道：『又是什麼好朋友？』秦鍾道：『不瞞列位，就是榮國公的孫子，小名寶玉。』都判官聽了，先就唬的慌張起來，忙喝罵那薛小鬼道：「我說你們放了他回去走走罷，你們不依我的話，如今只等他請出個運旺時盛的人來了！怎麼好？」眾鬼見都判如此，也皆忙了手腳，一面又報怨道：『你老人家先是那麼雷霆火砲，原來見不得『寶玉』二字。依我們愚見，他是陽間，我們是陰間，怕他亦無益。』」[164]（影乾隆壬子年木活字本《百廿回紅樓夢》、第三冊、第十六回、頁十二--十三，並參考饒彬校注本《紅樓夢》之斷讀）第十七回首段便明言秦鍾死亡：「話說秦鍾既死，寶玉悲痛不止，…」（影乾隆壬子

---

[164] 在《紅樓夢》乾隆辛亥年木活字排印本中有關秦鍾之死亡的描述，與乾隆壬子年木活字排印本之敘述略有差異。乾隆壬子年木活字本之敘述至小鬼對都判說：「…他是陽間，我們是陰間，怕他亦無益。」一語止，接著是：「畢竟秦鍾死活如何？且聽下回分解」第十七回起首便云：「話說秦鍾既死，寶玉悲痛不止，…」而在乾隆辛亥年木活字排印本中除了多出「記掛著父親還有留積下的三四千兩銀子」（馮其庸等校注《紅樓夢校注》，頁248）一語外，更多出軼判讓秦鍾回陽間見了寶玉一面，之內容：「都判道：『放屁！俗語說的好，　天下官管天下事』，自古人鬼之道卻是一般，陰陽並無二理。別管他陰也罷，陽也雋還是把他放回沒有錯了的。眾鬼睒說，只得將秦魂放回，哼了一聲，微開雙目，見寶玉在側，乃勉強嘆道：『怎麼不肯早來？再遲一步也不能見了。』寶玉忙攜手垂淚道：『有什麼話留下兩句。』秦鍾道：『並無別話。以前你我見識自為高過世人，我今日才知自誤了。以後還該立志功名，以榮耀顯達為是。』說畢，便長嘆一聲，蕭然長逝。」（馮其庸等校注《紅樓夢校注》，頁248）

年木活字本《百廿回紅樓夢》、第三冊、第十七回、頁一，並參考饒
彬校注本《紅樓夢》之斷讀）

　　寶玉前一日去探視秦鍾時，秦鍾仍是明明白白的一個人至死亡之
間的快速變化，是讓人詫異而錯愕的。從秦鍾此夢中，首先觸及的是
秦鍾之身體健康狀況，讀者見到《紅樓夢》作者以秦鍾魂魄離身後夢
見鬼判來抓拿他之事爲主軸，換言之，此乃因其個人生理狀況之不適，
所引發的關於關心自己身體健康，甚至生命存亡之重要課題，因此秦
鍾內在之生理病痛強勢地主導了整個夢之形成。在第十六回中，《紅
樓夢》作者先述及秦鍾之病因：「偏那秦鍾秉賦最弱，因在郊外受了
些風霜，又與智能兒偷期繾綣，未免失於檢點，回來時便咳嗽傷風，
飲食懶進，大有不勝之態，只在家中調養，不能上學。」（影乾隆壬
子年木活字本《百廿回紅樓夢》、第三冊、第十六回、頁一，並參考
饒彬校注本《紅樓夢》之斷讀）秦鍾有先天上不足之體弱，因此在受
了風霜及溺於兩情繾綣之情愛而失於調養的狀況下，傷風感冒。在病
情未癒前，既無法與寶玉一起讀書上學，又因智能兒私奔偷會秦鍾之
事被揭發而引起更嚴重之家庭糾紛：「原來近日水月庵的智能兒私逃
入城，來找秦鍾，不意被秦邦業知覺，將智能逐出，將秦鍾打了一頓，
自己氣的老病發了，三五日光景便嗚呼哀哉了。秦鍾本自怯弱，又帶
病未痊，受了笞杖，今見老父氣死，此時悔恨無及，又添了許多病症。」
（影乾隆壬子年木活字本《百廿回紅樓夢》、第三冊、第十六回、頁
二，並參考饒彬校注本《紅樓夢》之斷讀）秦鍾之受笞杖及其病上加
病，便爲後來之日重一日，發昏、譫妄、死亡寫下伏筆，以至於在其
病日重一日之後，讀者對於寶玉述說其前往見秦鍾時，秦鍾仍明明白

白的，突然茗煙來報告秦鍾不中用了之事的令人詫異，則反是順理成章了。於是《紅樓夢》作者便又秉筆直書秦鍾死亡前發昏時之形貌與輾轉枕上之情況：「此時秦鍾已發過兩三次昏，已易簀多時矣。寶玉一見，便不禁失聲的哭起來。李貴忙勸道：『不可，不可，秦相公是弱症，怕炕上硌的骨頭不受用，所以暫且挪下來鬆泛些。哥兒這一哭，倒添了他的病了。』寶玉聽了，方忍住，近前見秦鍾面如白蠟，合目呼吸，輾轉枕上。寶玉忙叫道：『鯨哥！寶玉來了。』連叫兩三聲，秦鍾不睬。寶玉又叫道：『寶玉來了。』」（影乾隆壬子年木活字本《百廿回紅樓夢》、第三冊、第十六回、頁十二，並參考饒彬校注本《紅樓夢》之斷讀）秦鍾從咳嗽傷風、發昏至面如白蠟，聽不見寶玉之呼叫，僅是合目呼吸之重病模樣，其自身應是了然於心，故有此夢。

　　在秦鍾之夢中，除了內在之生理病痛強勢地主導了整個夢之形成外，另觸及三事，一為家中無人看管，二為智能兒之失蹤，三為留言給好友寶玉。秦鍾之父親秦邦業由於知道秦鍾與小尼姑之事氣得舊病復發而亡，其姐秦氏在第十三回時亦已死亡，因此夢中所牽繫者，仍是為秦氏家業之承繼所憂心，畢竟秦邦業家中唯一留存之一口人本是傳宗接代之命脈，不過秦鍾又能奈何上天？而小尼姑智能兒之被秦邦業逐出後的音信全無，則又是秦鍾中所掛念的，畢竟一位曾與秦鍾情感深厚，「百般不忍分離」及「背地裡多少幽期密會」的小尼姑之決心私奔本屬不易，卻又遭到被逐出之命運，總讓秦鍾放心不下，因此，秦鍾此夢又受著近日之生活經驗的影響。而告知好友寶玉自己將亡之意念，則亦與平日二人一同讀書上學有關，尤其秦鍾將死之前一日，寶玉纔來看過秦鍾，因此秦鍾夢中掛念著必須留一句話給寶玉，亦是

受平日及近日之生活經驗的影響所致，更重要的是寶玉呼喊秦鍾時的叫聲，自然而然的進入夢境，直接接續夢境，而成爲夢的內容之一部份，此乃外在「聲光」因素之影響。故嚴格論之，秦鍾此夢乃受內在之生理病痛及外在之三件事的影響而成夢。

就夢類型而言，秦鍾之夢乃符合王符《潛夫論》中之「直應之夢」[165]的夢類型，此夢乃具有強烈預示作用之夢類型。

第二節 家庭、情感之牽掛主題及三度空間之題材

家庭之牽掛主題，在秦鍾夢中出現：「又記念著家中無人管理家務」一語，對於一個瀕臨死亡者而言，應是極爲正常之事，尤其秦鍾乃其父秦邦業五十三歲時，與其繼室所生。其父因得知秦鍾與智能兒之事，氣得舊病復發而亡時，秦鍾已十六歲；推知其父應已是六十八歲之老邁。「老父幼子」的家庭結構型態，在中國傳統社會中極爲常見，一夫多妻或妻死娶妾之妻妾制度正是此種傳統社會型態下之家庭結構的溫床。父親爲了其與智能兒之事氣得舊病復發而亡，對秦鍾而言是極嚴重之打擊，至少父親秦邦業是極爲照顧秦鍾的。在第七回中父親秦邦業已忙著爲秦鍾延師一事：「業師於去歲辭館，家父年紀老了，殘疾在身，公務繁冗，因此尚未議及延師…」（影乾隆壬子年木

---

[165] 王符《潛夫論》中所謂之「直應之夢」以武王爲例，其文曰：「在背武王邑姜、方震太叔夢帝謂己命爾子虞而與之唐。及生，手掌曰虞，因以爲名。成王滅唐，遂以封之。此謂直應之夢。」，收入商務印書館之《四部叢刊本》第18冊、頁46，文中由筆者斷讀。

活字本《百廿回紅樓夢》、第二冊、第七回、頁十，並參考饒彬校注本《紅樓夢》之斷讀）從秦鍾之敘述中，知其老邁殘疾之父親對其教育確實有花心思。秦鍾後又云：「家父日前提起延師一事，也曾提起這裡的義學倒好，原要來合這裡的親翁商議引薦；因這裡又有事忙，不便為這點小事來絮聒，二叔果然度量姪兒或可磨墨洗硯，何不速速作成？彼此不至荒廢，又可以常相聚談，又可以慰父母之心，又可以得朋友之樂，豈不是美事？」（影乾隆壬子年木活字本《百廿回紅樓夢》、第二冊、第七回、頁十，並參考饒彬校注本《紅樓夢》之斷讀）秦鍾與父母親之互動良善，從此段話中一覽無遺，可見秦邦業對此幼子之照顧，對秦鍾而言，應是點滴在心，否則秦鍾斷不會有如此體貼人心之想法，亦算是秦鍾開始學習回饋、甚至安慰父母之貼心想法。因此，雖然在秦鍾夢中對家務的操心，僅以短短一句話表之，不過其背後卻潛藏深厚之人情義理。

至於夢中之情感問題有二：一是與智能兒間的「情感失落」之上，一是留言好友寶玉以「交代後事」之上。與智能兒間之「情感失落」問題，乃來自外在無可抗拒之理由，尤其是父系時代，父親威權至上，從賈寶玉對父親之極度畏懼，則可窺出秦鍾家族威權主導之另一翻版的烘托。父親秦邦業逐出智能兒後的盛怒，又藉著鞭笞秦鍾以達其宣怒的目的。故雖然在秦鍾夢中僅是一句「又記掛著智能兒尚無下落，因此百般求告鬼判。」不過卻功映襯出第十五回中所敘述的：「那秦鍾百般不忍分離，背地裡多少幽期密會，只得含恨而別，俱不用細述。」（影乾隆壬子年木活字本《百廿回紅樓夢》、第三冊、第十五回、頁九，並參考饒彬校注本《紅樓夢》之斷讀）二人之間是如何的恩愛與

不捨，又是如何的無奈？讀者應可感受到。智能兒的被趕出家對秦鍾而言，似烙印胸口之傷痕，久久難以復原。在秦鍾之夢中有關智能兒之事，雖亦以一句話，輕輕帶過，不過卻說中秦鍾之痛處。秦鍾之被視爲「情種」[166]其因在此。

至於留言好友寶玉以「交代後事」之夢主題，則突顯出秦鍾心理之在意「寶玉」，因此於其夢中隱然浮現，尤其當寶玉心痛呼喊「鯨哥！寶玉來了」一語所產生之「聲光因素」中的「聲音效果」時，已然入夢。接著夢中之內容便接續而下，秦鍾在聽到寶玉現實生活中呼喊之語，便忙又央求鬼判：「列位神差，略發慈悲，讓我回去，和我這一個好朋友說一句話就來的。」從夢內容研析，秦鍾其實已知自己病重，但心中仍有事未解決，尤其在好友來訪時，更是應該將心中覺得該說之語傾訴而出，但由於鬼判的阻止，而無法如願以償，未留給寶玉之言片語，實屬遺憾，以致於第十七回回首云，秦鍾既死後，寶玉痛哭不止，可想而知的。至於另一版本，乾隆五十六年（辛亥年[1791]）程偉元、高鶚等木活字排印本）中，卻多了一段敘述文字，文中繼續描述鬼判放了秦鍾，讓秦鍾得以在寶玉面前悔悟：「哼了一聲，微開雙目，見寶玉在側，乃勉強嘆道：『怎麼不肯早來？再遲一步也不能見了。』寶玉忙攜手垂淚道：有什麼話留下兩句。」秦鍾道：『並無別話。以前你我見識自爲高過世人，我今日才知自誤了。以後

---

[166] 涂瀛〈紅樓夢論贊·秦鍾贊〉中云：「秦鍾者，情種也。爲鍾情於人之種耶？爲鍾情於人之種，斯爲風流種；爲人鍾情之種則爲下流種。然爲鍾情於人，固不得不爲人鍾情之人，則合爲風流、下流而爲種，斯爲真情真種。其於智能也，莫爲之前，雖美勿彰；其於寶玉也，莫爲之後，雖盛莫傳。然顧前不顧後，其象爲夭，故不永厥壽云。」

還該立志功名，以榮耀顯達為是。』說畢，便長嘆一聲，蕭然長逝」
（馮其庸等校注《紅樓夢校注》、頁二四八）此段多出之敘述文字亦
無礙於整部小說之完整性，雖然壬子年木活字本秦鍾未留一言，予寶
玉之遺憾頗深，亦造成讀者自衛機轉中之「仿同作用」
（Identification）：「並非單純的模仿，而是一種基於同病相憐的同化
作用（assimilation）再加上某些滯留於潛意識的相同狀況發生時所
產生的結果」[167]之「遺憾」效果，然而從小說之張力與戲劇性而言，
均具極高之悲劇性。不過乾隆辛亥年木活字排印本卻亦可強化作者一
再強調「回歸孔孟之道、立志功名之間」，尤其以秦鍾之死為鑑戒，
至少秦鍾之死與其重視兒女私情有關，在中國傳統社會或當代環境之
重視功名利祿下，秦鍾至少是個「教條中的鑑戒榜樣」。以一個瀕臨
死亡者臨終前悔誤之語為例，更是具有另類之思考空間。因此辛亥年
木活字本之秦鍾此夢的內容，頗值參考。而在秦鍾此夢中與寶玉有關
之夢內容似乎不但突顯寶玉在陽間之重要性，同時在陰間亦有名氣，
故《紅樓夢》作者借由都判之外視角說出賈寶玉是個「運旺時盛」的
人，其實連都判都懼怕，因此，從作者對秦鍾夢中陰司之創作理念上，
至少「運旺時盛」的人與鬼判甚至陰司處於對立且相為抗衡之地位的。

（輯於一粟《紅樓夢卷》第 3 卷、頁 141）

[167] *The standard Edition of Complete Works of Sigmund Freud.* "I shall be told
that this is not more than the familiar hysterical imitation, the capacity
of hysterics to imitate any symptoms in other people that may have struck their
attention-sympathy, as it were, intensified to the point of reproduction."
p. 149. 中譯本為賴其萬、符傳孝譯之《夢的解析》*The Interpretation of Dreams*
第4章：「夢的改裝」頁81。

　　至於秦鍾與寶玉之間是否「有不可告人之關係」[168]，一直是研究
《紅樓夢》之學者所關切，至少《紅樓夢》書中不曾提到過，故筆者
亦不妄加揣測。雖然第七回二人初相見時，二人便因惺惺相惜而越覺
親密，不過並未有任何不可告人之事，至少在此夢中，秦鍾告訴鬼判
欲留言給寶玉時，對寶玉之稱謂，是以好朋友呼之，充其量二人是知
心之好友罷了。

　　秦鍾此夢之題材以三度空間爲冥想之材料，一如寶玉於第九十八
回夢入陰司尋訪黛玉一般，是個《紅樓夢》作者對地獄觀的詮釋。由
於《紅樓夢》一書之作者，運用了頗多之佛學觀點作爲全書編撰之思
想主軸，以致於處處可得禪機，亦因此從地獄觀闡釋佛法，或許亦是
《紅樓夢》作者之刻意謀篇。

　　在秦鍾此夢中，作者對三度空間之看法有了定位，在此三度空間
中之陰司，其執法方式乃由一位都判帶領眾鬼判前來提人。同時在三
度空間中之陰間與陽間不同，尤其在執法上有極大之差異，《紅樓夢》
作者以全視角敘述著：「虧妳還是讀過書的人，豈不知俗語說的，閻
王叫你三更死，誰敢留人到五更。我們陰間上下都是鐵面無私的，不
比你們陽間瞻情顧意，有許多的關礙處。」人類在執法上的不夠周全，
從秦鍾之夢反映出清代官場上徇私枉法的現象。中國人在情理法的拿
捏下，總是置「情」於前，「理」字擺中間，而「法」則容後再議，
以延續中國傳統社會中對保存「濃厚人情味」之美名維護的不遺餘力，

---

[168] 在李君俠編《紅樓夢人物介紹》中，186 秦鍾之下有：「秦可卿之弟…表字鯨卿，…
與寶玉有不可告人之關係，…」（頁130）

於是「關說」成了藉口，「國君犯罪與庶民同罪」之法制理想在古今時代的沿革中，成了神話。此外，從佛教地獄觀的公正無私，推演出讀書人知書達禮，更應是知法而不可犯法的，因此，在秦鍾夢中鬼判一致強調此種陰司執法如山的觀念，正是《紅樓夢》作者借由小說世界之創作手法以表達作者渴望當代社會法律制度能「公正不阿」的呼喊。

第三節　打入死牢之象徵

　　《紅樓夢》作者從此夢之始，便以一句話將秦鍾打入死牢：「秦鍾早已魂魄離身，只賸得一口悠悠餘氣在胸」對一個正常人而言，「魂魄離身」之可能性幾乎是零，換言之，秦鍾已是一個徘徊在陰陽兩界之分段點上的人，其神智上之不清醒，為其生存空間增添了許多變數。

　　《紅樓夢》作者從敘述秦鍾之受笞杖及其病上加病、日重一日、發昏、譫妄至死亡，其身體及精神狀態上，均有所差異，尤其在秦鍾產生「譫妄現象」之前「已發過兩三次昏」，而後，秦鍾的面貌外型上已有重大轉變：「面如白蠟」呈現了面部表情的毫無生氣；「合目呼吸」則是昏迷或睡夢中的樣態；至於「輾轉枕上」所表現「動」的生機，則又讓人不疑其「此刻存活」之事實。若就秦鍾進入「譫妄」現象後，「魂魄早已離身」，期間因寶玉叫他，他在夢中「忽聽見」寶玉之聲音，均是一種意識不清醒且精神狀態恍惚的表現，代表著身體狀況已瀕臨危機。因此一個無法主宰自己身體狀況健康無恙之人，進入夢境之後，或許能有異乎常態的健康模樣出現，但對秦鍾而言，夢境中的他一如現象界中的他一般，不但無法主宰夢境中所發生之事

故，反是鬼判的前來提人時，秦鍾在夢中表現的「央求鬼判」的態度，卻是一個十足不具有主導權的「被拘提者」。此外，更因秦鍾的央求，反被鬼判所所闡述陰間法嚴如山的規條：「閻王叫你三更死，誰敢留人到五更」反諷了一番。鬼判拘提「死刑犯」的嚴明不落徇私，對陽世之人而言，亦是無可奈何，從秦鍾的只能央求而無可反駁，得見一斑。從秦鍾的病重，卻在「譫妄」中看見自己生命的掙扎及與死神的搏鬥，可見人類對死亡之神的懼怕，是潛藏於深層心理的。雖然讀者可從秦鍾此夢內容中看到都判一聽到一個運旺時盛的「寶玉」之名的懼怕，心中略有聳動想放人，其或意味著陰間使者或有如陽間一般，因著對方之身分、地位而不得不思考放人之事，不過卻在都判與眾鬼判之吵嚷未決中，秦鍾已一命嗚呼。若從另一版本，乾隆五十六年（辛亥年 [1791]）程偉元、高鶚等木活字排印本）中所多出的一段鬼判放了秦鍾回陽間一會賈寶玉之敘述文字觀之，筆者不得不懷疑《紅樓夢》作者創作的「陰間」，不過是「陽間」的翻版，陽世有種種關礙處，陰間何嘗不是？陰間督判因見不得「寶玉」二字而放人，不就是關礙在不敢得罪運旺時盛的人嗎？那陰間豈有令人稱信之嚴明公正與不徇私之可能？不過秦鍾在留言寶玉「立志功名」之感慨後，亦隨即死亡。因此，不論是辛亥年排印本或是壬子年排印本，從秦鍾此夢之象徵意義觀之，夢中首尾響應的均是一個年輕生命殞落的闡述，將秦鍾「打入死牢」之象徵。

第六章　小紅之夢

　　小紅之原名爲林紅玉，因犯了寶玉、黛玉的名諱而改喚爲小紅。然而康來新教授卻有不同的說法，其以爲：「實際小紅是絕對不配擁有『玉』的，紅樓夢各種人名地名的隱喻性是明明可知的。寶『玉』、黛『玉』、妙『玉』完全是超脫社會價值拘囿的，…」[169]。此語頗值疑慮，紅樓夢作者早已說明「小紅」之稱乃因避名諱而得，故與是否配不配無關，更何況榮府中的主子包括寶玉在內，可以任自己喜好隨意改他人之名，難到不是要權勢的特徵？且以《紅樓夢》書中提及黛玉心中認爲史湘雲這個愛嚼舌根的女孩不配擁有麒麟一般，但事實上史湘雲的確擁有麒麟，如此說來這世間上究竟誰才配擁有稀罕之物呢？如果卑微的人連父母祖宗所賜的名字中的「玉」字都不配擁有，那這世界豈非太不公平了！「小紅」之名雖較通俗，筆者亦曾考慮再三，原欲以「林紅玉」之名代替「小紅」，但爲了使行文與引文一致，因此仍稱爲「小紅」。

第一節　情思顛倒而成夢及思夢類型

　　小紅在整部《紅樓夢》中，雖是扮演丫環中的一個小角色，微不足道，但其氣質、行事又與其他丫環略有不同，紅樓夢作者安排了一

---

[169] 見於康來新之〈一雙感情事件的對比〉一文，載於《幼獅月刊》第34卷，第3期，頁14。

個夢給她，乃有原因可尋，但憑小紅當寶玉丫環時的機智、靈巧及巴結討好主子的不慍不火，就足以獨樹一幟了。

　　有關《紅樓夢》第二十四回中所描述的小紅所做的夢，與其他人所做的夢比起來，是最容易辨識的一個夢。《紅樓夢》對小紅做此夢之前因後果亦詳細的鋪排道：「這小紅雖然是個不諳事體的丫頭，因他原有幾分容貌，心內便想向上攀高，每每要在寶玉面前現弄現弄。只是寶玉身邊的一干人都是伶牙利爪的，哪裡插的下手去。不想今日纔有些消息，又遭秋紋等一場惡話，心內早灰了一半。正好沒氣，忽然聽見老嬤嬤說起賈芸來，不覺心中一動，便悶悶的回房，睡在床上，暗暗思量。翻來覆去，沒情沒趣的。忽聽的窗外低低的叫道：『紅兒，你的手絹子，我拾在這裡呢。』小紅聽了，忙走出來看時，不是別人，正是賈芸。小紅不覺粉面含羞，問道：『二爺在那裡拾著的？』只見那賈芸笑道：『你過來，我告訴你。』一面說，一面就上來拉他的衣裳，那小紅臊得轉身一跑，卻被門檻子絆倒。」（影乾隆壬年木活字本《百廿回紅樓夢》、第四冊、第二十四回、頁十四，並參考饒彬校注本《紅樓夢》之斷讀）另在第二十五回中，《紅樓夢》作者更是明確的交代，小紅所做的是一場夢：「話說小紅心神恍惚，情思纏綿，忽朦朧睡去，遇見賈芸要拉他，卻回身一跑，被門檻絆了一跤，唬醒過來，方知是夢。」（影乾隆壬年木活字本《百廿回紅樓夢》、第四冊、第二十五回、頁一，並參考饒彬校注本《紅樓夢》之斷讀）此夢

的成因是「日有所思，夜有所夢」的「情思顛倒的相思夢」[170]，亦是近日生活經驗中，曾發生過的事件之印象的重新組合所創造的夢。此處所謂的近日經驗是指做夢的前一日賈芸為了榮府內賈璉提及還有栽花木的工程給他做，由此賈芸特地買了些麝香送鳳姐，後逕往寶玉處來，誰知未見到寶玉的面，卻瞧見精細乾淨的丫頭小紅。次日小紅為了找帕子，又幫寶玉倒了茶水，被秋紋、碧痕揶揄了一番時，見一個老嬤嬤來傳鳳姐話說：「明日有人帶花兒匠來種樹，叫你們嚴禁些。衣裳、裙子，別混曬混晾的。那土山上都攔著圍幕，可別混跑。」（影乾隆壬子年木活字本《百廿回紅樓夢》、第四冊、第二十四回、頁十三，並參考饒彬校注本《紅樓夢》之斷讀）只有小紅知道是昨日見過的那個賈二爺芸兒，之後當日夜裡翻來覆去地便夢見賈芸拾到她的手帕，拉她的衣裳等事。而作者對小紅做此夢的心理，於書中頗為詳細的說明：「這小紅雖然是個不諳事體的丫頭，因他原有三分容貌，心內便想向上攀高，每每要在寶玉面前現弄現弄。只是寶玉身邊一干人都是伶牙利爪的，那裡插得下手去。不想今日纔有些消息，又遭秋紋等一場惡話，心內早灰了一半。正沒好氣，忽然聽見老嬤嬤說起賈芸來，不覺心中一動，便悶悶的回房，睡在床上，暗暗思量。翻來覆去，……。」（影乾隆壬子年木活字本《百廿回紅樓夢》、第四冊、第二十四回、頁十四，並參考饒彬校注本《紅樓夢》之斷讀）《紅樓夢》作者要告訴讀者的是小紅想攀上枝頭作鳳凰的夢想在寶玉處無法實現，今又來

---

[170] 見《紅樓探藝》（第2集）中何大堪先生所撰之〈夢的藝術---論《紅樓夢》幾個夢的描寫〉頁41。

了個賈二爺，正是自己可一償心願的時刻。小紅的翻來覆去是代表思慮的運作，雖然作者簡筆不累贅詳述，但夢中的內容及作者的提醒，卻足以告訴讀者小紅輾轉難眠的思慮內容必然與賈芸有關，這亦正是小紅做此夢的成因。

至於夢的類型是《周禮》之「思夢」或王符《潛夫論》之「記想之夢」。

第二節　還帕傳情之主題與奴僕及主、親戚之題材

一、「還帕傳情」之夢主題

在小紅的夢中，賈芸為了拾手帕的事而主動還手帕子給小紅，當小紅自屋內出來問賈芸手帕子是在何處拾著時，賈芸以「你過來，我告訴你」（影乾隆壬子年木活字本《百廿回紅樓夢》、第四冊、第二十四回、頁十四，並參考饒彬校注本《紅樓夢》之斷讀）為由，拉住小紅的衣裡，讓小紅害羞得跑開來。這其間主動者賈芸的有意勾搭及小紅的羞澀害臊，正傳遞的是彼此對對方的好感，賈芸拉著小紅的衣裳是主動示意，而小紅的跑開卻又是傳統社會中女性在男性面前以矜持來維護尊嚴的表現。因此我們看到夢中的小紅的反應並不是驚訝、害怕，而是矜持式的躲開，這正訴說著彼此兩情相悅的心態，而手帕子只是連絡雙方感情的媒介物罷了。

小紅首次見到賈芸時，便抽身要躲，這個十五、六歲少女初見生人時的正常表現，後來知道賈芸是本家的爺們時，又換成不再似從前般迴避及下死眼釘著賈芸的判若兩人之態度，這代表已能慢慢接受此

陌生人的心理轉變。再者賈芸要走時仍瞧見小紅還站在那裡，這是二人心靈默契的開始，因此小紅夢中的賈芸「還帕傳情」之主題出現於夢境中，就顯得理所當然，而不足爲奇了，因爲心靈默契的萌芽，便是一切愛情、友情、親情的基礎。夢中小紅與賈芸含蓄式的傳達兩情相悅的訊息，是自然而浪漫的，借著窗口下低聲的呼喚，來襯托良辰美景絕非虛設的真理，對年少的人而言，此種氣氛的烘托是迷人的。而小紅「在怡紅院期中，正是她情竇初開的階段，對於異性吸引，便有自然的向心力」[171]這便足以解釋夢境的內涵。

二、奴僕及主子之親戚的題材

在小紅的夢中，是以日間所發生之事爲主，並進一步地做大膽的推測，夢的題材，雖仍舊脫離不了現實生活的影響，但此夢的角色安排卻別有用心：一是奴僕小紅一心想攀爬登高；一是榮寧二周的親戚賈芸一心想借勢得利。雖然賈芸僅是榮寧二府的親戚，但也算得上是個主子，這是在《紅樓夢》一書所有的夢內容中唯一的一則「奴僕與主子有關係的外來親戚有所牽扯的夢」。而此種牽扯又難免是爲了權貴勢力，讀者可藉著《紅樓夢》作者此種題材的選擇，更進一步地洞悉「人性」了。

在小紅之夢中，小紅的這塊羅帕真的如同夢境顯現是由賈芸撿

---

[171]見阮沅先生之〈紅樓小人物·小紅的歸宿〉，《中華文化復興月刊》第11卷、第5期、頁95。

到，而夢境中的還帕之事，在現實生活中賈芸也真的還帕子給小紅，只是並非如夢中般直接坦率還給小紅本人，而是借由墜兒的手，將自己的帕子代替小紅的羅帕還給了小紅，以為傳情信物。《紅樓夢》作者能藉由奴僕與主子之親戚的關係牽扯出一個發生在丫鬟的夢，而夢中的傳情與現實中傳情方式的不同，具有雙重的文學細膩與奇想之運用技巧。此種題材之運用，再加之作者的刻意著墨，仍值得讀者細細品味。

第三節　無言結局之象徵

在小紅整個夢中，極具預示的意義。此種預示作用在於小紅的預見賈芸便是那個讓她到處尋帕子不著的拾帕人。誠如何大堪先生所云：「這正是一種微妙的心理現象泄露，也許她在回憶手帕可能丟在外書房的路上，可能被賈芸拾得了。而她的潛意識中可能正願意這樣。」[172]佛洛依德的潛意識心理已為現代心理學家所接受，而潛意識與預見之間的關係極為密切。佛洛姆曾就「預見」發表其理論：「預見乃表示從我們目前能看到的力量的方向及強度來推測未來發生的事。藉知識背後的運作力量，而非其表面的力量我們可以做預測，而任何有價值的預測皆必須根據此種知識。」[173]可見「夢的預見」得先經過意識界的知識判斷，再透過無意識或潛意識的提醒反映而出。因此何大堪

---

[172] 見何大堪先生之〈夢的藝術論───《紅樓夢》幾個夢的描寫〉，收入《紅樓探藝》一書之第2集，頁41。

[173] 見佛洛姆著 *The Forgotten Language*《被遺忘的語言》，葉頌壽譯名為《夢的精神分析》，頁43。

先生所謂的「小紅和林黛玉的夢可以算作純粹的夢，因為她們的夢並不是預示什麼命運，而純粹是從人物在一定時刻心理活動的結果。」[174] 其中何先生所謂的「不是預示什麼命運」就很值得商榷，小紅的夢具有預見作用是事實，預示替小紅拾帕的人就是賈芸，雖然並未預示命運，但卻象徵著其命運是一場沒有結局的愛情追逐遊戲。何大堪先生似乎未能將小紅夢中的預示作用解釋得更清楚些，易誤導讀者以爲何大堪先生不承認小紅夢中的預示效果。故筆者對〈夢的藝術論---《紅樓夢》幾個夢的描寫〉一文對心理學及夢的理論的只知其一不知其二，不免甚覺遺憾。

　　小紅的夢是首次小紅與賈芸的單獨相處，並觸及於小紅的隨身物手帕子的夢。夢中賈芸的大膽拉扯及小紅的羞澀逃開，正象徵著一場男歡女愛的愛情追逐遊戲，誠如康來新教授所云：「撲朔迷離於賈芸與小紅之間的卻一直是還未進入狀況的追逐，一場更為峰迴路轉的追逐，…」[175]就因這是二人首次接觸，首次二人進一步言談的內容卻絕無法與寶黛的兩小無猜相比，而作者描述小紅此夢，借著初識的覯覿，象徵著整個未來小紅與賈芸之間的關係是一場仍未進入狀況的愛情追逐遊戲。這在小紅成爲鳳姐丫鬟後，第八十八回中便提及賈芸得知賈芸在工部掌印，叫些工頭買了些時新繡貨，欲走鳳姐門子，請鳳姐代爲說項，讓賈政能把衙門一、二件工程准賈芸做，但鳳姐一眼看穿賈

---

[174] 見何大堪先生之〈夢的藝術論---《紅樓夢》幾個夢的描寫〉，收入《紅樓探藝》一書之第2集，頁40。此處筆者將何大堪先生文中之「紅玉」改為「小紅」，以求統一。

芸的來意，而直言衙門之事，自己做不得主，請賈芸把送來的東西收回。此次賈芸總算認清鳳姐之利害訕訕離去，而小紅送賈芸出來後，佇立門檻，無可奈何的望著賈芸離去，此後二人的情感及婚姻問題作者並未再提及。賈芸與小紅的情感問題是一場沒有結局的愛情追逐遊戲。在此之前蜂腰橋的眉目傳情、四目相對，只是為二人的追逐遊戲揭開序幕，至於賈芸以自己的手帕子為傳情信物由墜兒轉交給小紅以替代還手帕子之事及小紅又以自己的飾物送賈芸以答謝其情的作風看來，二人頗能心氣相投，只可惜作者並未多著墨潤飾、並詳述二人之間更進一步的關係，最後只讓小紅佇立門檻，悵然地望著賈芸訕訕的離去。而賈芸的訕訕離去，似乎是呼應著一場沒有結局的愛情追逐遊戲的象徵。因此很遺憾的被夏志清教授所不幸而言中的是：「《紅樓夢》中的情侶們被剝奪了那種成熟的理解，……愛只停留在惱人的渴望的青春階段。」[176]賈芸與小紅的愛情追逐遊戲亦屬於此種類型且是沒有結局的悲劇，而胡適先生於其《紅樓夢考證》一書中以為賈芸與小紅「沒有結果」，事實上「『沒有結果』便是一種『結果』，一種『悲劇』。」[177]這與趙岡所謂的根據第二十六回脂批所提供的資料

---

[175] 見康來新教授之〈一雙情感事件的對比〉一文，載於《幼獅月刊》34卷，第3期，頁14。

[176] 見夏志清教授之〈《紅樓夢》裏的愛與憐〉，《現代文學》第27期，頁147。

[177] 胡適先生之《紅樓夢考證》云：「況且小紅同賈芸的感情，前面既經曹雪芹那樣鄭重描寫，豈有完全沒有結果之理。」（頁39），而張欣伯先生之〈論紅樓人物小紅的結局〉（上）、（下）中曾引其說法並加以批判，其文為：「胡適和一般讀者之所以覺得『沒有結果』，是因不知『沒有結果』便是一種『結果』，一種『悲劇』」。刊載於1973.7.19-20.《中華日報》第9版。

推斷小紅後來嫁給了賈芸的說法[178]是截然不同的。

第七章　香菱與史湘雲之夢

　　香菱與史湘雲均是《紅樓夢》中具有詩情氣質之人。香菱爲了作
詩而絞盡腦汁的努力，是有目共睹，而史湘雲的醉臥芍藥裀更傳釋出
其人之憨與美的另一特質。本論文於探討香菱與史湘雲二人之夢前，
首先說明何以將二人之夢並列，合爲一談的原因，主要是因二人均是
說夢話，亦即夢中囈語。由於《紅樓夢》的作者僅寫出片段的囈語，
並未將二人的夢境內容詳述出來，因而談論夢囈的主題與題材較難，
然因作者提供了不少素材，因此筆者將嘗試進行解讀。

第一節　靈感創發之夢成因與夢囈類型

　　《紅樓夢》作者乃透過薛寶釵之敘述香菱之夢後狀況：「只見香
菱從夢中笑道：『可是有了！難道這一首還不好嗎？』」（影乾隆壬
子年木活字本《百廿回紅樓夢》、第八冊、第四十八回、頁十二，並
參考饒彬校注本《紅樓夢》之斷讀）香菱的夢是屬於夢中說話之類，
其中蘊含相當多日間生活之剪影，探索其夢之成因，必須深入香菱近
日生活之點滴，尤其作夢前之種種。首先，香菱在做此夢之前，曾依
黛玉所教做詩之法：「讀王右丞律師一百首，再讀杜甫一百二十首、

---

[178] 趙岡先生之〈《紅樓夢》裏的人名〉一文，收入胡文彬、周雷編之《海外紅學論
集》一書，頁167。

七言律詩，接著再讀李青蓮的七言絕句一、二百首，之後再把陶淵明、應、劉、謝、阮、庾、鮑等人之詩細讀。香菱日夜苦讀，有了績效後作了一首自以為是上選的詩給黛玉看，誰知黛玉的評語卻不佳，於是一個人默默的回去，有「越發連房也不進去，只在池邊樹下，或坐在山石上出神，或蹲在地下摳地。」（影乾隆壬子年木活字本《百廿回紅樓夢》、第八冊、第四十八回、頁十，並參考饒彬校注本《紅樓夢》之斷讀）香菱卻仍不放棄、絞盡腦汁地思索著，於是又做了一首自認為妙絕的詩，然而黛玉與寶釵都認為必須重做，使其信心大減，回去後，晚間思索更苦，直至五更才睡著，而夢中囈語的內容正是思索的成果，終於夢得八句的好詩，因此根據以上這些資料可知香菱夢的成因與來源正是來自「日間的生活經驗」，此種日間生活經驗再借助潛意識的極度發揮，便使香菱一夜好夢。

至於史湘雲之夢則在第六十二回，《紅樓夢》作者為史湘雲特寫之「憨湘雲醉眠芍藥裀」一事，極為傳神：「正說著，只見一個小丫頭笑嘻嘻的走來，說：『姑娘們快瞧！雲姑娘吃醉了，圖涼快，在山子後頭一塊青石板磴上睡著了。』眾人聽說，都笑道：『快別吵嚷！』說著，都走來看時，果見湘雲臥於山石僻處一個石磴子上，業經香夢沉酣，四面芍藥花飛了一身，滿頭臉衣襟上皆是紅香散亂，手中的扇子在地下，也半被落花埋了，一群蜜蜂蝴蝶鬧嚷嚷的圍著，又用鮫帕包了一包芍藥花瓣枕著。眾人看了又是愛，又是笑，忙上來推喚攙扶。湘雲口內猶作睡語說酒令，都都嚷嚷說：『泉香酒冽，…醉扶歸，…宜會親友。』眾人笑推他說道：『快醒醒兒，吃飯去。這潮磴上還睡出病來呢！』湘雲慢啓秋波，見了眾人又低頭看了一看自己，方知是

醉了。原是納涼避靜的，不覺因多罰了兩杯酒，嬌娜不勝，便睡著了，心中反覺自悔。（影乾隆壬子年木活字本《百廿回紅樓夢》、第十一冊、第六十二回、頁十三，並參考饒彬校注本《紅樓夢》之斷讀）從史湘雲作夢之前後時間所發生之事件觀之，史湘雲此夢的成因恰與香菱同，均是來自「日間的生活經驗」及潛意識的作用所致。史湘雲的「日間生活經驗」是指爲了慶祝平兒生日，在芍藥欄之紅香圃中開筵設席，抓鬮行令。首先探春因史湘雲說她不行「拇戰」這個射覆要寶釵罰史湘雲一鍾酒，接著黛玉又因史湘雲洩露答案要大家罰她一杯酒，後來史湘雲不知「寶」、「釵」二字的典故，又被罰了一杯酒；由於史湘雲本身的文學素養不錯，對於作詩、行酒令的興緻也極高，因此後來酒醉說囈語的內容，竟也是日間生活經驗的延續。由於書中只寫出囈語的部分，整個夢卻闕如，因而不但無法深入探討夢內容，故連夢的類型亦無從分辨起，只能說此二人之夢僅保留了「夢囈的型態」。

第二節 人格提昇之主題與作詩之題材

一、自我肯定與人格提昇之主題

由於書中只寫出囈語的部分，整個夢卻闕如，因而雖無法深入探討夢內容，但筆者將就極少之囈語內涵，但卻有極明晰之主題與題材進行解析。

香菱囈語中提及作詩一事，正反映著香菱日間清醒時的精神狀況。

就夢囈中的話語而言，它強烈地表達香菱孜孜不倦的精神，且能不費吹灰之力地說服讀者的認同，使香菱曾經刻苦學詩的形貌深印讀者腦海。而香菱為何要如此勤勉學詩呢？其夢中的囈語除了象徵外，又有何意義呢？筆者以為作者所刻意塑造的「有命無運」的香菱形象，從小時被拐子誘騙後，第四回再出場時，卻牽涉到一椿人命官司。原本或許可嫁個如意郎君，誰知又被薛蟠奪去當侍妾，後來再受夏金桂的折磨摧殘，無一不闡述香菱的命乖運蹇，結局時甄士隱提及其女兒英蓮產難完劫，正好前後一氣呵成地描述一個苦命女子苦難的一生；而在其苦難的一生之中，唯一令她心神愉快、精神抖擻的時期，便是她學作詩的那段日子，學詩雖然苦，但卻可讓她宣洩情感，所謂詩可言志的意義已昭然若揭。

香菱苦難的一生正如蔣和森先生所云，是作者筆下較其他丫鬟更完整地寫了她「薄命的一生」[179]。在其「薄命的一生」中，學詩時期，雖苦，卻也是最甘美的。根據美國哈佛大學研究心理治療的客座教授格林柏格博士的說法：「人們經常夢見日常生活中的重要事物，因此男女夢境不同，乃是自然的事。」[180]根據格林柏格博士的說法，更可讓我們了解此階段對香菱的重要性，這是香菱一生中「意識覺醒」的時刻，知道如何努力學詩，擺脫奴僕文盲的角色，此時算是「自我意識」突顯的時刻，亦是香菱一生中最風平浪靜，災難無所至的的時期。

---

[179] 見於蔣和森先生《紅樓夢論稿》中之〈論《紅樓夢》的愛情描寫〉頁351。
[180] 見水銀先生編著之《夢的解析》，第3章：占夢總論，頁37。

學作詩時的甘苦，對一生多災多難，結局又是以產難完劫的香菱而言，意義非凡，具有自我肯定的意義與價值。

史湘雲的豪氣干雲，除了言行舉止中所表現出之豪爽、活潑、有才思、能耐苦、天真、爛漫、可愛[181]之外，她的憨傻率直的個性，也一直深受讀者的喜愛，因此花主人贊紅樓夢中人物時，便評曰：「湘雲出而顰兒失其辨，寶姐失其妍，非韻勝人，氣爽人也。」[182]而史湘雲的「香夢沉酣」、「臥倒花裀」，正能妥貼恰當地將史湘雲的灑脫呈現而出，再加上夢中囈語行酒令的詩句，正好畫龍點睛，隱約地透著史湘雲詩人的氣質，因此湘雲夢中囈語的意義正代表著其濃厚的詩人氣質。雖然咬字不清晰的史湘雲，成了黛玉取笑的對象，但其天生的此項缺陷卻掩蓋不了她的才華及其聰明睿智，因此當黛玉取笑她時，她懂得反擊，故意在眾人面前將演戲的戲子比為黛玉，以取笑黛玉[183]。不過她也懂得適可而止，不記恨，這是湘雲的過人之處。天生

---

[181]陳邦炎先生於其〈《梅溪詞》與史湘雲〉一文中，曾提及有人讚美史湘雲是一位：『最豪爽、最活潑、最有才思、最能耐苦』(佩之《紅樓夢新解》)；也有人稱她是『最天真、最爛漫、最可愛的一位姑娘』(李辰冬《紅樓夢在藝術上的價值》)，陳邦炎先生此文收於《紅樓夢研究集刊》(第3輯)，頁275。

[182]見一粟先生所編之《紅樓夢卷》頁127。此外余青所撰之〈談紅樓夢女性人物的描寫〉一文中亦引用此文，並云：「湘雲是以痴態出現於書中。」，見於《藝文志》第150期、頁58。

[183]梅苑先生之〈紅樓夢的重要女性〉(六)中論及湘雲時云：「她咬字不清的說話，常被黛玉拿來取笑，但她卻能泰然處之，…」(收入《現代學苑》第3卷、第6期、頁19)筆者已於正文反駁梅苑先生說史湘雲能泰然處之的說法。史湘雲是位大智若愚的人，她不是聖人，是個有血肉的普通人，她取笑那戲子有一張黛玉的臉孔，正是取笑黛玉像戲子般卑微的身分背景，以報黛玉取笑她嚼舌根子的一劍之仇。不過史湘雲卻也能適可而止，事後便也不計較前嫌了。

的缺陷咬字不清既無可彌補，後天的努力當有所補償，咬字不清的湘雲，竟能給予讀者濃烈的詩人氣質感，這便是湘雲此人物自我人格提升的造化了。

二、作詩之題材

中國自古有文人江淹夢人授五彩筆而文思泉湧，李白夢筆生花而文采大進，英國早期詩人凱德曼的聖詩（Caedman's　hymn），借由「夢境」而成爲詩人，「夢」所賦予人類的創作靈感，古今中外皆有此傳說，直至精神分析學家佛洛依德及其後學對夢有更進一步探討時，才解開此種傳說之謎。赫菲爾特（J. A. Hadfild）的生物說 *The Biological Theory* ，對夢有另一番解釋，其以爲：「每一個完全的夢都可以分爲二部。第一部是問題，夢者日常生活所遭遇之困難及尚未能解決的問題，在夢中提出。第二部分是解決困難之方法。…他謂夢不祇如楊氏（G‧C‧Jung）所云，顯露遠祖之經驗或佛洛依德所說的滿足願望，而且在離奇怪誕之後，隱藏著許多應付日常生活實際問題之敏銳常識。它包含突然而生的機智，使我們解決問題較之用我們的堆砌的理智更有效力，…」[184]赫菲爾特提出夢中的非清醒的潛力遠超過日間堆砌的理智所能給予人類的助力。而佛洛姆在其《被遺忘的語言》一書中更提及：「亞里士多德對夢的觀點是強調它們的理性本質。他認為我們在睡眠時，我們能夠更精細的觀察微妙的身體變化，尤有進者，

---

[184] 見譚維漢之《心理學》頁494-495。其中原文的「容氏(Jung)」筆者改為「楊氏」，「法來德」筆者改為「佛洛依德」。

我們能擁有行動的計劃與原理，並比白天時更能清楚的透視它們。」[185]
亞里士多德的夢理論中強調人類所擁有的「洞察力」及赫菲爾特的「非清醒時的潛力」即是佛洛依德所謂的「潛意識」。此種潛意識在夢中所賦予人類的創造力是無遠弗屆的。讀者若能了解香菱與史湘雲囈語的內容，是由於夢中人類創造力的發揮盡緻所致，再來探討香菱與史湘雲夢的成因，必能有所助益；而《紅樓夢》作者運用作詩之題材，所傳釋出香菱及史湘雲之作詩的美感，更是獨特的。

第三節　囈語中「才華洋溢」之象徵

　　香菱的一生坎坷，連名字也由不得自主的三度更改，從英蓮改為香菱又被夏金桂改為秋菱。被薛蟠強奪後不但未能改變從前生活的苦境，反遭夏金桂的凌辱。香菱的悲劇性及悲劇過程已不容置疑[186]。不過香菱學詩時精神境界的提升，卻可彌補其日常生活不如意的缺憾。

---

[185] 見佛洛姆著的《被遺忘的語言》葉頌壽譯，第3章　夢的性質，頁115。文中之「亞里斯德」，筆者改為亞理士多德，以求譯名之統一。

[186] 童元方先生之「論紅樓夢中的丑角」一文，收在《幼獅月刊》34卷、第3期中，頁29-37，其中曾述及：「然而，混沌未開的喜劇人物牽涉到一個疏影暗香氣質的女子的愛情，讓香菱受盡虐待，不得不離開她所愛的人，此後的日子，終不免對景傷懷，挑燈自歎」，迷迷糊糊地幫助香菱完成她的悲劇。」香菱既有坎坷淒苦的一生，又不是個能幽默自嘲的人，或具有任何喜感的事件發生，何況童元方先生文中亦寫到「迷迷糊糊地幫助香菱完成她的悲劇。」此「悲劇」二字早已點明香菱苦難的一生，何以作者童元方先生又會將香菱納入丑角--喜劇性的人物--之一，頗令人不解，亦見其文前後之矛盾處。

近人陳詔先生之《紅樓夢小考》，判香菱這個人物的來源，提出一項值得令人重視的意見，其以爲：「《紅樓夢》中香菱這個人物，…就是根據明代短篇小說《小青傳》擴充改寫的。」[187]不知其考證之真確與否？但作者書中的人物必然是人生群像之抽樣。

　　香菱悽苦的一生，令讀者憫嘆不已，其「成爲一個宿命思想醞釀與造化恣意擒拿下的犧牲者。」[188]已是讀者有目共睹的，然而在香菱的囈語中卻不曾反映任何有關香菱生命過程中的苦楚，只反映了她學作詩時的廢寢忘食，因此作者如此安排給香菱的囈語，是否具有特殊作用，則不得而知？然筆者以爲或許香菱的囈語正象徵著其「人生境界另一層次的提升。」因爲香菱夢中的囈語是：「可是有了！難道這一首還不好嗎？」（影乾隆壬子年木活字本《百廿回紅樓夢》、第八冊、第四十八回、頁十二，並參考饒彬校注本《紅樓夢》之斷讀）隨即香菱便在次日將夢中獲得的八句寫下遞給黛玉及眾人看，此八句詩爲：「精華欲掩料應難，影自娟娟魄自寒。一片砧敲千里白，半輪鶴唱五更殘。綠蓑江上秋聞笛，紅袖樓頭夜倚欄。博得嫦娥應自問，何緣不使永團圓。」（影乾隆壬子年木活字本《百廿回紅樓夢》、第九冊、第四十九回、頁一，並參考饒彬校注本《紅樓夢》之斷讀）根據鄧雲鄉先生的〈《紅樓夢》詩學傳薪說〉一文評論曰：「如果說這點感情在第一、二百中還是浮泛的、游離的，那麼這首中則是切切實實

---

[187]見陳詔先生的《紅樓夢小考》，收入《紅樓夢研究集刊》（第3輯）、頁397。
[188]見康來新教授之〈一雙感情事件的對比〉，收入《幼獅月刊》第34卷、第3期、頁9。

的了。」[189]香菱的詩獲得了黛玉及眾人的肯定，研究紅樓夢的學者亦頗表示贊同，這就意味著香菱具有學詩的天資及做出好詩的本領，這是香菱可以摔開標準奴僕、侍妾的形象而進入另一精神層面的契機。這在全書情節中作者讓夏金桂毒死自己，香菱升為正妻，而擺脫昔日奴僕、侍妾的生活形式便可資明證。

　　至於史湘雲，喜歡吟詩作對，雖是賈母的內孫女，忠靖侯史鼎的侄女，然亦是一位自幼父母雙亡的孤兒，常往來榮府作客，是個頗具喜感的人物，有時甚至連坐在椅子上都會摔倒，她日間喜好的吟詩作對，反映在醉臥芍藥裀夢中囈語的行酒令，正象徵著史湘雲的「才華洋溢」，不擇地皆可出；同時借由史湘雲臥倒囈語的「香夢沉酣」過程來描寫史湘雲的「醉眠」[190]情景，適足以將湘雲夢中的囈語層次浪漫化，因此大多數的紅學研究者均把重點放在評價「香夢沉酣」或探討史湘雲的個性、性格[191]，而忽略了史湘雲囈語中所反映的思想形態。

---

[189] 見鄧雲鄉先生之〈《紅樓夢》詩學傳薪說〉，收入《紅樓夢研究集刊》第4輯、頁226。

[190] 根據張良皋先生之〈論史湘雲之終身不嫁〉（上）中曾提及：「第六十三回，湘雲所掣的海棠詩籤題字『香夢沉酣』為『醉眠』一事作了註腳。」收入「《紅樓夢研究集刊》（第13輯）、頁160。

[191] 有關史湘雲醉臥芍藥圃之事而深入探討的有馬瑞芳先生之〈逼真活跳形神俱現——談《紅樓夢》的肖像描寫〉中云：「湘雲醉臥芍藥圃更是歷來為畫家感興趣的，…這究竟是寫人？還是寫環境？是寫芍藥圃的景色，還是寫史湘雲的神姿？已經人與景融，水乳難分。」收入《紅樓夢研究集刊》（第10輯）、頁133。其次崔于恩先生之〈史湘雲論〉亦云：「這是曹雪芹筆下唯一一次寫貴族小姐醉酒，也只有湘雲這樣性格的小姐才能醉，才能醉得如此優美動人，一反世俗之酒醉。」收入《紅樓夢研究集刊》（第1輯）、頁180。而王文興教授之〈一部"人像畫廊"，作品的再評價〉以為史湘雲：「醉枕芍藥太通俗了，完全是'Cliché'〉，收入康來新教授著之《石頭渡海——紅樓

實則史湘雲的聰明伶俐在詩社成立後的吟詩作對競賽或行酒令中時，已展現無遺，史湘雲的作詩能力，實不在寶釵、黛玉或寶玉之下，因此史湘雲囈語中行酒令的詩文，正足以象徵並展現史湘雲特殊的才華。

　　香菱與史湘雲二人之夢的型態不但均是「夢囈」之性質，無獨有偶的均爲了「詩作」之事，因此從二人之夢囈中可歎得其象徵著「才華洋溢」之真諦。

夢散論》頁33及《幼獅月刊》34卷、第3期、頁44-48，前二者以為這是性格描寫，而王文興教授則認為是「陳腔濫調」（Cliche）。

第八章　柳湘蓮之夢

　　涂瀛先生之〈柳湘蓮贊〉中，評柳湘蓮是個「風流蕩子耳，尤三姐遽引為知己，豈曰知人。」[192]貌似優伶的柳湘蓮，四處為家予讀者的流浪者形象及痛打薛蟠時的冷面冷心，十足地展現了男子氣慨；又率直地揶揄東府只有門外的兩頭石獅子乾淨罷了。這種直言無諱的豪爽竟也得罪了寶玉；後來直行不懼地退了文定之物，卻闖下大禍，導致尤三姐的自縊，讀者對柳湘蓮的直言直行算是印象深刻了。若仔細推敲柳湘蓮的行徑，不難發現柳湘蓮除了喜歡浪蕩以外，骨子裡應是個可信賴的人，否則寶玉斷不可能與其交好，同時柳湘蓮對東府的懷疑亦並非空穴來風，情有可原，遺憾的是柳湘蓮對尤三姐的了解產生在悲劇之後而非悲劇之前，因此在第六十六回的柳湘蓮夢中，筆者將借著夢境，進一步地探討柳湘蓮與尤三姐的關係。

第一節　遁脫心困而成夢及思夢類型

　　柳湘蓮在尤三姐執鴛鴦劍雌鋒自刎後，憑棺痛哭了一場後，信步地走著，也不知何所之，最後竟做了一夢：「正走之間，只聽得隱隱一陣環佩之聲，三姐從那邊來了，一手捧著『鴛鴦劍』，一手捧著一卷冊子，向湘蓮哭道：『妾癡情待君五年，不期君果冷面冷心，妾以死報此癡情！妾今奉警幻仙姑之命，前往太虛幻境銷注案中所有一干情

---

[192] 見於一粟《紅樓夢卷》，第1冊，頁138。

鬼。妾不忍相別，故來一會，從此再不相見矣！」說畢，又向柳湘蓮
灑了幾點眼淚，便要告辭而行。湘蓮不捨，連忙欲上來拉住問時，那
三姐一摔手，便自去了，這裡柳湘蓮放聲大哭，不覺自夢中哭醒，似
夢非夢。」（影乾隆壬子年木活字本《百廿回紅樓夢》、第十一冊、
第六十六回、頁九，並參考饒彬校注本《紅樓夢》之斷讀）就夢的內
容而言，柳湘蓮此夢純係因「最近經驗」所致，而此「最近經驗」即
指尤三姐執劍自刎之事。不過《紅樓夢》作者在柳湘蓮做此夢之前，
明白敘述柳湘蓮憑棺大哭後，告辭出門，當時柳湘蓮之精神與心靈狀
況爲：「昏昏默默，自想方纔之事：『原來這樣標致人才，又這惡等
剛烈！』自悔不及，…」（影乾隆壬子年木活字本《百廿回紅樓夢》、
第十一冊、第六十六回、頁九，並參考饒彬校注本《紅樓夢》之斷讀）
因此，除了最近之生活經驗外，柳湘蓮睡前之情緒與精神狀況亦是形
成此夢之重要因素。

　　柳湘蓮對賈璉所介紹的這椿婚姻原是已首肯默許的，誰知後來知
賈璉偷娶二房之事，而心起疑慮，特來問寶玉，又聽寶玉說是珍大嫂
子的繼母尤氏帶來的兩位妹子之後，馬上與「淫奔」二字聯想在一起，
最後柳湘蓮向賈璉要回定禮，恰又被尤三姐聽見，除了爲本能的自衛
及爲面子以外，更是爲對方不能與自己心電感應而泣，故執劍自刎，
以改變柳湘蓮對她的想法及抵抗其內心的焦慮狀況，而柳湘蓮也爲尤
三姐如此剛烈的性子所驚嚇，畢竟二人並不相識。尤三姐竟爲此事而
自縊，對自己的震撼可謂不小，又再加上痛哭疲憊之餘，尤三姐此事
在柳湘蓮夢中的餘震是必然的。當人類面臨的困境多得不可勝數時，

我們有時會遁入夢境尋求遁脫解決，基於幻想而非基於現實的一種考量。柳湘蓮之夢正是基於此種心理焦慮之困境遁脫於夢境之成因，，亦即如熊祥林先生所譯之《心理學導論》中所云是一種個人自衛機制之運作轉化[193]，故柳湘蓮此夢可說是受了近日生活經驗之影響所致。

　　至於夢的類型，則可將其歸入《周禮》中六項分類之一的「思夢」，即是潛夫論十項分類中的「記想之夢」。

第二節　內心懊悔之主題及幻緣之題材

一、內心懊悔之主題

　　在第六十六回柳湘蓮的夢中尤三姐捧鴛鴦劍及一卷冊子前來向柳湘蓮辭行，因不忍相別，故特來告白，並願以死來表白其痴情。夢內容所透露出的訊息是，尤三姐本就對柳湘蓮一見鐘情，而後此情並不曾消減，尤其自賈璉、尤二姐欲為尤三姐尋找婆家後，尤三姐曾義正詞嚴的說：「若有了姓柳的來，我便嫁他。從今日起，我吃齋念佛，只扶侍母親，等來了嫁了他去；若一百年不來，我自己修行去了。」（影乾隆壬子年木活字本《百廿回紅樓夢》、第十一冊、第六十六回、頁四，並參考饒彬校注本《紅樓夢》之斷讀）尤三姐對柳湘蓮之痴情，

---

[193] 見熊祥林先生之《心理學導論》第15章：「衝突、焦慮與自衛」中有關自衛機制的解釋：「佛洛依德使用自衛機制一詞來說明一個人抵抗焦慮的潛意識過程；自衛機制以某種方式扭曲現實來自衛以抵抗外在的威脅或內在的引起焦慮的衝動。自衛機械制並不能改變危險的客觀情況；它只改變這個人對它的想法。自衛機制都含有自我欺騙(Self-deception)的成分。」（頁569）。

令人咋舌，似乎教人不敢相信「一見鐘情」的愛情力量竟有令人以生死相許之魔力？同時尤三姐拔下頭上之簪子作誓，更見其言之真切。往後尤三姐的潔身自愛，非禮勿動，非禮勿言，亦見其對柳湘蓮之情真意切了。夢中的尤三姐一如宿昔的多情痴心，直言其對柳湘蓮依依不捨之情，而後率性地摔開柳湘蓮的手又如同其生前飲酒及自刎時，開放的個性，及超越一般女性的志氣、見識勇氣，與剛烈的性格形象深印讀者腦中[194]，尤三姐從不虛言假語的真性情，由此可見。

在柳湘蓮夢中尤三姐的告白，使夢之內容瀰漫著濃厚的「怨怒」與「不滿」，故其在真實人生中選擇「死亡」乃自衛方式中維護自我形象之清白及宣洩此「怨怒」及「不滿柳湘蓮出爾反爾」之激動情緒的表現。而尤三姐所訴求的「人格清白」的形象，已能成功地樹立在讀者心田上。誠如劉大杰先生所云，尤三姐是位：「既有現實基礎，又理想化的人物。」[195]從尤三姐的舉動及心裡層面探討，所謂的「尤

---

[194] 根據樂蘅軍教授主編、康來新教授助編之《中國古典文學論文精選叢刊》之〈論紅樓夢人物形象的創造〉，其中提及尤三姐是個剛烈的女性、頁489。《紅樓夢研究論叢》一書中提及「尤三姐的志氣、眼光和見識是高出於大觀園內一般女孩子(包括女奴)之上的」，頁103。又王崑崙先生之〈為爭自由而死的鴛鴦、司棋、尤三姐〉一文中提及：
「她勇敢地反擊了仗勢欺人的統治者，公然提出自主婚姻的要求，選中了一個和自己社會地位比較接近流落江湖的柳湘蓮。」(《紅樓夢問題討論集》頁181)郭豫適先生所著之《紅樓夢問題評論集》中亦云：「…尤三姐敢于公開表明自己對愛情的見解和對婚姻的願望。」頁219。
[195] 見於伍隼先生之〈從尤三姐形象的改塑談到典型化〉收於《紅樓夢研究集刊》第7輯、頁109，劉大杰之言原見於1956年《文匯報》中所刊載之〈兩個尤二姐〉。

三姐無守節之必要」[196]，早已不在討論之列。因尤三姐的「自刎」絕非「守節」之問題，更毋庸論及「必要與不必要了」。而相對的柳湘蓮拉人、痛哭等反應，都是其內心懺悔的主題表現。

二、「夢幻情緣」之題材

　　柳湘蓮的夢題材來自日常生活中之事件，不過此日常生活中之事件對柳湘蓮而言，卻是刻骨銘心，令他難以忘懷的。整個夢的內容是架構在現實生活的基礎之上，而夢的題材選擇了一對雖曾晤面，但並不熟識的陌生人之間所發生的情愛悲劇。

　　柳湘蓮此夢在處理這對已文定的未婚夫妻是以含蓄的手法進行的，重點是放在彼此的情愛之上，而最終的結果是為悲劇的類型畫上一個終止符。

　　在柳湘蓮夢中，其所扮演之角色是個企圖抓住尤三姐的手，但卻失敗的人。前者是捨不得尤三姐永訣離去的直接反射動作，行動急切的挽留對方，代表柳湘蓮內心的悔過及已曾歷經一番內心衝突的掙扎，否則夢中的柳湘蓮斷不可能一反昔日訂親後悔婚無情的態度而為主動的慰留；後來柳湘蓮的情緒反應是放聲大哭，則可依循中國傳統風貌來探究柳湘蓮的內心情感運作。在中國傳統的父系社會中，女性是弱者，屈居劣勢，男尊女卑之社會心態自古而然，男性既是強者，

[196]見聶紺弩先生之〈略談《紅樓夢》的幾個人物〉，收入《紅樓夢研究集刊》（第1輯、頁68）

位高勢顯，嗜哭的女性氣質是不允許在強者身上生根茁壯的，除了父卒的悲痛、令皋魚的立槁而枯；傳聞妻死的傷痛，令焦仲卿的懸樹自盡；及子亡的哀痛，令子夏喪其明等的人生三大苦痛可令男性縱聲大哭外，傳統社會中男性得艱苦的背負並建立著不痛哭、不流淚，經得起考驗的典範。「男子有淚不輕彈」的傳統符咒，似乎無形地束縛著男性的心，而今柳湘蓮的情感得以解放，正合於「父卒、妻死、子亡」約定成俗的習套，此乃人情人性之本然。雖然尤三姐與柳湘蓮並未成親，且文定在今日社會而言，雖不具法律效力，但在傳統社會中卻一如「指腹為婚」具有傳統社會中人們心理的永久效力。因此柳湘蓮的放聲痛哭不僅代表內心情緒激動的反應，更代表著心靈早已默許的文定效力，及對無法挽回之事實的哀痛。或許無計可施時，對柳湘蓮而言，哭泣也是一種心靈苦痛的發洩，雖然《世說新語》中所謂「楚囚相對」是無濟於事，但就心理層面而言，何嘗不失為減輕心理沉重負擔的妙方。

第三節　傷痛夢悟之象徵

柳湘蓮的夢，是延續已發生愛情悲劇之事實的夢。尤三姐與柳湘蓮的愛情悲劇自昔日尤三姐母親壽誕時初見柳湘蓮以來，便種下愛情種子，而真正的愛情悲劇則始於尤二姐認為妹妹該有個歸宿，否則易惹事生非。當其煩勞賈璉代劾時，此後歷經柳湘蓮的主動退婚、尤三姐的執劍自刎及柳湘蓮的撫棺痛哭，一直到柳湘蓮做此夢止，柳湘蓮是個極具傳奇色彩的人物。而其愛情故事的結局更是令人聞之眩然涕下，且柳湘蓮傳奇色彩的背景卻有著另一股令人想探其究竟的衝動。

一個「原係世家子弟，讀書不成。父母早喪，素性爽俠，不拘細事。酷好耍鎗舞劍，賭博吃酒，已至眠花臥柳，吹笛彈箏，無所不為」（影乾隆壬子年木活字本《百廿回紅樓夢》、第八冊、第四十七回、頁七，並參考饒彬校注本《紅樓夢》之斷讀）的人。流浪是他所習慣的生活方式。透過作者的口吻。敘說昔日曾與薛蟠見過一次面的虛筆描寫，呆霸王薛蟠想與柳湘蓮搞同性戀被柳湘蓮狠揍一頓滿身泥污，後來又不念舊惡的救了薛蟠一事的實筆描寫。讀者對柳湘蓮的得理不饒人的個性及突顯的豪爽不記仇的性格，已能逐漸了解柳湘蓮心靈的運作。

就作者此夢之創作而言，「在《紅樓夢》中，賈寶玉和林黛玉的戀愛婚姻悲劇是貫穿全書的主線，而柳湘蓮和尤三姐的愛情悲劇則從不同的角度作了襯托對照。」[197]作者設計了柳湘蓮的夢，在愛情悲劇後尤三姐將前往太虛幻境去銷注案中一干情鬼，不就是襯托對照了第一回中甄士隱夢中之神話：「多少風流冤家都要下凡，造歷幻緣。」（影乾隆壬子年木活字本《百廿回紅樓夢》、第一冊、第一回、頁五，並參考饒彬校注本《紅樓夢》之斷讀）。因此柳湘蓮此夢所反映的主題思想，正是作者對全書主旨之貫穿的一個子題。

若就做夢者本身而言，具有啓發作用，也因此當我們看到柳湘蓮不覺哭醒後，發現自己竟置身於一座破廟中，並有一瘸腿道士在旁，間其何號，此為何處時，對方回答的話，竟也是一連串的「茫然無所

---

[197] 吳新雷先生之之〈試論柳湘蓮的藝術形象〉中亦提及《紅樓夢》中直接寫柳湘蓮的只有兩處，一是四十七回：「呆霸王調情遭苦打，冷郎君懼禍走他鄉。」一是六十六回：「情小妹恥情歸地府，冷二郎一冷入空門。」（收入《紅樓夢研究集刊》第10輯、頁45）

知」，令柳湘蓮冷然如寒冰侵骨，一念之間但感人生之虛幻、空無。而掣出雄劍來，斬斷萬根煩惱絲、隨道士出家為和尚去了。整個柳湘蓮傳奇的一生，也留下傳奇的結局，讓人們猜測著。因此康來新教授所謂之柳湘蓮在「夢醒後：或許是他過份自清自潔，也許是冷心冷面，他對紅塵俗世、煙火人間，甚至他所熱衷的舞台劇場，卻無法深繫日久天長的熱情，他萍蹤浪跡的習性！本難使他根深蒂固的定於一尊。」[198]的一段話題頗有見地，然若將柳湘蓮夢醒後解釋為悟道或許更恰當，因為夢對柳湘蓮具有啟示意義自不待言，又加上道士對人類的出處來源全無所知與茫然，令其產生無法獲知正解的哲思，給予柳湘蓮這一浪人的影響必是深刻的，因此這與柳湘蓮之出家是因為自己自清自潔，或冷面冷心應是無甚關係的，也許宿昔柳湘蓮本身個性確實自清自潔，處世態度或是冷面冷心。然而此時柳湘蓮「夢悟」的轉念卻得歸之於夢中的啟示意義及夢醒後道士的一番話語所促成的「頓悟」。此種「夢悟」亦正足以回應第一回中的「假作真時真亦假，無為有處有還無」的意義，並洞悉人間真假虛幻的本質了。因此整個夢對柳湘蓮而言，是極具啟示意義的。

在柳湘蓮夢中，其原想拉住尤三姐的手，但仍挽留不住夢中的傷心人，一方面是悔過，另一方面孕含「再給我一次機會的願望」。事實上尤三姐已死是事實，而夢中尤三姐似又活過來痴情地與柳湘蓮道別，說明此別天地兩茫茫，不可能再相見的事實，而柳湘蓮的挽留，

---

[198] 見康來新教授之《石頭渡海---紅樓夢散論》、頁151，原1979.12.刊載於《古典文學》第1集，篇名：活色生香、頁384-385。

僅獲得尤三姐捧手而去的結局，令此庄「愛情悲劇」更加突穎而出。尤三姐捧手而去後，留給柳湘蓮卻是「夢後的省思」象徵。因爲柳湘蓮此夢令真實人生的柳湘蓮實體也被自己的淚水所驚醒。像柳湘蓮如此粗獷性格的人。我們在第四十七回：「獃霸王調情遭苦打，冷郎君懼禍走他鄉。」及六十六回：「情小妹恥情歸地府，冷二郎一冷入空門。」中已領教了柳湘蓮的狠與義氣了。而夢中柳湘蓮的放聲痛哭，是讀者在《紅樓夢》一書中，除了柳湘蓮曾撫著尤三姐的棺木痛哭外，這是第二次哭泣了，相信柳湘蓮的哭泣除了有「悲劇借著引發哀憐與恐懼之情緒，從而使這種情緒得到發散的效用」[199]外，意義必定非凡，對一個豪邁灑脫的浪子而言，對一個被視爲冷面無情的人而言，傷痛哭泣後的省思，將更具震撼力。

---

[199] 見於亞里士多德著、S. H. Butcher 翻譯之《詩論與美術》一書。Aristotle's *Theory of Poetry & Fine Art* 英譯文為：Tragedy, …through pity and fear effecting the proper purgation of this emotion." p. 25-27. By Dover Publications, Inc. 中譯文見姚一葦先生所譯之《詩學箋註》頁70。

第九章　尤二姐之夢

　　覺大限、吞生金自逝的尤二姐，臨死前的備受秋桐及鳳姐的欺凌，並令人扼腕地胎死腹中，或許可以解釋爲尤二姐命中註定無子，因庸醫誤投藥的荒謬行爲，任憑是誰也無法設防或預知而迴避的。但就一個原先對生命、未來充滿理想憧憬的女子而言，在她步向幸福之階的過程中，竟是遍地荊棘難行，豺狼阻路；終結時，理想早已消失，取而代之的卻是困頓疲憊的心及參透人間命運循環的真理，而捨棄了與惡劣環境及乖舛的命運搏鬥的勇氣。尤二姐的典型正好暴露了人類心靈深淵的脆弱及對命運的無奈？

第一節　內外刺激、煎熬之夢成因與託夢類型

　　尤氏姐妹在《紅樓夢》一書中的第十三回：「秦可卿死封龍禁尉」時首次出場，然而書中但云…「正說著，見秦邦業、秦鍾，並尤氏的幾個眷屬，尤氏姐妹也都來了。賈珍使命賈瓊、賈琛、賈璘、賈薔四個人去陪客…」（影乾隆壬子年木活字本《百廿回紅樓夢》、第三冊、第十三回、頁三---四，並參考饒彬校注本《紅樓夢》之斷讀）尤氏姊妹二人之形象，作者並未深入描述。直至第六十三回又出場；六十四回後，賈璉借著協助寧府料理賈敬喪事之藉口，對尤氏姐妹動了垂涎之意起。尤氏二姐妹生命中激起一連串沖擊與屈辱，也爲尤二姐夢的成因及內容設下神秘的陷阱。而嚴冬陽先生以爲「自六十三回正式登

場」[200]的說法，語意未明，首次登場是否已是正式登場？嚴先生似乎忽略了首次登場是虛筆介紹出場的技巧。

《紅樓夢》一書中，有關尤二姐的夢僅爲一則。《紅樓夢》第六十九回中云：「那尤二姐，原是『花爲腸肚，雪作肌膚』的人，如何經得這般折磨？不過受了一月的暗氣，便懨懨得了一病，四肢懶動，茶飯不進，漸次瘦下去。夜來合上眼，只見他妹妹手捧『鴛鴦寶劍』，前來說：『姐姐！你爲人一生心癡意軟，終久吃了虧！休信那妒婦花言巧語，外做賢良，內藏奸滑。他發狠定要弄死你方罷。若妹子在世，斷不肯令你進來；就是進來，亦不容他這樣。此亦系禮數應然，只因你生前淫奔不才，使人家喪倫敗行，故有此報。你速依我，將此劍斬了那妒婦，一同回警幻案下，聽其發落。不然，你白白的喪命，也無人憐惜的！』尤二姐哭道：『妹妹！我一生品行既虧，今日之報，既系當然，何必又去殺人作孽？』三姐兒聽了，長歎而去。這二姐兒驚醒，卻是一夢。」（影乾隆壬子年木活字本《百廿回紅樓夢》、第十二冊、第六十九回、頁七，並參考饒彬校注本《紅樓夢》之斷讀）尤二姐做此夢是兩種力量的影響，而夢的成因則以「受外界刺激」及「內在心靈的苦痛」爲主，以下將詳細探討之：

一、受外界刺激

秋桐的唇舌相譏及陷害讓尤二姐被鳳姐賺入大觀園後，備受委

---

[200] 見嚴冬陽先生之〈關於紅樓夢六十四、六十七兩回的問題〉，《中華雜誌》第6卷、第9期、頁46。

屈，鳳姐又以將秋桐賜給賈璉爲由，利用秋桐年輕氣盛，以行其借刀殺人之計。因此尤二姐除了得吃那不堪之物的茶飯外，又得受秋桐之氣。雖然園中姐妹也同情可憐尤二姐，但亦無可奈何。此外鳳姐又常挑撥離間以惱怒秋桐，秋桐因此天天破口亂罵：「奶奶是軟弱的人！那等賢惠，我卻做不來。奶奶把素日的威風，怎麼都沒了？奶奶寬宏大量，我卻眼裡揉不下沙子去。讓我和這娼婦做一回，他纔知道呢！」（影乾隆壬子年木活字本《百廿回紅樓夢》、第十二冊、第六十九回、頁六，並參考饒彬校注本《紅樓夢》之斷讀）秋桐的囂張、亂罵，有如劍鋒直刺人心，尤二姐天天處在刀尖的威逼下，已度日如年，再加上秋桐又向賈母進讒言，說尤二姐詛咒人、專會作死，令賈母漸次地不喜歡尤二姐，而眾人亦順賈母之勢，落井下石，踐踏屈辱起尤二姐來。外在環境的不利尤二姐，令尤二姐怵目驚心，正應了鳳姐兒的「坐山觀虎鬥」之陰謀。

二、內在心靈的苦痛

　　尤二姐可說是《紅樓夢》一書中，除了黛玉以外，經常淌著淚水的人了。自從入大觀園以來，便與鳳姐兒和美非常，而且昔日嚼砂仁吐了賈蓉滿臉渣子的潑辣樣早已收斂了。自鳳姐兒使出殺手劍後，昔日與賈璉在小花枝巷裡夫妻恩愛的生活早已不復存在了，反之，整日受苦受氣，食衣住行均不得於心，寢食難安，因此每當無人時，尤二姐便私自流淚，又不敢抱怨鳳姐，而秋桐每每辱罵尤二姐時，鳳姐總不吭聲，惹得尤二姐氣得在房中哭泣，不吃飯，也不敢告訴賈璉，在無人可傾訴心曲的處境下，唯有親人得以安慰自己，然而尤三姐早已

206

夭亡，故僅能以做夢的方式，與尤三姐作精神及心靈之溝通。尤三姐亦曾聽見興兒背地裡當著尤氏母女的面批評鳳姐兒「嘴甜心苦，兩面三刀；上頭笑著，腳底下就使絆子；明是一盆火，暗是一把刀；他都占全了。」（影乾隆壬子年木活字本《百廿回紅樓夢》、第十一冊、第六十五回、頁十，並參考饒彬校注本《紅樓夢》之斷讀）尤三姐早經由興兒口中得知鳳姐兒的利害，故尤二姐夢中尤三姐的出現似乎並無令人覺得荒謬或得苦費心思去尋根探源之處。

　　至於夢的類型，可與秦氏託夢鳳姐一般，將尤二姐的夢歸為「託夢」一類，因為尤二姐在陽間，尤三姐在陰間，尤二姐此夢是借用陰陽二界心電感應所產生的夢。

第二節　果報主題之再現與親生姐妹託夢之題材

一、「果報」主題之再現

　　　尤二姐在夢中未能接受尤三姐提醒自己如何反抗的方法，究竟尤二姐的心態為何？就夢中尤三姐自己所云：「我一生品行既虧，今日之報，既係當然，何必又去殺人作孽？」（影乾隆壬子年木活字本《百廿回紅樓夢》、第十二冊、第六十九回、頁七，並參考饒彬校注本《紅樓夢》之斷讀）尤二姐顯然相信業報，並認為一切既屬當然，就得由自己承擔，不管所承擔忍受之事實合理與否？此便已落入宿命論的圈套中，尤二姐的不願尋求解決之道，對於不合理事件的默認所呈現出的軟弱心態，除了受業報觀念影響外，與此種心態息息相關的

便是尤二姐的個性，故太愚先生之《紅樓夢人物論》中云：「如李紈、
迎春、尤二姐雖各人的地位和遭遇不同。其為根性軟弱，接受苦刑，
卻無兩樣。」[201]尤二姐婚前雖也潑灑些，然而婚後卻一反常態的對賈
璉忠心，與潔身自愛，居家時的不慍不暴，不疾不徐正反映出婚後尤
二姐安逸於恬淡生活之中，同時尤二姐的不肯殺人作孽，不也正呈現
出其菩薩心腸的一面。尤二姐善良的心，在其與賈璉共居小花枝巷之
後，未被鳳姐兒賺入榮府大觀園之前，興兒在背後批評鳳姐兒的陰險
狠毒時，尤二姐絕不相信的態度，及興兒說尤二姐兒是個斯文良善的
人，絕非鳳姐兒的對手，可知尤二姐兒無心機、不耍詐的善良一面。
故傅繼馥先生所謂之「尤二姐的柔和，帶有悔過的謙卑。」[202]適足以
說明尤二姐婚後的自我約束與省思。不過就整個夢的主題而言，是尤
三姐借著警語提醒尤二姐勿再懦弱，應積極主動攻擊傷害自己的人。
但尤二姐卻以「果報」的心態，說明自己願意承受一切；此乃繼甄士
隱之夢後的另一次「果報」主題的再現。

二、親生姐妹託夢之題材

尤二姐此夢的題材亦是架構在現實社會的日常生活之中，雖然尤
三姐已是個作古之人，然而尤三姐所提到的事件均是現階段正在進行
的。因此夢內容是取材於日常生活的瑣事，而夢的題材則是以這對姐

---

[201] 見太愚先生著之《紅樓夢人物論》收入《紅樓夢藝術論》一書中，頁66。
[202] 見於傅繼馥先生之〈歷史性的突破---論《紅樓夢》中性格化典型的成就〉，收入
《紅樓夢研究集刊》（第10輯）、頁67。

妹之情誼爲主要的訴說對象，作者並援引「果報」思想豐富並闡釋這
對姐妹的人生觀。《紅樓夢》一書中屬於託夢類者有之，如秦氏王熙
鳳託夢及元妃託夢賈母之類，一是姻親且是好友之託夢性質，一是孫
女兒託夢祖母，而尤二姐之夢則是以親生姐妹爲訴求對象的夢。在《紅
樓夢》一書所有的夢中，尤二姐此夢的題材是唯一的，也是僅有的。
從尤二姐此夢的題材中，讀者可以深深體會到尤三姐與尤二姐之情感
深厚及個性、思想、觀念的差異性，這是作者借著此夢再一次強調二
人不同風格及心態的寫作手法。不過在尤二姐之夢中卻顯現出尤三姐
之睿智及二人之深厚情誼。在尤二姐夢中，尤三姐直指鳳姐兒外作賢
良、內藏奸滑，欲置尤二姐於死地方罷休。事實證明尤二姐後來果真
因覺大限而吞生金自殺。尤二姐的夢固然是作者傳達主題與思想之工
具，同時亦可見出尤三姐生平之睿智及其提醒尤二姐的苦心。就以六
十四回言，賈璉動了垂涎之意，知尤氏姐妹「與賈珍、賈蓉等素有『聚
麀』之誚，因而乘機百般撩撥，眉目傳情。那三姐兒卻只是淡淡相對，
只有二姐兒也十分有意。」（影乾隆壬子年木活字本《百廿回紅樓夢》、
第十一冊，第六十四回、頁十，並參考饒彬校注本《紅樓夢》之斷讀）
三姐兒的反應適足以展現其機智及技巧，不論三姐究對賈璉何意？淡
淡相對的態度卻可令對方知難而退，或反之令對方因追求無門而更珍
惜與尊敬。在此可看出三姐的處世態度是有所保留的、泰然的，且個
性是突顯的。至於尤三姐的潑辣放浪個性，在第六十五回中，賈璉見
賈珍也在其於小花枝巷買給尤二姐的一所房子內，因先客套一番而後
要尤三姐也和賈珍吃雙鐘酒兒；尤三姐一聽到這話，跳將起來的情緒
化，可見其舉止心態之激動，並可一眼看穿賈璉、賈珍之居心。因此

便故意要與賈璉喝酒嚇他，並請尤二姐一起作樂，接著索性卸了粧、脫了大衣服、半掩半露出大紅小襖，借著酒力散發出迷人的氣質，既是高談潤論，又是灑脫一番，隨著性子，趁便嘲笑他兄弟二人。尤二姐能借著機智察言觀色保護自己，同時亦保護著尤氏一家人。因此尤三姐的潑辣放浪只是一種手段而已，就如尤二姐夢中，尤三姐義正詞嚴地說：「若妹子在世，斷不肯令你進來；就是進來，亦不容他這樣。」（影乾隆壬子年木活字本《百廿回紅樓夢》、第十二冊、第六十九回、頁七，按：影乾隆壬子年木活字本《百廿回紅樓夢》『容』字作『客』，東觀閣本、、庚辰本、戚本及脂硯齋重評石頭記己卯本均作『容』，筆者從脂本改為『容』，並參考饒彬校注本《紅樓夢》之斷讀）夢中尤三姐的話，正展現了平日尤三姐一心保護著尤氏一家人的作風及自己爽朗率直的個性。

尤二姐夢中尤三姐除提示尤二姐勿為鳳姐兒欺騙及鼓勵姐姐反抗鳳姐兒外，其對姐姐的關懷可謂極致。可見姐妹二人手足情深，即使尤三姐已不在人間，其神靈卻能無時不在地保護尤二姐；更見尤三姐素日言行之本色：不畏強權，至死忠貞地護衛尤氏一家人。故雖尤三姐形貌風騷，卻風骨猶存，凜然令人敬佩。

尤三姐生前已由興兒口中得知鳳姐的陰狠，卻不曾親身體驗過，然而當賈璉有意將尤三姐推給賈珍以省去麻煩時，激怒尤三姐的話，令尤三姐激動的指著賈璉冷笑道：「我也知道你那老婆太難纏。如今把我姐姐拐了來做了二房，『偷來的鑼鼓兒打不得。』我也要會會那鳳奶奶去，看他是幾個腦袋十幾隻手！若大家好取和兒便罷；倘若有一點叫人過不去，我有本事先把你兩個的牛黃狗寶掏出來，再和那

210

潑婦拼了這條命了。」（影乾隆壬子年木活字本《百廿回紅樓夢》、第十一冊、第六十五回、頁六，並參考饒彬校注本《紅樓夢》之斷讀）尤三姐的護衛尤二姐及尤氏一家人，在尤三姐生前已突顯而出，故三姐兒曾對二姐兒說自己破著沒臉全是爲了尤氏家人，尤三姐寧可在他人面前當惡人，縱然是自損形象亦不怨。反觀尤二姐亦是個了解妹妹的人，了解尤三姐不是朝三暮四的人，亦曾哭泣著爲尤三姐的未來操心，要賈璉幫著想法子給妹妹一個婆家歸處。姐妹二人相互體貼之意，彼此均能心領神會。唯一可惜的是，二人個性、思想迥異。尤二姐對尤三姐的放浪形骸無法接受，恐出亂事來。不過二人姐妹情誼之深厚卻不待言。

第三節　美夢幻滅之象徵

傅繼馥先生云：「在生活中，如果對某事的未來思慮得格外深切，在潛意識中不斷儲存著模糊的片段的幻境；一旦在外界條件觸發下，就會突然形成一種預感，意外地神秘地襲上心頭。」[203]尤二姐的夢中尤三姐託夢的意義，便由此而來。在尤二姐夢中除了借著處境危機四伏不利於尤二姐，以預示尤二姐的婚姻悲劇外，更透過作者筆觸中的二尤角色中訴說「因果報應」之思想，故夢中尤三姐強調理數應然，及得到警幻處聽其發落等事，似乎人間一切的主宰在於警幻仙子，不論尤二姐殺了妒婦鳳姐與否？最後均不免一死，得聽從警幻裁處，命

---

[203] 見傅繼馥先生之〈《紅樓夢》中預示的藝術〉一文，收於《紅樓夢研究集刊》一書，第8輯，頁131。

定之說，似乎言之鑿鑿，而尤二姐的宿命論，卻又附和著尤三姐的說法，此種佛家「因果報應」的思想竟成了整個夢的主題，也讓讀者長嘆無奈，唏噓不已。既然尤二姐明知山有虎卻偏向虎山行，更意味著一切悲劇的結果尤二姐均願承擔，那麼這場悲劇已因做夢者不願走避而必然發生於將來，果真後來尤二姐的吞生金自逝，便應了這則夢強烈地悲劇預示意義。

尤二姐與賈璉這段不經鳳姐同意的婚姻，是賈璉垂涎已久，亦是尤二姐心甘情願的，因此尤二姐未能洞察機先的與賈璉在一起，依靠賈璉，危機早已潛伏，「始亂終棄」是可預期到的結果。因而尤二姐夢中與尤三姐的對話正象徵著「美夢的幻滅」。

在尤二姐的夢中，尤三姐教尤二姐借鴛鴦劍「以暴制暴」地殺了鳳姐方可安枕。而尤二姐未能接受勸告，悲劇既屬必然，則一切尤二姐曾經建築在沙漠中的海市蜃樓之消失、崩頹亦屬必然。

《紅樓夢》一書自第六十四回起精彩地描述賈璉與尤二姐眉目傳情之事。賈璉又趁著陪賈珍料理喪事之便而住進鐵檻寺，不時至寧府去勾搭尤二姐，借吃檳榔傳漢玉九龍珮定情，後因賈蓉之計而與賈璉在小花枝巷內成親居住。婚後二人生活極為恩愛，賈璉又肯將自己多年的體己心事一併告知尤二姐；尤二姐也在賈璉面前告白：「我如今和你作了兩個月夫妻，日子雖淺，我也知你本是糊塗人。我生是妳的人，死是你的鬼！如今既做了夫妻，終身依靠你，豈敢瞞藏一字？我算是有依有靠了。」（影乾隆壬子年木活字本《百廿回紅樓夢》、第十一冊、第六十五回、頁五，並參考饒彬校注本《紅樓夢》之斷讀）尤二姐的美夢是建立在與賈璉終生相繫的溫馨家庭中。尤二姐僅在未

被鳳姐賺入大觀園之前與賈璉得以獲致短暫的快樂。至入大觀園受折磨後，鳳姐便是令尤二姐美夢幻滅的主謀，只可惜尤三姐雖教了尤二姐以鴛鴦劍先殺鳳姐爲要、但此種「以暴制暴」，「以牙還牙」的強硬方式卻不適用於尤二姐的溫婉個性。因此鳳姐借刀殺人之陰謀終於得逞，尤二姐的美夢幻滅是屬必然。至於應必誠先生所謂「尤二姐不顧妹妹尤三姐與僕人興兒的勸告和提醒，心甘情願受自己編造的富貴生活的幻想的欺騙。」[204]筆者以爲此言有待商榷，根據尤二姐自己對賈璉的告白是終於有了倚靠的人，且二人生活在一起時，並不見尤二姐揮霍無度或耍闊要強，何況尤二姐雖「曾經墮落于淫邪，偷嫁賈璉以后，頓即悔改，專情于丈夫，賢良和順，恍若換了一人。」[205]由尤二姐兒的潔身自好，可見尤二姐從良之決心及其對自己能有所倚靠，生活終於能安定下來，頗感自足，絕非有因貪念富貴之意而對奢豪生活存有幻想之人，畢竟對中國傳統社會而言，「有好的歸宿」便是女人一生的幸福，只可惜尤二姐未能事先洞悉賈璉的軟弱與鳳姐的陰狠。

---

[204] 見應必誠先生之〈平兒的悲劇〉一文，收入《紅樓夢研究集刊》一書中第2輯、頁111。

[205] 見傅繼馥先生之〈歷史性的突破──論《紅樓夢》中性格化典型的成就〉一文，收入《紅樓夢研究集刊》第7輯、頁75。

第十章　黛玉之夢

　　自幼體弱多病，是黛玉予人形動如弱柳扶風的形體印象；葬花、因時感物又是黛玉多愁善感的心靈寫照。《紅樓夢》作者對一個孤兒又是主角的黛玉染墨增篇、鉅細靡遺的營構，絲毫不見斧鑿痕跡。在黛玉自生至死的漫長歲月中，借著心靈的成長、借著環境的改變，借著事件的發生、借著時間的遞嬗，一點一滴地捏塑著這位讓天下男女傾倒的美人。其間或以西施譬喻，或以洛神引申，極盡作者之想像；然而其詩般的氣質卻掩蓋不了自小缺乏呵護所釀成的性格缺失。涂瀛先生之〈紅樓夢論贊〉一文中云：「人而不為時輩所推，其人可知矣。」[206]黛玉並非是個受人歡迎的人，已可在涂瀛先生的論贊中「一語道破」，因此生命、生活在黛玉的心靈中必是更沉重的負擔及困擾，這便創造了一個頗富悲劇性的黛玉。

第一節　失怙、觸景傷情之夢成因及惡夢類型

　　黛玉有二個夢，一個夢是在八十二回中，另一個在第九十八回。在第九十八回中作者僅云黛玉於「睡夢中常聽見自家人叫寶二奶奶的」（影乾隆壬子年木活字本《百廿回紅樓夢》、第十五冊、第八十九回、頁十一，並參考饒彬校注本《紅樓夢》）話語，於是開始生疑，而成蛇影。因事實上賈寶玉並未娶妻，故黛玉夢中聽見之事應是在作夢，

---

[206] 見一粟先生編之《紅樓夢卷》、頁127。

但由於有關黛玉此夢之資料極少，因此無從就其夢內容再進一步討論，故此處僅就第八十二回論之。在第八十二回中《紅樓夢》作者敘述黛玉歎氣、流淚，毫無情緒，和衣倒下後之情景：「不知不覺，只見小丫頭進來說道：『外面雨村賈老爺請姑娘。』黛玉道：『我雖跟他讀過書，卻不比男學生，要見我做什麼？況且他和舅舅往來，從未提起，我也不便見的。』因叫小丫頭回覆：『身上有病，不能出來，與我請安道謝就是了。』小丫頭道：『只怕要與姑娘道喜，南京還有人來接。』說著，又見鳳姐同邢夫人、王大人、寶釵等都來笑道：『我們一來道喜，二來送行。』黛玉慌道：『你們說什麼話？』鳳姐道：『妳還裝什麼獃？你難道不知道林姑爺陞了湖北的糧道，娶了一位繼母，十分合心合意。如今想著你擱在這裡，不成事體，因託了賈雨村作媒，將你許了你繼母的什麼親戚，還說是續絃。所以著人到這裡來接你回去，大約一到家中就要過去的。都是你繼母作主。怕的是道兒上沒有照應，還叫你璉二哥哥送去。』說得黛玉一身冷汗。黛玉又恍惚父親果在那裡做官的樣子，心上急著，硬說道：『沒有的事，都是鳳姐姐混鬧！』只見邢大人向王夫人使個眼色兒：『他還不信呢，偺們走罷。』黛玉含著淚道：『二位舅母坐坐去。』眾人不言語，都冷笑而去。黛玉此時心中乾急，又說不出來，哽哽咽咽，恍惚又像是和賈母在一處的似的，心中想道：『此事唯求老太大，或還有救。』於是兩腿跪下去，抱著賈母的腿，說道：「老太太救我！我南邊是死也不去的。況且有了繼母，又不是我的親娘，我是情願跟著老太太一塊兒的。」但見賈母獃著臉兒笑道：『這個不干我的事。』黛玉哭道：

『老太太，這是什麼事呢！』老太太道：『續絃也好，倒多得一副粧奩。』黛玉哭道：『我在老太太跟前，決不使這裡分外的閒錢，只求老太太救我！』賈母道：『不中用了。做了女人總是要出嫁的，你孩子家不知道，在此地終非了局。』黛玉道：『我在這裡，情願自己做個奴婢過活，自做白吃，也是願意，只求老太太做主！』老太太總不言語，黛玉又抱著賈母哭道：『老太太！你向來最是慈悲的，又最疼我的，到了緊急的時候，怎麼全不管？你別說我是你的外孫女兒，是隔了一層了；我的娘是你的親身女兒，看在我娘分上，也該護庇些！』說著撞在懷裡痛哭。聽見賈母道：『鴛鴦，你來送姑娘出去歇歇，我倒被他鬧乏了。』黛玉情知不是路了，求之無用，不如尋個自盡，站起來，往外就走。深痛自己沒有親娘，便是外祖母與舅母姐妹們，平時何等待的好，可見都是假的。又一想：『今日怎麼獨不見寶玉？或見他一面，看他還有法兒。』便見寶玉站在面前，笑嘻嘻的說：『妹妹大喜呀！』黛玉聽了這一句話，越發急了，也顧不得什麼了，把寶玉緊緊抱住，說：『好！寶玉，我今日纔知道你是個無情無義的人了！』寶玉道：『我怎麼無情無義？你既有了人家兒，俗們各自幹各自的了。』黛玉越聽越氣，越沒了主意，只得拉著寶玉，哭道：『好哥哥！妳叫我跟了誰去？』寶玉道：『你要不去，就在這裡住著。你原是許了我的，所以你纔到我們這裡來。我待妳是怎麼樣的，你也想想。』黛玉恍惚又像果曾許過寶玉的，心內忽又轉悲作喜，問寶玉道：『我是死活打定主意的了，妳到底叫我去不去？』寶玉道：『我說叫你住下。你不信我的話，你就瞧瞧我的心！』說著，就拿著一把小刀子往胸口上一劃，只見鮮血直流。黛玉嚇得魂飛魄散，忙用手握著寶玉的心窩，

哭道：『你怎麼做出這個事來？你先來殺了我罷！』寶玉道：『不怕！我拿我的心給你瞧。』還把手在劃開的地方兒亂抓。黛玉又顫又哭，又怕人撞破，抱住寶玉痛哭。寶玉道：「不好了！我的心沒有了，活不得了！」說著，眼睛往上一翻，咕咚就倒了。黛玉拚命放聲大哭，只聽見紫鵑叫道：『姑娘！姑娘！怎麼魘住了？快醒醒兒，脫了衣服睡罷。』黛玉一翻身卻原來是一場惡夢。」（影乾隆壬子年木活字本《百廿回紅樓夢》、第十四冊、第八十二回、頁九--十一，並參考饒彬校注本《紅樓夢》之斷讀，「粧」字改為「裝」）

　　黛玉此夢又與其他人的夢迥異，夢的成因可分為遠因、近因及導火線。黛玉做此夢的遠因可溯及第八十一回。當賈赦將迎春許與孫紹祖之後，迎春奶娘來家請安，述及迎春受苦流淚之事，於是王夫人接回迎春暫住幾日。迎春提及孫紹祖好色、好賭之事，寶玉建議王夫人將迎春接回紫菱洲住，但王夫人不允，寶玉來至瀟湘館後，向黛玉述及人生變幻無窮之理與姐妹不能長久相處之道。黛玉聽完寶玉悲痛之言後，便低頭不語、抽身躺回炕上飲泣，將眼圈兒哭得通紅了。書中並未明言黛玉何以哭泣？然筆者已於第二章中探討黛玉「還淚之說」的種種成因，此處則可解釋為觸景傷情，與寶玉同步悲痛。為迎春歟泣。迎春自幼失去母親，父親賈赦亦未能替女兒締造一良緣，嬸娘王夫人雖時有照料，卻亦未能如同親娘般的疼愛，設法搭救己出之子。迎春雖有父親，然父親卻未能為女兒謀求終身幸福，則其處境與黛玉之失怙竟有異曲同工之妙。黛玉將迎春之困境與自己之處境搭連在一塊兒，誠屬必然。故為迎春之事觸景傷情，乃黛玉做此夢之遠因。黛玉的此種心態即是佛洛依德所云之「仿同作用」。

第十章　黛玉之夢

　　其次寶釵遣來送一瓶蜜餞荔枝給黛玉之婆子對黛玉的讚美，是黛玉做此夢的成因之二，在第八十二回中，日間婆子對黛玉那番話語之刺激，此乃黛玉做惡夢之近因：「一時，晚妝將卸，黛玉進了套間，猛抬頭看見了荔枝瓶，不禁想起日間老婆子的一番混話，甚是刺心。當此黃昏人靜，千愁萬緒，堆上心來。想起自己身子不牢，年紀又大了，看寶玉的光景，心裡雖沒別人，但是老太太·舅母又不見有半點意思，深恨父母在時，何不早定了這頭婚姻。又轉念一想道：『倘若父母在時，別處定了婚姻，怎能夠似寶玉這般人才心地？不如此時尚有可圖。』心內一上一下，輾轉纏綿，竟像轆轤一般。」（影乾隆壬子年木活字本《百廿回紅樓夢》、第十四冊、第八十二回、頁八，並參考饒彬校注本《紅樓夢》之斷讀）而日間老婆子的一番混話是指老婆子笑向襲人所說之話：「怨不得我們太太說，這林姑娘和寶二爺是一對兒，原來天仙似的。」（影影乾隆壬子年木活字本《百廿回紅樓夢》、第十四冊、第八十二回、頁七--八，並參考饒彬校注本《紅樓夢》之斷讀）及老婆子對黛玉形貌上的讚美：「這樣好模樣兒，除了寶玉，什麼人擎受的起！」（乾隆壬子年木活字本《百廿回紅樓夢》、第十四冊、第八十二回、頁八，並參考饒彬校注本《紅樓夢》之斷讀）黛玉便因日間受了婆子冒犯，至晚間卸粧後不禁想起自己年歲已大，身子又不牢靠，恨父母在時未能定下此項婚姻，更何況日間婆子那番話雖是混話，倒也提醒她該為自己終身幸福著想，並且老婆子之讚美即是以旁人眼光肯定黛玉在同儕中，乃唯一能與寶玉匹配的對象。接著黛玉又胡思亂想著如果父母尚在，卻將自己與別人訂了親，對象若非寶玉，則一切事情就更糟了。由於情緒低落。心情忐忑不安，傷心

流淚一回後，躺在床上的黛玉漸漸不自覺地進入夢境，經歷了另一番非存在於人世間現象界之痛徹心扉的苦難。黛玉此夢之成因，實因失怙及觸景傷情所起，此乃受了最近生活經驗影響的事。黛玉做此惡夢的遠因中迎春出嫁之事實，首次在黛玉生活中激起漣漪。此種漣漪乃潛意識的運作，緊接之近因則將此漣漪幻化或大波瀾，不正應了「日有所思，夜有所夢」之話語，一如佛洛依德於其《夢的解析》*The Interpretation of* Dreams）一書中所云：「夢…實際是一種願望的達成。它可以算是一種清醒狀態精神活動的延續。」[207]這是黛玉做惡夢的導火線。夢既為願望之達成。則根據遠因，「迎春之嫁」象徵著女大不終留的意思，亦為黛玉將嫁之隱喻。故黛玉因感嘆迎春之事而哭泣。迎春之事雖仿如星星之火，卻有燎於原之勢。黛玉將此潛藏的願望---自己終生幸福---深埋心底，直至耳聞老婆子之讚美唯有自己才可匹配寶玉之時，才將此願望自心底稀釋而出。所以王符《潛夫論》云：「孔子生於亂世，日思周公之德？夜即夢之，此謂意精之夢也。」[208]就黛玉的心理而言，此種「意精之夢」的類型即是「日有所思、夜有所夢」，其實與「記想之夢」的類型很難區分，儘管王符是如此的區別為二；若就夢內容而言，作者於第八十二章之回目題為「老學究講義警頑心病瀟湘痴魂驚惡夢」早已將夢的類型「惡夢」點出，因而本論文暫將

---

[207] *The standard Edition of Complete Works of Sigmund Freud.* "They are physical phenomena of complete validity-fulfillments of wishes; they can be inserted into the chain of intelligible waking mental acts." p. 122. 中譯本賴其萬，符傳孝譯之《夢的解析》*The Interpretation of Dreams* 之譯文在第3章：「夢是願望的達成」頁55.

[208] 王符之《潛夫論》，輯於《四部叢刊》、第18冊、頁46-47。

就黛玉的心理而言，黛玉此夢歸之於「惡夢」，不過若歸之於「思夢」
或「記想之夢」亦無不可。黛玉此夢與其他人的事迥異，是個讓做夢
者極爲不悅的事，且讓黛玉笑醒過來。此種夢今日又稱夢魘，與《周
禮》中所謂的「驚愕而夢」不同，與《太平御覽》中第三十九卷中之
人事部三八、三九、四〇、四一中，將夢分爲吉夢、應夢、凶夢[209]三種
夢類型中之「凶夢」是以所夢之事，於占夢後應驗時果真是爲不吉利
的事類型又大相逕庭。與《太平廣記》第二百七十六卷、二百七十七
卷、二百七十八卷、二百七十九卷、二百八十卷、二百八十一卷、二
百八十二卷，將夢分爲夢休徵、夢咎徵、鬼神、夢遊等四種類型中之
「鬼神」亦相異[210]。

第二節　剖腹刳心之主題及與人際關係之題材

一、寶玉剖腹刳心之主題

在黛玉夢中，夢的場景更換過三次，不過不同的場景卻呈現出連續一
貫的主題。由夢內容中知黛玉聽見小丫頭來報賈雨村述及黛玉將嫁他
人爲續絃之事，黛玉賭氣亦表現一副樂觀其成的樣子。最後寶玉表現
自己對黛玉的心意剖腹刳心而死。根據夢內容，知夢的主題是黛玉哭

---

[209] 詳見大化書局景印之《太平御覽》，頁1833-1846。
[210] 見於《筆記小說大觀》第27編、第3冊、《太平廣記》、頁2032-2088。其中鬼神
一類，是指祖先、朋友、親人或已死去之先聖先哲或陌生人等，這與此處筆者文中「惡
夢」的定義不同。

著不願下嫁他人，只希望能留在榮府與寶玉長相廝守，然而事與願違，寶黛的情愛卻在寶玉剖腹刳心後完全瓦解崩潰。

至於黛玉此夢之主題，從夢中寶玉毫不畏懼地當著黛玉之面剖腹刳心，直截了當地告訴黛玉，自己愛護黛玉的心意，夢中之寶玉充分地表現其日常性格中為人之坦率及對黛玉之真誠，然由黛玉的立場而言，黛玉為何會做此種惡夢呢？若依照佛洛依德夢理論以為是願望的達成：則似乎難以令人信服，黛玉斷乎不肯寶玉就此剖腹刳心而亡的。然而夢本身具有創造性，及一如佛洛依德所云夢會「改裝」（Disguise）「一旦願望之達成，有所「偽裝」（Disguise）或「難以認出」（Unrecognizable），必表示夢者本身對此願望有所顧忌，而因此便使這願望只得以另一改裝的形式表達之。」[211]因此從黛玉夢中或可看出寶玉對黛玉之真誠，及黛玉願望之達成。

在日常生活中，寶玉對黛玉之愛護可謂極至，除了隱忍黛玉的多疑外，更能體諒黛玉，可謂黛玉的知己。史湘雲曾拿戲子比黛玉，寶玉便暗示湘雲勿傷害黛玉；當寶釵有金鎖、史湘雲有麒麟、寶玉也有一隻麒麟時，寶玉亦能了解黛玉彼時的尷尬，欲將麒麟送予黛玉，雖然黛玉為了愛面子，未能收下，但寶玉對黛玉心靈、情緒之捉摸，及適時的為黛玉解圍，實屬不易。且《紅樓夢》書中提到寶玉見婆子準備果饌，便知黛玉欲祭祖，心情必不佳，於是先到鳳姐兒處轉一圈，

---

[211] *The standard Edition of Complete Works of Sigmund Freud,* " But in cases where the wish-fulfillment is unrecognizable, where it has disguised, there must has exist some inclination to put up a defense against the wish. Volume IV, p.141. 見賴其萬及符傳孝先生所譯之《夢的解析》、頁74。

再到瀟湘館來，寶玉如此細心，善解人意，黛玉必然早已知曉，而平日與寶玉的爭吵，只因自己多疑及本身的矛盾使然，故費秉勛先生云：「我們可以看到：林黛玉在寶玉對她的愛情表現得過于顯露時，便恨寶玉，這能說是黛玉對愛情的阻力的軟弱妥協嗎？不，這正顯示了林黛玉對敵對力量，對自己愛情悲劇的認識的深刻，而反過來也正顯示了她愛情的堅貞。」[212]筆者對費先生此文不能完全同意，如果黛玉果真對自己愛情悲劇認識深刻，斷不會在第九十四回中海棠花突然在非開花節令而開花時，李紈猜測是暗喻寶玉有喜事時，黛玉聽後心中著實高興以為指自己和寶玉；又第九十六回中當黛玉知道寶玉要娶寶釵之事，整個人受震驚後，變得迷迷癡癡。黛玉雖心理自相矛盾著，但對寶玉的坦誠卻能欣然接受，只是夢中寶玉一反清醒時的理性，做出令黛玉痛哭不已的剖腹刳心的舉動。故黛玉在做此惡夢前，曾想若父母在時，卻將自己嫁予別人，可該如何？可見黛玉對寶玉的坦誠相見是不待言的了。

現實生活裡，黛玉的心理矛盾，令她無法完全接受寶玉坦率地對其表達愛意，令寶玉與黛玉談話時，謹慎而不敢冒犯，此亦即黛玉多疑多心的原因之一。日間無法滿足，夜間時，夢中便可藉夢的創作性及夢的改裝技巧，使黛玉獲其所欲，而黛玉所欲獲得的，便是寶玉的「真心」，並非寶玉的死亡，故當寶玉剖心倒地後，黛玉悲痛欲絕，正可解釋為，黛玉對寶玉「愛之欲其生」的心理了。因此寶玉的倒地死亡是惡夢的特質，作者別有寓意，至於夢如何借著昔日日常生活的

---

[212] 見費秉奠生之〈談《紅樓夢》的心理描寫〉收入《紅樓夢研究集刊》第2輯、頁206。

點滴、實錄拼湊而創造出一個新的故事，至今仍無人知曉，就如同人類對夢之何以產生？對人類來自何處？歸至何處？至今依然是無法解開的謎一般。

當黛玉向寶玉試探自己是否可留在榮府時，亦正表明自己缺乏自信及不安全感，希望寶玉能予以肯定，甚至拿出較有力、更具體的保證來驅散黛玉原來的悲傷與痛苦，而最具體、最令人心服的，莫過於對方的「真心」；「夢」，總可以透過超現實的、神話式的故事來滿足做夢者，且就現實世界而言，「夢」的安全性更在於「夢中的一切均是假的」，做夢者較不會有心理負擔。

二、人際關係之題材

除了寶玉以外，在黛玉的夢中，人物角色頗多，一是榮府中與黛玉關係雖非極為親密，但卻也是日常相聚閒談的伙伴或偶因事務有所往來的對象；二是與黛玉極為親近的賈母；三是自小與黛玉耳鬢相磨的寶玉。在第一段夢中，夢題材的處理偏重在榮府中的人對黛玉的心態上；第二段夢中，夢題材的處理著重於黛玉與賈母之關係及賈母對黛玉究竟有幾分關懷之上；第三段夢中，夢題材純粹置於寶玉與黛玉的情感問題之上。黛玉與夢中人之親疏關係，亦由關係較疏的第一段夢中之鳳姐、王夫人、寶釵…等人，關係次密的第二段夢中之賈母，至與關係最親密的第三段中之寶玉，由疏而親編排著，每一段夢境的題材設計，必有其意義與內涵。

第十章 黛玉之夢

　　首先在黛玉夢中，黛玉聽到賈雨村之事態度冷淡，甚至藉口生病不願相見，此種心理反應必有其意義？回顧昔日黛玉與賈雨村的關係，除了賈雨村為黛玉之師外，彼此僅有淡淡之師生情誼，況黛玉因體弱多病，功課數量不限多寡，加之母親賈敏去世後，黛玉因日奉湯藥，哀痛過度而舊病復發，課業亦因此中斷，賈雨村亦得閒散一時，期間黛玉僅從賈雨村學書一年餘。不巧遇見冷子興得知黛玉及其父林如海與榮府之關係後，便欲借林如海之力以央煩賈政助其起復舊職之事；林如海亦因正月初二將年約六歲的黛玉送往其外祖父賈政家，正巧可放心託賈雨村與榮府派來之老婦及黛玉之奶娘同行而去。此後黛玉與賈雨村之關係便如交叉線越離越遠。書中將二人關係著墨如此之少，不過如雪泥鴻爪，絲毫無法引人側目。然而由於賈雨村同行之事，乃因林如海盼女兒有人照應，故實質上即等於賈雨村護駕黛玉至榮府，因此黛玉夢內容之中夢見賈雨村來接黛玉回南京之事，正如佛洛依德所云：「夢完全受兒時最初的印象所左右，而往往把那段日子的細節，那些在醒覺時絕記不起來的小事重翻舊帳地搬出來。」[213]雖然林黛玉此夢並非將兒時之舊事原本搬入夢之舞台中，但兒時對初遭母喪，又需離開父親之小女孩的心靈而言，其打擊之大，心靈上所承受壓力之重，必然深印腦海，銘刻心腑。王符《潛夫論》中曾云：「人

---

[213] *The standard Edition of Complete Works of Sigmund Freud.* "I have pointed out a tired peculiarity of the content of dreams that it may include impressions which date back to earliest childhood, and which seem not to be accessible to waking memory." Volume IV, First part. p.189. 中譯文，見於賴其萬、符傳孝所譯之《夢的解析》一書、第五章：夢的材料與來源、頁116。

一寢之，夢或屢遷叱，百物代至而其全不能究道之，…」[214]此說正與佛洛依德所謂之「夢的化妝」理念一致，可知林黛玉此夢之形成是「曾產生了『置換』（displacement）現象-- 用心理學的話來說，就是一個具有較弱潛能的意念必須由那最初具有較強潛能的意念裡，慢慢吸取能量，而到某種強度才能脫穎而出，浮現到意識界來。」[215]故由於黛玉與賈雨村淡薄的師生關係，因此在黛玉夢中，黛玉僅聞賈雨村之名，而不見其人，應有其象徵意義的。

　　至於黛玉與寶釵、鳳姐、王夫人及邢夫人的關係，從黛玉夢中亦可窺其一貌。在黛玉夢中，當黛玉見鳳姐、寶釵、王夫人、邢夫人來道喜送行時，他們心中竟無絲毫對黛玉依戀不捨之情，且道喜送行之事，竟是自己日夜擔心害怕的事，不由得嚇出一身冷汗來。鳳姐是個有名的鳳辣子，行事陰狠毒辣，然對黛玉卻在首次與黛玉見面時憶及其母而為黛玉傷泣。此後雖未與黛玉有任何正面之衝突，倒也算對黛玉表示了些微關心的態度。表面上鳳姐是賈母眼中善解人意之人，然骨子裡是否表裡一致，相信憑黛玉聰明絕頂之智慧定方可看出一、二。況且自鳳姐病倒後，彼此來往更不比往昔之熱絡。至於寶釵，向來即為黛玉所謂「金玉良緣」中之情敵；寶釵自有其賢淑善良的一面，自

---

[214] 見於王符之《潛夫論》輯於《四部叢刊》第18冊，頁46-47。

[215] *The standard Edition of Complete Works of Sigmund Freud.* "What take place would seem to be something in the nature of a 'displacement' –of psychical emphasis, shall we say—by means of intermediate links; in this way, ideas which originally had only a weak charge of intensity cathered and at last attain enough strength to enable them to force an entry into consciousness." Volume IV, First part. p.177. 中譯本為賴其萬，符傳孝譯之《夢的解析》*The Interpretation of Dreams* 第4章：「夢的改裝」頁104。

入榮府以來，便容忍著黛玉對她的譏諷，直到二人誤會冰釋、感情友好後，黛玉才不再使性子。吳美儀先生於其〈試析《紅樓夢》裡對假丑惡的描寫手法〉一文中，以爲《紅樓夢》作者對寶釵是明褒實貶，並舉金釧兒落井之事爲例，謂其安慰王夫人的話，便是「巧言令色、不惜顛倒黑白，以諂媚王夫人的陰冷心理。」[216]果真寶釵是個陰險之人，那麼後來黛玉與其友好，對「物以類聚」之語又何以解釋？難道黛玉亦爲陰險之人？黛玉並非傻子，傻到分辨不出好壞人來。然而寶釵後來能獲得黛玉的友情，必有其美德所在，只要寶釵不存心害人，便不是壞人。在寶釵、黛玉誤會冰釋後，寶釵對黛玉的關心總比別人多些，黛玉亦能心領神會，但由於傻姐兒拾到一只什錦春意繡香囊所釀起之抄撿大觀園風波時，寶釵爲了避嫌而搬出大觀園，此後與黛玉之關係則漸趨淡薄，最明顯的一件事乃是寶釵曾答應中秋節大夥兒要一起賞月，誰知寶釵沒來，黛玉一人獨自對景傷懷，僅湘雲一人來陪伴她。湘雲抱怨著：「…可恨寶姐姐、琴妹妹天天說親道熱，早已說今年中秋要大家一處賞月，必要起詩社，大家聯句；到今日便棄了偺們？自己賞月去了，社也散了，詩也不做了。」（影乾隆壬子年木活字本《百廿回紅樓夢》、第十三冊、第七十六回、頁五，並參考饒彬校注本《紅樓夢》之斷讀）或許寶釵真是位現實派的體貼主義者，不過在此處卻可見出其與黛玉友誼之真摯與否？自此後二人情誼漸淡，黛玉夢中寶釵的態度不似好友一般的熱切，反而冷笑而去，或許此乃

---

[216] 吳美儀先生之〈試析《紅樓夢》裏對假丑惡的描寫手法〉，收入《紅樓夢研究集刊》（第10輯）、頁239-240。

彼此情感趨冷淡的心理反應。至於王夫人、邢夫人與黛玉之關係則更淡薄，只是黛玉的二位舅母。在封建時期男尊女卑、重男輕女心態之下，迎春之事尚且未能令王夫人設法搭救，更何況黛玉之事，則王夫人、邢夫人亦無暇顧及。唯一能解釋的是王夫人與邢夫人一如賈母代表權威階級對黛玉存著漠然不關懷的心態。此種結論也許就以賈母與鳳姐未能替黛玉終身幸福設想而在黛玉病危之際撮合寶玉與寶釵完婚為例，可以正確地詮釋乃是導源於此種不關懷的心態。

　　而黛玉與賈母的親疏關係，從黛玉夢中，讀者多少亦可了解黛玉潛意識中的想法。就血統關係而言，賈母與黛玉乃祖母與外孫女之祖孫關係。就日常生活之親疏而言，賈母與黛玉似親而疏，似疏而親之微妙關係，頗值得玩味。首先在黛玉夢中我們看到黛玉向賈母表興其願長久居住於榮府的決心，原因是父親續絃的繼母，未能為自己作成一椿符合自己心願的婚事：而自己的婚事，竟操縱於一個未曾謀面的陌生人--繼母手中，豈可甘心？其次是表明黛玉捨不得離開寶玉之心態。二人除了自幼與寶玉「耳鬢廝磨、心情相對。」（影乾隆壬子年木活字本《百廿回紅樓夢》、第五冊、第二十九回、頁十一，並參考饒彬校注本《紅樓夢》之斷讀）外，自從私定衷情後，黛玉已將終身託付予寶玉，此可由後來黛玉得知寶玉娶寶釵淚盡夭亡之事為證，可見黛玉對寶玉之痴心，或許也可以解釋為黛玉最後唯一的精神支柱---寶玉崩塌後，黛玉這座神跡、古廟亦毀於一旦，可見寶玉在黛玉心中有舉足輕重的地位。但是除了寶玉以外，黛玉可依靠的人還有賈母，而賈母原來對待黛玉亦「萬般愛憐，寢食起居一如寶玉，而迎春、惜春、探春三個孫女兒倒且靠後了。」（影乾隆壬子年木活字本《百廿

回紅樓夢》、第二冊、第五回、頁一，並參考饒彬校注本《紅樓夢》之斷讀），直到元妃編次大觀園題詠時，想起園中景緻之美，於是令家中現有能詩會賦的姐妹搬進園中去住。黛玉住瀟湘館、寶玉住怡紅院，二人雖不再同賈母房中一處，然住處亦頗相近，二人擁有像宋人陳重、雷義如膠如漆之友誼與情感。在黛玉的惡夢中，其於賈母面前又哭又鬧的過激反應，正意味著反對他人將此如膠似漆的情感破壞；哭泣、跪拜的乞求亦意味著黛玉將內心的無助及恐懼形之於外的表達出來，此種方式是最脆弱的防衛形態，也是黛玉所選擇的途徑。

　　黛玉之所以無助，導因於失怙，黛玉之所以恐懼，乃源於其焦慮心態。根據心理學家西爾格德（Hilgard, Ernest R.）對「情緒」一詞的探究中以為：「焦慮是一種非常接近於恐懼的狀態，像恐懼一般，有著動機的結果。」[217]接著他又將焦慮分為兩種狀況：「首先焦慮是恐懼、關懷及不安的一種狀況，這是一種特殊的恐懼，一般的恐懼都有一個對象，而焦慮所恐懼的是個模糊的對象。甚至於根本就沒有對象。第二種焦慮的運用是被限定於一個更有限制的模糊的恐懼，亦即是缺乏安全感的恐懼。第三種焦慮的運用是意味過分擔心自己的行為，亦即是罪惡感的恐懼。」[218]黛玉的惶恐不安、缺乏安全感的焦慮心態早

---

[217] 見於Hilgard Ernest R., *Introduction to Psychology,* "Anxiety is a state closely related to fear and, like fear, has motivational consequence."p. 165.
[218] 見於Hilgard Ernest R., *Introduction to Psychology,* "Anxiety is a first of all a state of apprehension, of concern, of uneasiness." "It is a special kind of fear while ordinary fear always had an object, anxiety is fear with a vague object." "A second use of anxiety restricts it with a more limited kind of vague fear; i.e., the fear of insecurity. … Anxiety is used in a third way to mean concern over our conduct; i.e., feelings of guilt." p. 166. 另一位

已溢於言表。而這些惶恐焦慮正因黛玉失怙無依及環境的壓力使然，亦因為黛玉對自我關懷的體認，愈趨緊迫所致。除了自幼生理不健康外，善嫉善妒，不開朗的性格更為黛玉的悲劇種下禍因。筆者將分為以下兩點來探討：

（一）. 由賈母對黛玉態度之漠然論之：

在現實生活中之賈母並不如夢中那般對黛玉態度漠然，一副事不關己的模樣。我們看到第三回中黛玉初至榮府時，賈母摟著黛玉哭著叫著心肝寶貝兒的情景，那種外祖母疼外孫女兒的真情，誠如陸樹侖先生所云，是個「動感的肖像描寫」[219]，在第五回中看到賈母對黛玉萬般愛憐的敘述，而第五十四回中，亦曾提及榮府於元宵節開夜筵時，院裏放著炮仗，黛玉因為體弱禁不起劈拍之聲，賈母見狀頓時把黛玉摟在懷裏。賈母與黛玉相處時所表現之風範，是一位標準的長者呵護幼小的典型。亦是外祖母疼外孫女的寫照。第九十回中且提及黛玉立意自戕後，竟至絕粒，賈母等人均輪流來看望她。第九十七回黛玉吐一口鮮血後賈母忙來探望黛玉。在這幾回中賈母對黛玉的關懷可見其

心理學家摩根先生(Clifford T. Morgan)將焦慮分為二種狀態，另有二種解釋的說法，有別於西爾格德分為三種解釋的說法。摩根先生的二種狀態是：「我們都知道恐懼是對特殊事物或狀況的反應。焦慮是發生於各種不同的狀況中所產生的恐懼和不安的表態。換言之，焦慮是一種非常模糊的恐懼。」第四章：動機與調適、頁113。*Introduction of Psychology*, "Fear, we have seen, is a reaction to a special thing or situation. Anxiety is a general state of apprehension or uneasiness that occurs to many different situations. In other world anxiety is a rather vague fear." p.113 仔細探究二人之理論，實為大同小異，故本文中不再複述，僅附於註中，以備參考。中文部分由筆者自譯。

[219] 陸樹侖先生之〈談《紅樓夢》的肖像描寫〉，收入《紅樓夢研究集刊》第12輯、頁159。

真誠，似乎難以令人相信賈母會對黛玉漠不關心，而且一個與自己這麼息息相關的人，何以會令黛玉做出一個反常的夢呢？或許佛洛依德所謂的「潛意識」是可解釋黛玉此反常之夢的原因，筆者於研究黛玉惡夢成因之中，就惡夢中之婚姻及愛情的主題而論，探討出兩個成因，但未曾就賈母與黛玉之關係深入探討，乃因筆者以為將其置於內容中討論可免重複申述之便。若就夢內容而言，賈母回答黛玉的語氣，形同路人，就像一個無法體恤乞求者內心苦痛的主人，一個毫無情感的冷血動物。其何以如此？乃因其中孕涵著權威的象徵及賈母對黛玉的關懷程度。

縱觀賈母的一生享盡榮華富貴，誠如王昌定先生之「紅窗偶得錄」所云，賈母的尋歡作樂與大老爺們的窮奢極欲及花花公子的荒淫無度均是反映封建貴族本質的東西[220]。賈母自云昔日亦有鳳姐之氣魄能力，是個精明利害之人，故其老邁後欣賞鳳姐自有其因。賈母權高望重，任憑其開夜筵、歡樂。雖「賈母並不直接掌握賈府的政權、財權，可是她代表著從榮寧二公以來的傳統與威望」[221]她富貴豪奢慣了，使主子之權乏了，常寬以律己，嚴以待人，或許這就是令黛玉潛意識裏對賈母形象的另一層體認。

（二）. 賈母對黛玉關懷程度的冷熱兩極化

前面筆者提及賈母對黛玉的關懷是可以肯定的，然而關懷本身卻有程度之別。黛玉孩提時，賈母對其關懷程度較高，黛玉長大以後則

---

[220] 王昌定先生之〈紅窗偶得錄〉收錄於《紅樓夢研究集刊》第10輯中、頁86。

[221] 太愚先生之《紅樓夢人物論》收入《紅樓夢藝術論》一書中，里仁書局、頁98。

不然。由幾個較明顯的例子中可讓讀者察知賈母的心態。在第七十九回，寶玉因大觀園抄檢時逐走了司棋、迎春嫁了人、晴雯之死及自己受風寒而得了病時，賈母便寢食難安，天天前往探視。而黛玉舊病復發時，賈母卻不曾如此，此乃傳統社會中男尊女卑之觀念所致。在第二十九回中，張道士曾提起寶玉也該尋親之事，對方是個十五歲的女孩，賈母以和尚說寶玉年紀尚小命不該早娶作罷，但等到寶黛二人年事已長後，賈母首先考慮到的依然是寶玉，因此要求賈政應多留意寶玉的終身大事。接著第八十五回中賈母又把黛玉的生日忘了，好在鳳姐的提醒，方才憶起。賈母可以健忘得把外孫女最重要的生日忘記，可見黛玉此時在賈母心中的分量。最後在第九十七回中賈母因黛玉吐了一口鮮血而前往探視，但卻又說出了不近情理的話，要黛玉心中不可有別的想頭。黛玉已是病危之人，賈母卻還堅持站在為寶玉著想的基礎上，不願寶玉娶其心中認定是無壽之人的外孫女黛玉為媳婦，一言否決，要黛玉死心。賈母以其世故的眼光及現實的功利主義心態否決了與寶玉青梅竹馬的黛玉，出言冷峻無情，黛玉此時在賈母心中彷如外人一般。雖然黛玉此次病後，榮府上至賈母，下至其他人亦多前來探視黛玉，然而那也只不過是例行公事罷了，對黛玉絲毫起不了正面作用。在這些例子中，有關賈母對黛玉態度越趨冷淡之事，或許正如吳穎先生所云：「黛玉初到賈府時似乎也得到類似寶玉的溺愛。但這只是表面現象。因為她畢竟只是賈母的外孫女，是一個寄人

籬下的親戚而已。」[222]吳穎先生的解釋正足以說明從第八十五回以後賈母異乎往昔的心態。同時亦可說明賈母疼愛黛玉的程度不如往昔之盛。

　　夢中黛玉乞求賈母是希望留在榮府，然而賈母的漠然態度似乎預示著第八十五回後賈母對黛玉關切態度的漸趨冷淡，因爲夢中賈母之漠然態度在第八十五回後確實應驗了而王充之《論衡》中卷二十二〈紀妖篇〉便將此種預示的事稱爲「直夢」，其謂：「或曰亦有直夢見甲，明日則見甲矣；夢見君，明日則見君矣。…直夢者，夢見甲、夢見君，明日見甲與君，此直也。」[223]。亦即漢‧王符《潛夫論》中所云之「直應之夢」也，其所代表的是預示的內容在未來果真會應驗。

　　因此，在黛玉夢中，讀者由黛玉之情緒反應，可窺見其焦慮心態。在黛玉夢中的第一片段，由小丫頭來報訊起至鳳姐、寶釵、邢夫人、王夫人冷笑而去爲止，黛玉之情緒反應爲二段式之不同表情，首先態度冷淡未見情緒波動，接著嚇出了一身冷汗，並含著淚哭泣。在解釋黛玉的反應之前，首先我們必須解釋「情緒」之意義：「個體當受著一種刺激，基於複雜的感覺經驗，同時由於機體的變動，表現喜、怒、哀、樂、愛、惡、嫉、憂、緊張、興奮、安慰等的態度或行爲，這些便是我們所謂的情緒（Emotion）。簡單地說情緒是個體的有機體之激

---

[222] 見於吳穎先生之〈論林黛玉形象的歷史意義〉一文。收入《紅樓夢研究集刊》第12輯、頁98。
[223] 見於王充之《論衡‧紀妖》卷22，頁941，收入《中國子學名著集成》（上）、（下）《雜家子部珍本初編》，中國子學名著集成編印基金會印行。

動狀態。」[224]根據繆恩（Norman L. Munn）之《心理學》一書之說法，情緒原爲拉丁字（emovere）演變而來，以爲所謂之「拉丁字 emovere 意謂著激起、激動、興奮或感動之意。」[225]至此我們對情緒便有一概念性的了解，以此來探究黛玉之情緒反應，將裨益良多。當黛玉聽完鳳姐的話後，黛玉的情緒反應爲「冒了一身冷汗」。此正符合心理學家所謂之「情緒發生時，不獨內部有變化，外部也有變化，其最顯明的爲面部的表情和聲音。」[226]，而黛玉冒了一身冷汗即是指由內部作用呈現於外部或面部的變化，指內心之情緒突然被激起。雖然黛玉在夢中一昧不肯接受此事實，然而事實上其情緒早已屈服於此段夢的運作之下。故後來黛玉選擇了「哭」爲情緒之表達方式。西爾格德（Ernest R. Hilgard）於其《心理學》Introduction to Psychology 一書中云：「情緒之表達，如同其他複雜行爲一般，是透過成長與學習發展來的。嬰兒出生時之哭泣，在成長的過程中笑是伴隨哭泣而來的。」[227]黛玉選擇以最原始的嬰兒出生之哭泣方式來表達其激動的情緒。爲自己未來幸福之事哭泣，代表黛玉此時「自我關注」之強烈。黛玉的哭泣，一方面意味著自己日間所關心之事，終於殘酷地在夢中發生了，另一方則強烈地表示自己對此突發事件的不滿。就因爲黛玉父母早已雙亡，未

---

[224] 見曾國威先生著之《必理學》第5章 情緒，頁88。

[225] 見於Norman L‧Munn, *Introduction to Psychology,* " The Latin world emovere means to stir up, agitate, excite or more." p. 125.

[226] 見於吳紹熙所編之《心理學綱要》頁108。

[227] Ernest R. Hilgard, *Introduction to Psychology,* "Emotional expression like other complex behavior, develops through maturation and learning. The infant cries at birth; as he grows order his laughter is as spontaneous as his crying." p. 159.

能有庇護者而造成其形勢孤單，故令黛玉自然而然地產生焦慮。雖然夢中父親尚存，然為黛玉婚定者卻是其繼母，父親始終是位無法助己、救己之人。由於黛玉所呈現的典型青春期「自我關注」[228]之深刻反應，使此段夢之悲劇性誠屬必然。黛玉之強烈情緒反映，即顯示其內心之焦慮狀態，哭泣乃為內心焦慮的發洩途徑之一。「佛洛依德以為焦慮是自我產生的，因自我體認到對某種本能要求的滿足常會製造出令人難忘的危險情況，因而抑制本能的願望，但因需要的不滿足而增加了緊張。」[229]就是此種緊張焦慮的心態使得黛玉經常失眠，甚至於連作夢都令自己怵目驚心。黛玉惡夢中的焦慮心態正是人生現象界中潛意識的真實面貌。

第三節　姻緣路斷之象徵

　　惡夢是夢的類型之一，一種令人不愉快的夢或驚心動魄的夢均稱為惡夢。康諾先生（Kanner,1957）云：「『夢魘』就是單純的惡夢。夢魘發生在眼球快速轉動（REM）的睡眠中。它們通

---

[228] 所謂「自我關注」，根據王書林先生所譯之《心理學》一書中之情緒的發展部分，譯文為：「青年人與他人交互動作及對他人反應之能力的生長伴隨著兩點似乎相反的發展。在一方面，他愈來愈認識他人的需要和情感，但另一方面，他又發展一種自身關懷。」（頁98）。
[229] 見韓幼賢先生之《心理學研究論文集》中之〈佛洛依德精神分析學及其有關學說〉頁6。

常均很短暫。」[230]若將睡眠分爲四個階段，根據康諾先生之說法，則「第四個階段也是夜間恐懼的來源。」[231]此乃有關惡夢之科學實證。黛玉所作此惡夢之意義如何？若就筆者前面夢內容之系列探討之大意言之，黛玉的惡夢強烈地顯示其日夜焦慮不安的心態及預示黛玉未來即將發生之悲劇。可惜黛玉對此夢的預示作用卻絲毫察覺不到，夢醒後，除了夢中悲傷的情緒多少影響到清醒後的霎那激動外，黛玉依然如往常般過著日子，過著日漸暗淡、且愈趨苦痛的生活，但黛玉卻始終不自覺。或許作者亦欲借人類對夢中一切的不察與無知來闡述「人類對自己生存意義與價值全然無知」的主題。我們看見黛玉自六歲起，便過著喪母失怙的生活，直至黛玉知寶玉將娶寶釵後，痛苦、絕望、含恨地離開塵寰爲止。黛玉似乎真的只活在情與愛的衝突與折磨之中，人類生存的目的與價值，對黛玉而言是輕如鴻毛，不值一顧的瑣碎，黛玉因情愛而生，此正應了甄士隱神話中的寓言，黛玉亦因情愛而卒，此亦應了人間情愛哲學殉情者的真言。

有關夢的預示作用，《太平御覽》、《太平廣記》及《永樂大典》均收入不少此類故事與篇章；甚且有詳載惡夢清醒後之解厄方法。在中國古書中，如《新序》云：「諸侯夢惡則修德，大夫夢惡則修官，

---

[230] Dennis Coon, *Introduction to Psychology*, "A nightmare is simply a bad dream. Nightmare occurred during REM sleep. They are usually very brief." Chapter 7：Sleep and dreaming. p. 159. 並見於王溢嘉先生所編譯之《夢的世界》頁15。

[231] Dennis Coon, *Introduction to Psychology*, "Stage 4 sleep is also the source of night terrors." Chapter 7：Sleep and dreaming. p. 159.

士夢惡則修身，如是災禍自散矣」[232]，而美國今日針對夢者意識尚在清醒階段時所做的改變夢內容的實驗，似乎亦能轉化惡夢後予人不悅的災厄情緒[233]。黛玉惡夢的內容，在第八十三回中借由襲人口吻得知應驗於寶玉身上，襲人云寶玉突然半夜心疼，像刀子割似的。根據襲人的告白，寶玉與黛玉同一晚均有夢魘，而寶玉的心疼正應了黛玉夢中寶玉剖腹剜心，驚心動魄的一幕。而夢後二人均無法察覺夢中的預示作用，無法如《新序》所言「士夢惡則修身」，反躬自省或有更深一層的警悟，因此悲劇的產生，似屬必然。有關黛玉惡夢的性質根據康乃狄克大學的精神醫師米契爾・史東博士（Pr. Michael Stone（以為「在夢中夢見被支解、殘缺不全的身體，大部分是自己的身體四肢被砍斷、頭顱裂開來、五臟六腑被撕扯出來、骷髏、遺骸等，甚至夢見自己的死亡（被處死），它有一個名稱叫做『毛骨悚然之夢』（gruesome dream）」[234]。黛玉夢見的惡夢確實令人毛骨悚然的夢魘，然而因為夢中五臟六腑撕扯出來的人不是自己，是寶玉，所以黛玉也並非如米契爾・史東博士之研究指出此種夢所呈現「可能是精神病最初且唯一的跡象。」[235]的那種病患。畢竟黛玉是否有精神病，這是研究紅樓夢者都清楚了解的事。黛玉此夢之意義：悲劇的預示作用，頗具畫龍點睛之妙，借此惡夢之內涵，更突顯作者伏筆之神功巧設。

---

[232] 見於劉向《新序》第2卷、雜事第2、頁6。水銀編著之《夢的解析》亦引用《新序》此文。（頁35-36）

[233] 見宙久南博士之〈說夢、諦空、談解脫---喜瑪拉雅來鴻之三〉一文，載於《菩提樹》、第425期、頁35-36；另《慧炬》第285期、33-35。

[234] 見王溢嘉編譯之《夢的世界》頁156-157。

[235] 見王溢嘉編譯之《夢的世界》頁157。

　　「自古以來，所有的釋夢者都認為夢是一種『象徵語言』。所謂
『象徵』常被界定為『某些代表其他事物的東西。』」[236]，同時楊格
（Jung, Carl Gustav1875-1961）亦認為「夢和神話一樣，都是顯示原型
以使意識知曉的工具」[237]。人生似夢幻般，稍縱即逝。不可捉摸之人
生對一個自幼失怙之黛玉而言。喜，也是一生；悲，還復一生。然而
自第三回黛玉與寶玉晤面後，黛玉即因寶玉摔玉之事痛哭流涕，「涕
泗縱橫」及「敏感多疑」似乎成了黛玉一生之註腳。黛玉處於長年悲
戚瀰漫之空間中，「悲」籠罩其四周環境，心情難以釋懷為其釀成惡
夢之主因。然而研究《紅樓夢》者必然會察覺到，整部《紅樓夢》中
有關黛玉之夢僅有一篇，李元貞女士於其〈紅樓夢裏的夢〉一文中云：
「紅樓夢裏的夢，大大小小，重要與不重要的，約有十來個。有趣的
是，作夢最多的是寶玉，其次是鳳姐和黛玉。」[238]，首先李元貞女士
並未將《紅樓夢》中人物所做的夢做一正確的數字統計，僅云十幾個，
實則共為二十四個夢，其中包括賈寶玉所做的夢有八個、說夢一個，
鳳姐有三個夢、黛玉有二個夢，其次襲人有二個夢，此外，秦鍾、史
湘雲、小紅、香菱、甄士隱、尤二姐、賈母及柳湘蓮各有一個夢，故
不知李元貞女士究竟以何者為憑據？何以會將鳳姐與黛玉並列？像黛
玉有二則夢的尚有襲人。

---

[236] 見王溢嘉先生所編譯之《夢的世界》頁550。
[237] 見王溢嘉先生所編譯之《夢的世界》頁62。
[238] 見李元貞女士之〈紅樓夢裏的夢〉，在《現代文學》第45期、頁193，1971.12.刊
行。

　　黛玉的一生似乎充滿破碎的夢，先是母喪後爲父亡，此乃「溫馨家園之夢的破碎」；接著至榮府中賈母原是疼愛她的，待自己長大後，除了寶玉、紫鵑外，賈母對黛玉之愛已削減許多，且黛玉之人際關係又不佳，故可謂「朋友之夢碎」；自與寶玉兩小無猜至「愛情婚姻之夢碎」止，人生對黛玉而言，彷彿一場惡夢，書中唯一描述到有關黛玉之夢的「惡夢」，正涵蓋了「溫馨家園之夢碎」、「朋友之夢碎」及「愛情婚姻之夢碎」。黛玉就如同榮格學派的心理醫生所提出的「斷手少女」寓言神話中的少女一般，是個「永遠無助的少女」（Puella aeterna），是個「父系社會」中被界定的女性典範[239]，也是個封建時代的犧牲者。在林黛玉心中此種觀念，「首先從內部壓迫著她的愛情。」[240]再加上心理因素及生理不健全的摧殘，使黛玉一生不是由哭泣方式發洩，便是自哀自嘆或以與賈寶玉手吵鬥嘴的方式渡過一生，悲戚時多，歡笑時少，不過黛玉已亡、惡夢已醒，過去種種將隨風飄逝，如惡夢的一生再也威脅不了黛玉了。

　　黛玉的惡夢，除了象徵黛玉的一生以外，同時亦象徵寶玉與黛玉愛情悲劇之「姻緣路斷」。我們看見黛玉在其惡夢之中見到寶玉剖腹

---

[239] 見於《自立早報》，劉頤先生之〈斷手少女——父系社會的女性典範〉一文，斷手少女的寓言內容為：「魔鬼與一位陷入困境的磨坊農夫交換條件說：我會讓妳致富，但是你必須答應把現在在磨坊後邊的東西給我。農夫以為魔鬼所指的是磨坊後的那棵蘋果樹，便毫不考慮地應允了，但是後來才發覺，原來他心愛的女兒正在磨坊後頭掃地。農夫雖不願履行諾言，但是魔鬼強勢地要求把農夫的女兒帶走，否則便砍掉她的雙手，如果農夫不動手，那麼魔鬼就會把食言的農夫殺死。當在膠著不堪之時，女兒見這情境就同農夫說：親愛的爸爸，隨你怎麼做吧！我是你的女兒。手就跟著被砍斷了！」（1988.4.21.星期4、13影藝版）

[240] 見皮述民先生之《紅樓夢考論集》、頁300。

剜心的倒地身亡而驚訝哀傷、痛苦異常的激動情緒場景，實正符合錢穆先生所云：「中庸言喜怒哀樂愛惡欲七情。其實七情中以欲爲主。合於所欲則生愛，反於所欲則生惡，得其所愛則生樂，失其所愛則生哀。」[241]寶玉與黛玉之友情、愛情自幼始，便有戲劇化的開端，其間幾經波折，直至鳳姐的「偷樑換柱」得逞，黛玉淚盡夭亡爲止，寶黛之情愛緊扣著一個動人的故事。而此處黛玉惡夢中寶玉身亡倒地，正象徵著寶黛的愛情悲劇。

實則寶黛的愛情悲劇，似乎早已隱伏其愛情歷程中。有關寶黛之間的愛情歷程，何永康、傅既馥先生與吳穎先生有不同之分期與界定，何永康先生以爲寶玉和黛玉之愛情「從萌動到被毀，大體上經歷了這幾個階段：試探、定情、相對和諧，冀求婚姻歸宿，落入『機關』，情斷人亡。」[242]傅繼馥先生以爲：「寶黛愛情貫穿全書。如果要劃分發展的階段，也可以說，經歷了試探、默契、毀滅三部曲。」[243]吳穎先生則以爲「黛玉和寶玉的叛逆的愛情活動，明顯可分爲前期和後期。從三十二回黛玉和寶玉的『訴肺腑』到三十六回寶玉識『分定』的『情悟』，就是前期和後期之間的轉折，而以三十四回的贈帕、題帕定情爲分界的主要標誌。」[244]此三位學者均能就寶黛情愛之事實狀況擬出

---

[241] 見於錢穆先生之《中國文學論叢》第 19：戀愛與恐怖，頁 221。
[242] 見於何永康先生之〈林黛玉性格世界透視〉，收入《紅樓夢研究集刊》第 12 輯，頁 113。
[243] 見於傅繼馥先生之〈歷史性的突破---論《紅樓夢》中性格話典型的成就〉，刊於《紅樓夢研究集刊》第 7 輯、頁 75。
[244] 見吳穎先生之〈論林黛玉形象的歷史意義〉一文收入《紅樓夢·研究集刊》第12輯、頁129。

大綱，惜未能深入探究。筆者將依寶黛之「宿緣之始」論起，即何永康先生所謂「愛情萌動期」，歷經試探、定情做一回顧，最後再述及毀滅止。

寶黛「宿緣之萌動」起自黛玉之母卒，奉父之命與賈雨村同往榮府時，寶玉黛玉似曾相識的感覺成了好的開始。寶黛二人兩小無猜、總角之宴的友好情景　直持續到寶釵來榮府後，一切才改觀。而寶釵的來臨亦正意味著寶黛情感將遭遇突來事件的磨練與考驗。在寶黛宿緣萌動時二人如膠似漆之過程中值得注意的是黛玉的人格發展。根據教育心理學家的研究：「人格的基礎建立於最初的四、五歲。⋯所以最初的四、五年，為人生的一個關鍵時期。人格的品質，尤其與智力、生理發展，及氣質有關，一經形成以後，便不容易改變。此種持續之人格品質可以影響兒童之行為，並決定他將來所選擇之環境。」[245]此期的黛玉高傲孤僻，而此種「『自傲』往往是個人開拓心靈的致命傷。」[246]，也因此黛玉因年幼時形成高傲個性使其未來更加坎坷。

寶黛的試探期始於寶釵突至榮府之後，二人言語不合之頻率越來越盛，不是因親密太過而有求全之毀，即是因史湘雲有一只麒麟及寶釵有一金鎖而鬥氣。不過真正影響黛玉日常生活的卻是寶釵的那塊金鎖，於是往往假情試探，而寶玉也因閨中女子未有如黛玉者而暗中試探，於是為了「金玉」之事而有摔玉之情事發生，黛玉過分的高傲及

[245] 見呂俊甫等著之《教育心理學》第3章：人的成長與發展。頁1047。此章由吳靜吉先生、王煥琛先生及曾志朗先生合撰。
[246] 見余德慧博士策劃Ernest Wood原著，王慧君譯之《晶瑩的生命》、頁1。

性格上的情緒化，「誰也犯不得，稍不如意就要鬧得不可開交，連紫鵑都批評她『太浮躁』、『小性兒』，時常『歪派』人。」[247]

在寶黛的試探期中，黛玉幾乎完全地暴露了自己性格上的缺點，諸如前面所云之「宿緣萌動期」黛玉的「高傲」在此期則表現在語言上的是尖酸刻薄、性情多愁善感及嫉妒等。此外寶玉的『多情』，卻也無形中予黛玉壓力。而寶釵之有金玉及湘雲之有麒麟亦時刻威脅著黛玉，使黛玉對寶玉的多心多疑借一波一波的探試以證其真偽。正如杜景華先生所云：黛玉「一方面要與封建倫理道德、封建統治者給他們的愛情造成的阻礙進行著鬥爭，一方面又要與賈寶玉的『多情』進行鬥爭。」[248]然而年幼時對寶玉的不信任，在此夢中依然以自己是否留在榮府試探寶玉。

至於在寶黛的定情期時，從寶玉因金釧兒投井自殺之事被賈政打得遍體鱗傷後，病中仍託晴雯替他送兩條舊絹子給黛玉，以表明自己對黛玉的心意，私相傳遞舊絹子以為定情之物，故自此後寶黛二人便不再有意氣之爭，黛玉一面題詩在舊絹子上，一面也自覺心胸寬慰多了。自此後黛玉對寶玉可謂一片癡情，這正說明了在兩性擇偶的行為中，「女性憧憬從一而終」。[249]在「試探期」，是對寶黛二人性格協調的磨練，「其實兩性的戀情對話，一直是在學習的過程中跌宕而來。」

---

[247] 見何永康先生之〈林黛玉性格世界透視〉，收於《紅樓夢研究集刊》第12輯、頁104。
[248] 見杜景華先生之〈何得此機括？〉收入《紅樓夢研究集刊》第6輯、頁246。
[249] 見《自立早報》1988.5.5. 16家園版。

²⁵⁰二人的試探終於由於寶玉的主動，有了圓滿的解決。黛玉的人生觀及處世態度亦有所改變，尤其是在第四十五回中與寶釵之誤會冰釋後，黛玉的嫉妒之心，似乎無疾而終，對史湘雲也不再以「俏語謔嬌音」了。黛玉心情上的開朗不正符合了心理分析學家魯本‧懷恩博士（Reuben Fine）之「愛使人快樂」的真言²⁵¹。不過，黛玉卻對自己的失怙，無人爲其終身幸福作主而憂傷。雖然如此，整體而言，寶黛之愛情基礎確實較昔日爲穩固，且更健康，只是寶黛定情後及試探期間，二人曾同睡一床，但寶玉與黛玉之間似乎無法像寶玉、襲人一般涉及性愛，根據余英時先生的說法是「寶玉和大觀園那些清淨的女孩們『各不相擾』，乃由於不爲，而非不能也。」²⁵²而陳炳良先生以爲寶黛之間不可能發生任何肉體關係，是因爲寶黛之間是姑表兄妹的關係²⁵³。後者的說法很難令筆者贊同，照陳先生之說法，寶黛是因姑表兄妹之姻親關係，而寶玉與寶釵後來結婚了二人是有姨表兄妹之姻親關係又何以解說呢？而余先生「不爲」之說法果真是對的，但卻無法替作者圓說何以寶玉與襲人雲雨一番後，在往後的幾年中再也未曾提及寶玉與襲人有任何肉體關係？依筆者之見，若非作者未能將此一情節交待清楚，則似乎已無其他具體之事實足以解決此處的缺漏，除非作者運用了象徵手法？以崇尙寶黛之精神相交之默契來貶抑肉體關係的不可靠。果真如此，則筆者倒有一證。根據筆者對《紅樓夢》一書的探究，

---

²⁵⁰ 見《自立早報》1988. 5. 18. 16 家園版。

²⁵¹Reuben Fine, *Psychoanalytic Psychology.* "…love makes people happy." By Jason Aronson, Inc. 1975, Chapter 2, p. 7.

²⁵² 見於余英時先生之《紅樓夢的兩個世界》、頁66。

寶玉真應了自己對黛玉的戲言，如果黛玉死了，他便當和尚，而後來寶玉雖與寶釵有肉體關係，但此肉體關係並未使寶釵牢獲寶玉的心，寶玉的出家正足以貶斥肉體關係的不可靠及無意義。套用羅伯特（Moss Robert）的話「寶玉對黛玉的愛」即是：「一種少年時期的性愛，這種愛充滿平等的同情精神。」[254]寶黛二人的情感是否具有停留在少年時期的性愛的可能性？在第五十七回中紫鵑因寶玉伸手向自己身上抹一抹而罵寶玉別孩子氣動手動腳的，該有大人模樣了，便可印證寶玉赤子之心未泯。因此寶黛二人定情後的兩小無猜方可獲合理解釋，同時亦是寶玉不再與其他女子有肉體關係的理由。

　　黛玉在此夢中將二人昔日定情後，自己心已有屬的意念，強烈地、直接地告訴寶玉，自己是死活打定主意跟定寶玉了，此與日間清醒時含蓄、內斂的黛玉大相逕庭，夢中除了強調黛玉對定情的認同外，更赤裸裸的呈現出黛玉潛意識層的風貌。至此為止，寶玉黛玉的愛情喜劇似在意料之中，誰知天有不測風雲，人有旦夕禍福，黛玉的夢正象徵著二人的愛情悲劇。寶黛愛情之毀滅，固然是因鳳姐兒「偷樑換柱」的成功，且如蔣和森先生所云：「最後摧殘了這一段純潔愛情的，偏偏不是封建家族裏那個講究綱常禮法的賈政，卻仍然是一個曾經如此為寶玉祈求福祉，如此對林黛玉『口實心實，一刻不忘』的賈母；曾經把他們生活連結在一起的賈母。」[255]更因黛玉的過分痴心與絕望、

---

[253] 見於陳炳良先生之《神話、禮儀、文學》一書、頁213。
[254] 見尹慧珉先生之〈近年英美《紅樓夢》論著評介〉。收入《紅樓夢研究集刊》（第3輯）、頁479。
[255] 見蔣和森之《紅樓夢論稿》中之〈林黛玉論〉頁65。

性格上之缺陷，及人際關係不佳所致。其實《紅樓夢》之作者對於寶黛愛情之毀滅早有伏筆，以第九十四回中「海棠花之乍開」，暗喻寶黛愛情之毀滅。賈母猜測海棠花或許因節氣遲及應著小陽春的天氣，或許以應著植物的生長道理而言，皆無可厚非。而邢夫人的懷疑及探春之推理以「順者昌、逆者亡」為妖孽，正點破海棠花枯了一年，此時乍開之詭異；迎春雖也猜著是寶玉婚配的喜事，但與黛玉一般，未能洞悉此喜事背後的蹊蹺與玄機。

　　黛玉的「純情痴心」在第二章「甄士隱之夢」中，即有還淚之說；後來黛玉「為了寶玉而哭泣」或「為金玉而哭泣」或自己因「觸景傷情兩流淚」，早將黛玉的「純情痴心」一一展露無疑。尤其在黛玉「焚稿斷痴情」之前，黛玉由傻大姐兒口中得知寶玉欲娶寶釵之事，迷迷痴痴的走來瞧寶玉，但二人見面後，卻「**也不問好，也不說話，也無推讓，只管對著臉傻笑起來。**」（影乾隆壬子年木活字本《百廿回紅樓夢》、第十六冊、第九十六回、頁十二，並參考饒彬校注本《紅樓夢》之斷讀）接著黛玉問寶玉：「**『寶玉，你為什麼病了？』寶玉笑道：『我為林姑娘病了。』**」（影乾隆壬子年木活字本《百廿回紅樓夢》、第十六冊、第九十六回、頁十二，並參考饒彬校注本《紅樓夢》之斷讀）二人仍舊傻笑著，直到襲人叫紫鵑攙黛玉回去休息後，黛玉身子往前一栽，哇的吐了一口血，把心中的痛楚、苦悶，一時全吐了出來。黛玉欲離去時的只管傻笑與點頭，正代表著無限的「迷惑」與「癡情」，如當時寶黛均清醒則可將誤會釋清，偏寶黛二人均迷糊了，以致衍生了黛玉「自棄的絕望」，而這場誤會的後果與代價是一死、一出家，這正是世間男女情愛悲劇的典型之一。

　　黛玉絕望後的心態與舉動，首先是焚了寶黛定情物---舊帕上之詩稿，接著「眼一閉，往後一仰」表示其已悲痛到了極點。「曾經我們或許歌頌殉情者的真摯，如今因傷情而自殘自棄卻被視為人格不成熟。」[256]黛玉之純情痴心及自棄所表現出之絕望，以「心死」、「人死」表達其對這世間命運殘酷安排的反抗，不過就因黛玉未能隱忍渡過人間「情關」之糾纏，以「心理學」的觀點言之，黛玉心理人格之反應是不成熟的，不成熟的人格會是促成愛情毀滅的原因之一。此段夢中寶玉一死、黛玉痛哭異常，正象徵著寶黛愛情的毀滅，雖然事實與夢的內容相反，但悲劇的結局卻是一致的。

　　黛玉此惡夢，從賈雨村來報喜訊起，歷經黛玉跪於賈母前求救，至寶玉剖心止，象徵著寶黛愛情悲劇之「姻緣路斷」。

---

[256] 見《自立早報》1988.5.18.、十六家園版，劉頤先生之〈舊愛與新歡〉一文。

第十章　賈母之夢

　　傳統社會貴族世家的一位女性權貴：「賈不假，白玉為堂金作馬。阿房宮，五百里，住不下金陵一個史」（影乾隆壬子年木活字本《百廿回紅樓夢》、第二冊、第四回、頁三，並參考饒彬校注本《紅樓夢》之斷讀）為賈母之聲勢威赫留下「史」的見證。其與王熙鳳均為掌管賈家經濟大權而位尊容顯，世代交替之痕跡從祖孫名份中顯見而出。史太君之縱容寶玉，祖護鳳姐[257]，阻斷寶黛之姻緣路，是個站立在「五光十色之金陵塔上」[258]，擁有生殺予奪的命運決斷者之一。

　　至於第三回中，賈母對黛玉提說最疼黛玉之母賈敏之「偏心說」[259]一直延續至第七十五回賈赦若有所感或說是若有所指的訴說「偏心故事」時，賈母仍掩不住地為天下父母嬌護的尷尬，人性中的某些共性，賈母提供了一個可資觀摩的例子。

第一節　憶想孫女兒之夢成因及近親託夢之類型

　　在《紅樓夢》第八十六回中，由薛姨媽口中知道賈母病中看見元妃，且是一個人獨自前來，並且告訴他榮華易盡要懂得抽身之事，大家原不信的，而後隔天早晨便傳說著娘娘因病重而後薨逝之事：「上

---

[257] 可參考梅苑《紅樓夢的重要女性》中之「一、從賈府的盛衰論賈母與王熙鳳」（一），頁7-17。
[258] 在王崑崙《紅樓夢人物論》中之「宗法家庭的寶塔頂---賈母」提及賈家是個：「人口眾多之貴族家庭，是一座橫寬豎高、五光十色巍巍然的金陵塔。」（頁85）

年原病過一次，也就好了。這回又沒聽見過娘娘有什麼病，只聞那府裡頭幾天，老太太不大受用，合上眼便看見元妃娘娘，眾人都不放心。直至打聽起來，又沒有什麼事。到大前兒晚上，老太太親口說是『怎麼元妃一個人獨自到我這裡？』眾人只道是心中想的話，總不信。老太太又說：『你們不信，元妃還和我說是：榮華易盡，須要退步抽身。』眾人都說：『誰不想到這是有年紀的人思前想後的心事。』所以也不當件事。恰好第二天早起，裡頭吵嚷出來說：『娘娘病重，宣各誥命進去請安。』它們就驚疑的了不得，趕著進去。他們還沒有出來，我們家裡已聽見周貴妃薨逝了。你想外頭的訛言，家裡的疑心可奇不奇？」（影乾隆壬子年木活字本《百廿回紅樓夢》、第十五冊、第八十六回、頁六，並參考饒彬校注本《紅樓夢》之斷讀）元妃薨逝正好與賈母惦記著元妃之事相關且時間上亦有某種程度上的相近。探究其成因乃是賈母那幾天不大受用，病著了。這是《紅樓夢》作者僅僅給予讀者的第一個資訊，第二個資訊是賈母合上眼睛後看見元妃娘娘一人獨自來至其前，而閉上眼睛能看見其他人之影像除了賈母乃睡著的因素之外，另有重病者因知覺障礙而產生之「譫妄」現象纔有可能，如寶玉與秦鍾，均曾發生過此種現象，但《紅樓夢》書中第八十六回的描述，只是敘述賈母病了，看見元妃，但後來又好了，顯然地賈母所謂看見元妃之事，並非僅僅是眾人所謂的賈母上了年紀思前想後的事而已，應即有可能是「夢」境的現象。不過賈母之看見元妃前來，正如寶玉夢見晴雯往生前來道別一般，雖然寶玉夢見晴雯託夢道別，

---

[259] 可參考康來新《紅樓長短夢》中之「金針刺在肋骨上---偏心的賈母」（頁118-129）

《紅樓夢》作者明言是一場夢，而賈母之看見元妃，《紅樓夢》作者卻不著一「夢」字，不知《紅樓夢》作者此處之創作動機為何？但此種懸疑性恐是作者故意安排或作者所處之時空其本身對「夢」與「非夢」之間的常識理解所致，不過懸疑性中卻有「出奇」的美感，此亦不容諱言。因此，對於賈母此處《紅樓夢》作者並未明言是「作夢」現象分析之，或許作者有所遺漏，不過讀者卻能強烈地感受到《紅樓夢》作者或有所暗示；筆者更堅信作者是語帶玄機的，是否強調賈母有病中幻覺之現象，或嘗試表達「人臨死前的靈魂出竅、遊走的可能性」（指元妃來與賈母道別一事），均令人質疑？故將賈母此處在半夜看見元妃之現象，以較科學之「夢」的角度詮釋，或許是較可行的。事實上元妃出現在賈母夢中與賈母病著了的生理狀況毫無關係，然而二人唯一相似的是生理上的病痛：賈母生病，元妃亦因病而薨，對生病者而言或許有更多的空閒、時間回想過去或計劃未來；另一重要因素則因二人為祖孫關係，祖孫連心應是賈母此夢之成因較合理的解釋之一。亦因如此，所以元妃託夢賈母就不足為奇了，筆者在「王熙鳳之夢」中秦氏託夢的部分，就已將在何種狀況下能產生心電感應之情形闡釋過，因而此處此夢之成因可歸之於近親心電感應所致。雖然眾人總以為賈母所見元妃之事只是病中思前慮後的心事罷了，但元妃之出現既是賈母合上眼以後所產生之景象，將之歸為賈母之夢境，應是合理的，此乃因賈母憶想孫女兒所致之夢成因。

　　至於賈母此夢之夢類型，應屬託夢類，但與秦氏託夢予鳳姐之「好友託夢」類型稍有差異，是「近親託夢」之夢類型。

第二節　榮華易盡之主題及近親告別、勸戒之題材

一、榮華易盡之主題

由於賈母此夢敘述其看見元妃獨自一人前來的內容極短，實際上亦極難對此夢之內容作探討，不過主題卻極為明顯，可略為一談。賈母云其於晚間合上眼後，便見元妃獨自前來勸戒賈母：「榮華易盡，須要退步抽身」。此種主題與第十三回秦氏託夢鳳姐，觀其若以為榮華不盡，不知慮後，而忘了盛筵必散的俗語，便後悔無益的主題，如出一轍。

《紅樓夢》作者一再強調人類實需細眼徹底的觀察現實界變化之本質，從草木的「榮華」作為人生的標的。再美的花草樹木，總有艷麗璀璨的一刻，璀璨過後的平淡，甚至凋零萎縮，一株活生生的生命在一個特定的生命歷程中或甚至是一個偶然的致命傷中，自然的回歸塵土，消逝在一個充滿氧氣及二氧化碳的時空中。人類的一生雖也像榮華一樣，優遊自在、搖頭擺尾，不過歲月易逝，何止是身邊肉眼可見的物質會腐朽，功名利祿的虛浮，更是在人類軀殼散落一地、化為灰燼之同時，幻化無蹤。澈悟人生萬物萬事之本質，對一個曾掌管家計而今仍秉有大權之貴族世家而言，確實值得深思。

二、近親告別、勸戒之題材

近親告別、勸戒之題材的運用，通常有其相當深厚之心理基礎，

而此心理基礎又牽涉著彼此之情感關係。自至古以來，「母子連心」，
「祖孫連心」已成不朽的諺語。心口相連在近親之間比在陌生人之間
更能產生「出人意表」之效果，其因不外乎相同或相似之遺傳血脈的
天性說，更由於近親相處時之朝暮相處及耳濡目的生活習慣、思維運
作之相互模仿與學習中，所培養出之默契，成了心靈溝通之鑰，亦是
夢裡通靈的媒介。

勸戒題材之運用，較有效的方式是以近親相勸或好友相勸，其因
不外乎在於信賴感的取得容易，故較易收成效，而不會扞格而不入。
賈母敘述其夜裡所作的夢是元妃一人獨自前來，故必有獨特意義，而
賈母夢中元妃的單刀直入，拋出的正是榮寧二府整個家族命運之主
題。賈母事後並未有所領悟，實為可惜。近親托夢所預言的真實性，
在於近親的絕對可信度及近親的絕不相害的親情庇祐下，有其相當可
貴之價值，無論此種托夢之內容究是否具有預示作用，已無關緊要，
重要的是此種托夢內容對作夢者而言究竟造成何種影響？事實上，在
現實生活中的第二天果真元妃已病危而宣人進宮。賈母雖與眾人於第
二天清晨進宮，但在賈母一行人還未回榮府時，宮中已傳來元妃病薨
之消息。回來之後的賈母未能掌握雖孫女兒夢中的誠懇相告，而錯失
先機。

《紅樓夢》作者雖對賈母之夢著墨不多，不過卻提供了一些作夢
前後的訊息，故亦值得研究推敲。

第三節　元妃病危之象徵

第十一章　賈母之夢

　　賈母此夢之主題巧合地與秦氏託夢一般，強調榮華易盡，應未雨綢繆，深思遠慮爲主。且二位作夢者均是一貴族豪門的掌權者，託夢的主題安排給賈母及鳳姐是相當合理的。《紅樓夢》作者對於此種關係著家族盛衰之夢境安排一次出現在第十三回，一次出現在第八十六回，也可說是有如長山之蛇，首尾相應了。因此賈母此夢的意義是作者用來強調榮華易盡，不謀遠慮，必有近憂之主旨。

　　至於賈母此夢與第十三回秦氏託夢鳳姐，而後去世一般，此夢象徵著元妃病危託夢賈母。只是當時賈母無法意識到元妃之出現的象徵意義罷了。高陽先生之《高陽說曹雪芹》一書中，便有一文〈紅樓夢中『元妃』係影射平王福彭考〉，元妃在《紅樓夢》一書中占有舉足輕重之地位，因此各種影射之說法紛陳，賈母此夢又與元妃有關，更見作著之苦心安排。

第十二章　襲人之夢

　　一個備受爭議的女人襲人，在《紅樓夢》作者的描述之下是個踏實、肯吃苦的好女人。但在文學批評家筆下就產生了另一種奸究、使心計的壞女人的詮釋。筆者不否認襲人是個深謀遠慮的人的說法[260]，但卻認為一個昔日曾與寶玉發生關係的女僕而言，主子並未給她的未來有任何保障的交代，多為自己著想是理所當然的，畢竟寶玉與襲人雲雨一番也許只是好玩，或者正如姚一葦先生所云：「男女的性關係是本能的行為，…」[261]但是發生了性關係後，對襲人而言，卻是從一而終的呵護、依靠著寶玉，後來聽到寶玉失玉便暈倒了，這是可以想見的。因此《紅樓夢》一書中，襲人的二個夢，便深具意義。

第一節　身心病痛之夢成因及思夢類型

　　整部《紅樓夢》中，襲人的夢，僅有二則：一在三十回，另一則是在第一百二十回中。在三十回中襲人的夢中僅留下夢囈「哎喲」兩個字。就夢成因而言，寶玉在看完齡官畫薔之後，因下雨而跑回怡紅院，誰知襲人與文官等十二位女子將門關了，在遊廊上嬉笑，未聽見寶玉叩門的聲音，在寶玉叩門半天後才應門，於是寶玉在門一開之後，氣急敗壞的一腳踢在襲人肋上。襲人後來因鐵青一塊，疼痛不已，晚

---

[260] 心儀之〈林黛玉、薛寶釵寫照〉一文中曾提及：「襲人是一個深謀遠慮的人，最得王夫人的信任。」（《春秋》第23卷、第1期、頁13-14。
[261] ..見姚一葦先生之〈說婚姻〉，《時代文化》革新版，第174期，頁24。

飯亦未吃，半夜睡下後，因夢中作痛而發出的夢中囈語。因而此夢乃因內在之傷疼所導致之夢境；夢類型是囈語之類。

　　至於在第一百二十回之夢又與三十回襲人之夢不同，是個完整的夢，故可分層剖析。在第一百二十回中，襲人因寶玉走失之事，心痛氣厥，寶釵為其傳請大夫醫治，大夫開了方子去後，襲人若有所聞，精神恍惚。《紅樓夢》書中對其作夢之前後詳細描述：「原來襲人模糊聽見說，寶玉若不回來，便要打發屋裡的人都出去，一急越發不好。到了大夫瞧後，秋紋給他煎藥。他各自一人躺著，神魂未定，好像寶玉在他面前，恍惚又像見個和尚，手裡拿著一本冊子揭著看，還說到：『你別錯了主意，我是不認得你們的了』。襲人似要和他說話，秋紋走來說：『藥好了，姊姊吃罷。』襲人睜眼一瞧，知是個夢。」（乾隆壬子年木活字本《百廿回紅樓夢》、第二十冊、第一百廿回、頁一，並參考饒彬校注本《紅樓夢》之斷讀）在此夢中，襲人夢見寶玉彷彿與和尚在一塊兒，是受到「最近生活經驗之影響」所致。此種「最近之生活經驗」指的是「寶玉應考後失蹤」一事。襲人首先最直截的反應是柔腸幾斷，珠淚交流，哭個不住，並想起那日搶玉的事，心想此事必定是那和尚作怪，因此後來襲人夢中角色有和尚的出現，是合情合理的安排。接著又想到寶玉「也有一種令人回心的好處，那溫存體貼，是不用說了，若嘔急了他，便賭誓說做和尚，那知道今日卻應了這句話了！」（影乾隆壬子年木活字本《百廿回紅樓夢》、第二十冊、第一百十九回、頁十一），這是影響襲人夢中內容的最直接因素。接著襲人又聽到探春說：「大凡一個人，不可有奇處。二哥哥生來帶塊玉來，都道是好事，這麼說起來，都是有了這塊玉的不好。若

是再有幾天不見，我不是叫太太生氣，就有些原故了。只好譬如沒有
這位哥哥罷了。果然有來頭，成了正果，也是太太幾輩子的修積。」
（影乾隆壬子年木活字本《百廿回紅樓夢》、第二十冊、第一百十九
回、頁十三）襲人聽畢探春的話後，心裏一疼，頭一暈，便栽倒了。
可見得寶玉的心迷走失，對襲人而言，是一件多麼令她掛心的事。襲
人在精神狀態及肉體上已覺不能支撐寶玉失蹤的這件事實時，最後又
加上聽見的話：「模糊聽見說，寶玉若不回來，便要打發屋裏的人都
出去，…」（影乾隆壬子年木活字本《百廿回紅樓夢》、第二十冊、
第一百二十回、頁三），襲人心中一急，心痛難禁，而一時氣厥又暈
倒，暈倒後便做了此夢，因此可以說襲人夢的成因是因其「最近生活
經驗之影響」所致，而此最近生活經驗是因著寶玉的失蹤所引起的，
事實上襲人此夢亦受其個人情緒極大的影響，是不容忽視的。就夢的
種類而言，是「思夢」或「記想之夢」。

第二節　尋找寶玉之主題與凡人、僧道互動之題材

一、尋找寶玉之聯想的主題

　　第三十回有關襲人的夢中，由於是無完整夢境的夢囈，故此節略
而不論。至於在第一百二十回襲人的夢中，襲人夢見寶玉恍惚在前，
而和尚手中拿著冊子，並說不認得襲人與寶玉，本想與和尚說話，只
見秋紋走進來告訴襲人藥煎好了，可以吃藥了，接著襲人便醒過來。
在襲人的這個夢中，除了最後一句秋紋走來說的話是現實人生入夢的
話以外，其餘部分，是襲人之夢的重點。而襲人的這個夢的夢內容頗

為怪異，好像寶玉在他面前的恍惚印象已被第二個出現的和尚的影像給掩蓋住了，因為開口說話的是和尚，和尚搶盡夢中的光彩，而不說話的寶玉，反在虛位之上，「他」只不過是襲人期望中「存在的人」罷了。唯應注意的是和尚說話的內容及襲人在夢中的舉動所表現的主題為何？

首先讀者看到襲人夢境中所述及的和尚手裏拿著一本冊子揭著看，不認得襲人與寶玉。夢中襲人曾試圖要與和尚說話，可見得襲人的夢境中，和尚已先攞明了寶玉的失蹤與他無關，然而襲人因看到寶玉與和尚在一處，和尚雖已辯解，卻仍無法釋襲人心中的疑惑，正想問和尚時，現實中的秋紋走入夢中，為這個夢做了個結束，喊醒了襲人。襲人的夢的主題強烈地訴說著日間襲人心中的疑惑，印證著襲人以為整件事是和尚在作怪的心理，然而夢境的內容究非襲人所能控制的，襲人在夢中所聽到和尚的辯解，算是夢的創作內涵之一。不過筆者以為作者在此夢境中借著和尚的辯解，想傳達給讀者的另一個訊息是和尚並未作怪，寶玉之所以跟在和尚旁邊，完全是寶玉的意思，與和尚無關，因此，襲人此夢之主題可說是「尋找寶玉之聯想」。襲人此夢與後來之事實相符，可見人類夢中之「預見」，實不容忽視。

二、凡人與僧道互動之題材

襲人的夢內容是以寶玉、和尚為主要人物，事件亦屬平常，毫無超現實以外的浪漫情調，這是個取材自現實生活的夢。

在襲人的夢中，僅有寶玉、和尚和襲人三個角色，夢的題材是以「寶玉失蹤」為前提，來延展一椿介乎寶玉與其貼身丫鬟襲人及和尚之間微妙關係的夢。

凡人與僧道之間的素材運用，是繼甄士隱之夢、寶玉再遊太虛幻境之夢後的第三個凡人與僧道搭配入戲的夢。此種題材的運用雖較異乎常態，但因為和尚出入榮府的事實，在日常生活中所扮演之角色便顯得舉足輕重，自然地、直接地或間接地多少都會影響到日常生活中的人，也因此，此種題材一而再的被運用、處理便是理所當然，也是不足為奇的。

僧道互動之題材，與《紅樓夢》之作者書中以儒道佛三種思想鋪排整部書息息相關，若回顧甄士隱炎夏永晝之夢時，夢中之一僧一道為整部紅樓夢之開場作序言，或寶玉魂魄離身時，作了再遊太虛幻境之夢，其中和尚便以照妖鏡救了寶玉，並將其推回現實世界中，寶玉得以清醒。雖然此三個夢均有凡人與僧道（或說僧人）互動之題材，但夢境內容因作者創作手法之不同而有所差異，不過三人之夢卻均有特色，且均有重要之主題表現。

第三節　寶玉出家之象徵

第一百十二回中，襲人的夢恰巧被安排在最後一回，獨撐壓軸好戲，正好得以與第一回中甄士隱的夢前後呼應。

在寶玉的「紅塵生活中朝夜不離，關係最密切的既不是賈母、王

夫人，也不是黛玉與寶釵而是襲人。」[262]襲人的夢意味深長，夢中三個角色分別代表不同的意義，和尚的篇解，言明事不關己的態度，寶玉的默不作聲及襲人充滿疑問想要追問的神情，三人心事不一，而所涉及的事件卻是一致的，均是有關寶玉的問題。襲人在知道寶玉應考後出場時心迷走失未歸後，前後栽倒兩次，內心痛苦不已，淚流滿面，一心只盼望寶玉回來，或者榮府的人能找回寶玉，然而在事實不符期望之下的失落感所趨使，令襲人自我尋求願望之滿足的方法，便是利用夢境中的影像來慰藉己心。

在襲人的夢境中，果真寶玉一如所望的出現了，再輔之以夢境所發生的事件，襲人的夢有著為自己解脫困擾的深厚意義。因為夢是人類心靈活動之一。由襲人第二次栽倒是為了聽說寶玉若不回來，便要將屋裡人全都打發出去，心裏承受不住的結果，可知襲人是願一生一世在榮府賈家的，因此襲人一生任勞任怨也在所不辭。也許讀者並未意識出襲人內心潛在的渴望或者說連襲人自身甚至不明白自己潛意識的此種渴求是有原因的，此因是寶玉最初便和襲人初試雲雨情而產生肉體關係，然而女性往往覺得「沒有合法保證的性愛是一種罪惡，而傾向於尋找建立長久依附關係的男人；來擔待責任。」[263]因此能永遠留在榮府是襲人的心願，也是襲人唯一能建立長久依附關係於寶玉的方法，但是人世間往往事與願違，寶玉走失後，襲人陷入極度痛苦中，因此夢中寶玉的出現對襲人來說是極為重要的。然而夢中出現模糊的

[262] 見太愚先生之《紅樓夢人物論》一書，收於《紅樓夢藝術論》之中，里仁書局印行，頁3。
[263] 見南施〈兩性針砭〉專欄，刊載於《自立早報》1988.6.23.，16家園版，星期4。

寶玉與和尚影像及和尚所說的話，事實上，襲人的夢早已預示出，寶玉此次走失是與和尚有關及寶玉出家的預言了。

襲人的夢，反映著她日間對寶玉的關愛是無微不至的，襲人自來到賈家，服侍賈母時，一心只有賈母，服侍寶玉時，一心只有寶玉。襲人對寶玉的忠心耿耿，體貼溫柔，可以從第六回襲人知道寶玉大腿處粘濕冰冷，趁眾奶娘丫環不在旁時，另取出一件中衣，替寶玉換上。又第九回，因上學之事，襲人叮嚀寶玉要好好讀書。而襲人亦多次為寶玉摔玉、失玉之事失魂落魄，傷心落淚。第八十二回中寶玉有一晚發燒，襲人便和寶玉捶了一回脊梁。凡是襲人能效勞的，便極盡其能。同時她又與寶玉在第六回時曾初試雲雨情，二人的表面關係是主子與奴僕，實則就肉體關係而言，襲人是寶玉現實生活中的第一位妻子。作者如此安排一位與寶玉有親密關係的奴僕襲人，襲人的角色應是突出的，而部份研究紅樓夢者，將襲人視為攻心計、偽君子之類，則令人為襲人叫屈[264]。寶玉與襲人的關係是不平凡的，如果榮府未被抄家，

---

[264] 汪劍隱先生曾於其所撰之〈紅樓夢之暗示作用〉一文中云：「花襲人這一典型小人，是作者最深惡痛絕的，她就是當時洪承疇之流的漢奸代表。」，載於《反攻雜誌》半月刊第44期、頁17。梅苑先生之〈紅樓夢的重要女性〉一文中云晴雯「捨命酬知己…反觀襲人在寶玉了卻塵緣以後，曾三番兩次要尋死，但仍舊死不去，最後還是嫁了蔣玉涵。與晴雯的摯情相較起來，襲人真是形同糞土。」載於《現代學苑》第3卷、第3期、頁27。石並明先生之〈傳神寫意，百態千姿---試比較紅樓夢中幾個丫環的形象〉一文中云：「晴雯則是不甘於作奴才而力求在等級森嚴的賈府保持自己作人的尊嚴的反抗者。晴雯絕不是那種甘願作奴才的無恥之徒，這一點，襲人和晴雯可真是涇渭分明。」載於貴州省紅樓夢學會編之《紅樓探藝》中，頁165。王昌定先生之《紅樓夢藝術探》中編：「論襲人、平兒的塑造以及人物的個性與共性」中云：「她平日不言不語，伏侍人盡心盡力，…。但這正是襲人的假象，她是一個最會作偽，最善於冒充正人君子的人。」（頁144）。邢治平先生之《紅樓夢十講》第八講：「《紅樓夢》

第十二章　襲人之夢

事業未衰敗下來，寶玉也不心迷走失，那麼襲人便與寶釵二人可共侍寶玉一生，然而事實卻正好相反。榮府被抄了家，寶玉走失了，在襲人的這個夢中，寶玉竟然與和尚在一起，它意味著寶玉的「出家」，出家人與凡人間是不談情感問題，原本世俗中人的寶玉與襲人至少還

創造人物的藝術」中云：「襲人已取得主子們的歡心和信任，對自己未來的地位存有幻想，所以有時不惜用卑劣手段出賣同伴，甚至直接干涉寶玉的生活理想和愛情自由。」（按：大陸中州書畫社出版的在頁141，台灣木鐸出版社出版的《紅樓夢十講》在頁156。）而吳世昌先生亦於其〈《紅樓夢》原稿后半部若干情節的推測〉一文中云：「…在寶玉所有的侍女之中，只有襲人和他有男女關係。…所以她以己度人，猜疑別人和她一樣下流，一有機會就作賊喊捉賊，誣害別人。她乘寶玉被賈政毒打受傷，王夫人痛惜兒子的機會，調唆王夫人令寶玉搬出大觀園。」載於《紅樓夢研究集刊》（第4輯）、頁246。以上各種說法往往無法信服於人，首先汪劍隱先生將襲人比喻為漢奸、小人，事實上襲人不曾有賣主求榮的行為，除了與寶玉初試雲雨情外，亦不曾存心害過人，至少《紅樓夢》中作者的筆觸就不曾描述過襲人是小人或偽君子之類的字眼，因此王昌定先生、吳世昌先生及邢治平先生之說法，不攻自破，更何況薛姨媽亦曾勸解襲人，要待她有好的人家，便將她嫁出去時，作者寫到：「襲人本來老實，不是伶牙利齒的人。」（影乾隆壬子年木活字本《百廿回紅樓夢》、第二十冊、第一百二十回、頁七），這便可證明一個老實的人如何又會是偽君子，扮假象騙人、陷害人呢？此外，梅苑先生認為「襲人最後嫁給蔣玉函，與晴雯的摯情相較起來形同糞土」，不知梅苑先生的著眼點為何？難到襲人得為寶玉守節才算對寶玉摯情感人嗎？晴雯重病時替寶玉補孔雀裘一事，若與襲人朝夕替寶玉擔心受怕相比，恐未必見得定勝過於哀人為寶玉所付出的一切。更何況襲人最後「方知這姓蔣的原來就是蔣玉函，始信姻緣前定。」（影乾隆壬子年木活字本《百廿回紅樓夢》、第二十冊、第一百二十回、頁十），襲人除了相信命運姻緣外，榮府準備將屋裏人都打發出去，也已成定論，襲人與寶玉既無名份關係，又必須離開榮府，襲人對寶玉已經是仁至義盡了，反過來寶玉對襲人的虧欠卻甚少有人注意到。其次，石並明先生說襲人是個「甘願做奴才的無恥之徒」之言，亦不允當，當奴才並不可恥，因為古代的階級制度及人權問題不張，使奴才很難晉升權貴，襲人只是個盡心盡力做好自己本分的人，一個很普通平凡的人，難到連她願做好一己本分的尊嚴，都要剝奪嗎？筆者在研究紅樓夢時，發現研究《紅樓夢》的學者，若未能就人物的心理問題及襲人的成熟人格作深入探討，則必然會誤解小說中人物所要詮釋的角色。

有肉體肌膚之親的事實與關係存在，而今夢中的寶玉卻跟隨著和尚，且默不吭聲，對襲人而言，便象徵著「寶玉的出家」。

在寶玉走失以前，雖然襲人的身份依舊是奴僕，但襲人可遂一己的心願，就近照顧寶玉，何況寶釵的和善個性，待襲人亦不薄，襲人雖無法立即飛上枝頭做鳳凰，但卻也可與寶玉朝夕相處。然而自寶玉走失後，此種打擊對賈府每個人而言，既深又重，尤其是襲人，因為她對寶玉所花之精神最多，所用的心思也最苦[265]。

就襲人而言，襲人對寶玉的一切犧牲與付出，都是因了一個「情」字，劉頤先生的真言：「只要是娑婆眾生，動心動情，似乎是人世間必經的過程，而死生相許的愛情故事常是熱戀中情侶的美麗伊甸園，因此千古的愛情圖騰有如烙印，深植於愛侶心中。」[266]襲人對寶玉永遠是以其成熟的人格，善解人意的態度關愛著，只不過襲人與寶玉僅有最初的肉體關係及日常生活高頻率相處的關係維繫著彼此的情感，至於在精神層次上，襲人卻不是寶玉心怡的對象。想必襲人也早已體認此項事實。

總之，襲人的這一則夢，明顯地可看出是經過作者特意安排的，借由寶玉默然無語，似忽隱又忽現的態度及出場方式，再加上與和

---

[265]根據阮沅先生之〈紅樓小人物---襲人的心計〉一文，筆者大體上同意阮沅先生文中之：「這一擊打在賈府每個人頭上，都夠深夠重，惟襲人惟最；因為她費在寶玉身上的精神最多，在寶玉身上的心計最苦。」不過對於「心計」兩字，筆者以為用「心思」更恰當。載於《中華文化復興月刊》11卷、第3期、頁87。

[266]見劉頤先生之〈解除魔咒〉，刊載於《自立早報》16家園版，民國1988.6.21.星期2。

尚在一起的曖昧關係，它預示著寶玉的出家，也正象徵著襲人與寶玉
關係的結束。

第十三章　結論

　　人生恰如一場尋夢的追逐遊戲，尋夢是每個人成長過成中的執著與迷惘，一個夢碎或達成後，會萌生另一個新夢來替代，只是「經歷一連串的事故之後，年輕時候的夢，已經很難再次編織。」[267]年華的消逝、午輕之夢已無可挽回，人類便以記憶來庫存每一個逝去的夢，並以搜索夢的方式在人生旅程中烙下深印，以彌補人性需索及生命有限的缺失。

　　夢伴隨著人生踽踽獨行，它是人生片段切割面的圖像，亦是人類心路歷程的記載。而作家正可藉著夢與人生的維妙關係賦予文章更多彩多姿的意義與象徵。英國十七世紀作家約翰・邦顏（John Bunyan, 1628，1688）的《香客的心歷路程》The Pilgrim's Progress便是一本以「夢的幻象形式」（A Form of Dream Vision），委婉道出香客心歷路程的名作，而在《紅樓夢》一書中，作者對夢境的運用手法及「夢」的意義、概念及夢學理論的理解，正是結論部分綜合分析的重點所在，筆者盼能借前幾章一系列探討之下，抽絲剝繭地理出頭緒來。

第一節　夢成因之各種因素及夢類型之多樣組合

　　首先是有關「夢的成因與類型」的問題，筆者已闡述了每個作夢者的夢成因與類型，茲將先列出一張表格，而後根據這張表格來分析其異同：

---

[267] 謝建平之〈尋夢〉詩，刊載於《自由時報》之自由副刊、頁11，1988. 11. 9.

 第十三章 結論

人名	回數	成因 ・ 類型

甄士隱　　第一回　　成因：無所感動，平安自夢

　　　　　　　　　　　類型：正夢或奇異之夢

賈寶玉　　第五回　　　成因：一是受室內設計之刺激所致

（初遊太虛幻境之夢）　　　二是受到最近生活經驗之影響

　　　　　　　　　　　類型：性情之夢

　　　　　第三十四回　成因：受到最近生活經驗之影響

（與金釧兒有關的夢）類型：懼夢

　　　　　第三十六回　成因：日思夜夢

　（與黛玉有關的夢）類型：思夢（記想之夢）

　　　　　第九十八回　成因：日思夜夢

　（與黛玉有關的夢）類型：思夢（記想之夢）

　　　　　第九十八回　成因：日思夜夢

　（與黛玉有關的夢）類型：思夢（記想之夢）

　　　　　第五十六回　成因：一是受外在因素之影響

（與甄寶玉有關的夢）　　　二是受其疑心之所使

　　　　　　　　　　　類型：記想之夢或思夢

　　　　　第七十七回　成因：心電感應而成夢

　（與晴雯有關的夢）類型：託夢

　　　　　第一百十六回　成因：一是受最近之生活經驗影響

（再遊太虛幻境之夢）　　　一是受幼年時期之生活經驗影響

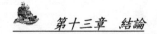

類型：複現之夢

鳳姐	第十三回	成因：姻親、好友心電感應而成夢
		類型：託夢
	第七十二回	成因：一是日思夜夢
		二是受最近生活經驗之影響
		類型：記想之夢或思夢
	第一○四回	成因：受生理病痛之影響
		類型：夢魘

| 秦鍾 | 第十六回 | 成因：受生理病痛之影響 |
| | | 類型：直應之夢 |

小紅	第三十四回	成因：一是日思夜夢
		二是受近日生活經驗之影響
		類型：記想之夢或思夢

| 香菱 | 第四十八回 | 成因：靈感創發 |
| | | 類型：夢魘 |

| 史湘雲 | 第六十二回 | 成因：靈感創發 |
| | | 類型：夢魘 |

柳湘蓮	第六十六回	成因：遁脫心困
		類型：記想之夢或思夢

尤二姐	第六十九回	成因：一是受內心痛苦掙扎的影響
		一是受外在生活環境之險惡
		類型：託夢

林黛玉	第八十二回	成因：失怙、觸景傷情
		類型：惡夢
	第八十九回	成因：受最近生活經驗之影響
		類型：思夢

賈母	第八十六回	成因：憶想孫女兒
		類型：近親託夢

襲人	第三十回	成因：受生理病痛之影響
		類型：夢魘
	第一百二十回	成因：受身心病痛之影響
		類型：記想之夢或思夢

　　在此節中，凡屬夢魘或由夢者以敘述方式告訴他人其所做之夢的內容者，均列入此表中，因有時作者甚至在文中直接告訴讀者此夢或

夢藝的原因，或讀者可在文中找尋到作者的伏筆之處，因此有關「夢的成因」一節，筆者將一一細心地探索出答案。

根據表格中《紅樓夢》一書夢成因的歸納，共有八種，有「無所感動而夢」、「受到外部刺激的影響」、「受到最近生活經驗的影響」、「受到過去經驗的影響」、「受到幼年時期之生活經驗的影響」、「日有所思、夜有所夢」、「受內在生理病痛之影響」及「受到內心痛苦掙扎的影響」等。由這些不同素材所產生的夢成因，使得《紅樓夢》一書的「夢」寫得更具特色及價值，每個夢均非虛設，隨著夢的類型如奇異的夢、記想之夢或思夢、懼夢、惡夢、複現之夢、託夢的安排，撩起筆者對作者「夢學識知多少？」的好奇。筆者從《紅樓夢》中作夢者所有的夢成因中發現受最近之生活經驗所影響之夢較多，極為符合佛洛依德以為影響夢之形成的夢素材之來源的說法。又《紅樓夢》的作者對賈寶玉再遊太虛幻境之夢的描述中，著實不易，因為此種「意識清醒的指導夢境」是現階段歐美心理學家或夢學專家特別加以重視研究之夢的特殊機制，筆者可以肯定地說，《紅樓夢》的作者對夢學理論應有相當程度的認識。《紅樓夢》作者的「夢內容」及「夢次序」的安排是成功的，皆能配合作夢者當時的心境與情節的延展，並能顯露主題意識，也讓筆者不得不折服於其對夢學原理的運用。

《紅樓夢》作者創造了情節中人如甄士隱、賈寶玉、王熙鳳、秦鍾小紅、香菱、史湘雲、柳湘蓮、尤二姐、賈母、襲人等許多夢境。從融釋《周禮》、《黃帝內經‧素問》、王符《潛夫論》之夢學理論及佛洛依德《夢的解析》中釐清人類因著無所感而夢、身心病痛、外在聲光之刺激、室內設計、心電感應、日有所思…等因素而形成奇異之夢、

性情之夢、思夢、託夢、複現之夢、懼夢、惡夢、直應之夢等。藉由作夢者心靈之觸動，且透過人間仙境之題材、主僕關係、凡人與和尚之因緣…等展現出色空觀、果報思想、回歸孔孟之道、思念、關切、內疚懊悔…等之主題，從而讀者更可由作夢者之夢內容中洞察情愛虛幻、傷痛夢悟、天人永隔…等各種象徵之先機。

然而在《紅樓夢》所有的夢成因中，作者似乎並未用到《張載‧正蒙》所謂的「飢夢取、飽夢與」之內在因素影響及《黃帝內經‧素問》中之〈方盛衰論〉所探討的夢亦有受內在生理分泌或狀況的影響，不過內在生理病痛卻讓襲人夢魘，讓秦鍾、寶玉產生譫妄現象，甚至讓賈母王熙鳳均有令人懸疑難解的夢境產生。另《紅樓夢》作者所設計的大部分夢境，實具有多樣之夢類型的組合，且與作夢者作夢前後之狀況吻合，亦多半符合《周禮》、《黃帝內經‧素問》、王符《潛夫論》之夢學理論，而佛洛依德之「夢是願望之達成」的理論亦有其真理可循。不過筆者於研究中發現，大部分的夢或同時亦屬思夢之類型，複現之夢的童年生活經驗確如佛洛姆所言是人生重要課題之表現；另託夢與直應之夢的息息相關，託夢通常亦是直應之夢，如王熙鳳、賈母、寶玉之夢均具有預測功能，而直應之夢未必是託夢，如秦鍾的直應之夢是預見自己即將死亡，但非託夢類。此外，有中西夢學理論卻仍有無法圓滿詮釋之處，如甄士隱的奇異之夢，筆者則根據夢內容予以新解，建構一可遵循之夢成因與類型之範疇。

因此筆者將影響夢的成因及類型根據各家理論歸納與演繹，盼能建立更完善的理論系統，於是提出一般人所作之夢可能有的成因與類型。

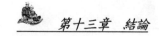

一、可能影響夢成因之八種素材：

（一）. 無所感而夢（找不出與夢境有關的任何生活上的素材）

（二）. 受幼年時期經驗之影響

（三）. 受過去生活經驗之影響（此指青少年以後的生活經驗，但非最近才發生的生活經驗）

（四）. 受最近生活經驗之影響

（五）. 受內部生理機能之影響（指疾病的痛楚、飢餓等內部器官反應的影響）

（六）. 受外在聲光、風雨、節氣之影響（指春、夏、秋、冬、…等或各種能影響人類感官的外來刺激物）

（七）. 受外在外在環境之擺設的影響（如室內設計…）

（八）. 受情緒、性格之影響（指情緒、性格的好壞對夢境的影響或受喜、怒、哀、樂、愛、惡、欲等影響）

二、夢可能產生的之八種類型：

（一）. 惡夢（指夢境中充滿恐怖或血腥味道的夢，令作夢者夢醒後或夢中心情志忐不安）。

（二）. 記想之夢或思夢（指日有所思、夜有所夢）

（三）. 託夢（指具有心電感應特質的事，且託夢者不是來道別，便是來告誡作夢者或有事相託的夢）

（四）．複現之夢（指同一場景，相似的夢境，凡是作夢者做過兩次以上的事，便可稱爲重複的夢）。

（五）．直應之夢或稱會應驗的夢。（指夢內容中已預示即將或在未來必然應驗的事）

（六）．奇異之夢（指神話性質的夢境或胡亂拼湊的夢，其中多半經過改裝，而難以辨識成因的夢）。

（七）．雙重人格之夢（指一人分飾外型、地位、身分截然不同的兩角，在夢中始終是這兩個角色與其他角色同時出現的；或一人原先扮演自己，當精神官能症出現時，突然扮演另一個人，但夢中的這兩個角色始終由他一人輪流交替扮演）。

（八）．懼夢 （因恐懼而產生的惡夢，但夢內容不一定是惡夢）

　　若以這八種影響夢的因素及八種夢的類型爲標準，對每個作夢者的夢境而言，應不限於一種成因或一種類型，夢應是具有多樣性的組合，尤其託夢類的幾乎可說具有「直應之夢」的特色，但直應之夢不見得是託夢類型。就雙重人格之夢類型而言，賈寶玉夢見甄寶玉，酷似一人分是兩角夢，但實際不是，故在賈寶玉之夢中，並無雙重人格之夢。筆者幼時曾經做過一至二次這種夢，夢中一個角色扮演全能的旁觀者，就如同神明、上帝一般以雙眼專注的看著另一個我，當另一個我遭遇困境時，這個全能的我馬上指引另一個我該如何應付難關，筆者把它定爲雙重人格的夢是因爲它與後者具有精神官能症病患的雙重人格症狀有某些相似的地方，然而二者的區別在於前者是正常的人而後者是個精神病患。其實要合理解說筆者夢境中的另一個全能的旁

觀者並不難，或許筆者幼年時的那個階段，心中潛意識地盼望自己具有更多的潛力或筆者生活正遭遇到困境，希望自己能想出好法子來解決吧了！很遺憾地是夢的精神分析專家佛洛依德所寫的《夢的解析》一類的書中並未提及此種夢之類型，因此，這種夢類型應是值得心理學者或夢學專家再進一步探討的。

　　筆者以爲《紅樓夢》的作者將夢的安排與情節的搭配雖極爲吻合，且夢的類型亦有多樣組合，不過對夢的類型提供仍有其侷限性，對夢境中所提供予以研究或詮釋之素材或時有不足，因此，或有明知是夢者，卻無從探討夢之意義與內容。

第二節　夢主題之省思及現實、超現實題材交揉

一、夢主題之省思

　　《紅樓夢》之夢內容的主題由前幾章的討論中歸納分析，大約可分爲六類，一類是嚴肅的教化主題的，如賈寶玉初遊太虛幻境的夢，是借著情慾聲色之事，警其癡頑，使其復歸於孔孟之道；如甄士隱夢中，作者借著神話以述說人間因果循環之理；如寶玉再遊太虛幻境的夢是告示世人淫必致禍，善必致福的因果報應關係。一類是以男女情愛爲主題，如柳湘蓮夢中，尤三姐的告白瀰漫著內心的怨懟與不滿而柳湘蓮則反映出無現的懊悔；如在小紅夢中，賈芸的還帕傳情，在這位少女的心中激起了漣漪；如在黛玉夢中。黛玉未能心想事成的與寶玉長相廝守，反在寶玉剖腹剜心之後，二人的愛情冰消瓦解，毀於一旦；又如在寶玉夢中與黛玉有關的第二個夢之主題是代表寶玉對黛玉

思念之切，這反映了寶玉的純情痴心。一類是以友誼爲主題的夢，如在寶玉夢中與蔣玉函及金釧兒有關的夢，反映出寶玉對蔣玉函的極度關切及對金釧兒的內疚。另如在寶玉夢中與黛玉有關的第三個夢，寶玉夢見黛玉欲回故鄉南方，特來相告，這充分地顯露出寶玉與黛玉除了情思相牽絆之外，另有一層深厚的友誼在；又如在寶玉與晴雯有關的夢中，晴雯的託夢告別，正顯露出寶玉與晴雯有著非比尋常的友誼了，接著在秦氏託夢王熙鳳的夢中，一樣地顯露出像寶玉、晴雯的友好一般。此種深篤的友誼，恰似《詩經·木瓜》中以瓊瑤、瓊玖、瓊琚此種美玉來報答知音的贈予，以示友誼長存來形容；再如襲人關心寶玉的下落，以爲必與和尚有關，這是主僕間的關懷，亦可算是情愛的關懷，只不過襲人的情愛對象是寶玉而寶玉的情愛對象卻非襲人罷了。一類是以姐妹情深爲主題的，這僅在尤二姐的夢中，充分地顯示了尤三姐對尤二姐的關懷備至。一類是以人類好奇心爲主的，這在寶玉夢見甄寶玉的夢中，表露無遺。一類是以社會人情冷暖爲主題的，這也僅可在王熙鳳夢見宮中派人來奪錦一事見出端倪。

　　筆者在探討《紅樓夢》中的夢的問題時，除了就夢中所提的事物探源外，亦以心理學的角度來處理夢中人物的感情問題或行動的反應，抑或就作夢者與夢中人物之間的關係做爲探討的重點，其結果已在各章中詳細說明，此處不再贅述，然而在這些問題的探討中，若將其綜合論之，倒可發現一件有趣的事，是作者替甄士隱、柳湘蓮及賈寶玉各安排了一個特殊的夢，在此特殊的夢之後，此三人均因事感物而悟道出家；就甄士隱的夢而言，夢中暗藏玄機；就柳湘蓮之夢而言，夢中訴說著多少人間的無奈與悲痛；就成年後寶玉再遊太虛幻境之夢

而言，夢中和尚的欲言又止，深具警示意味。三人最後悟道出家的情況又完全迥異：甄士隱是歷經家變災難、劫後悟道出家的；柳湘蓮是夢醒後，聽見和尚的話後，感人生無常，悟道出家的；至於賈寶玉的悟道出家，在夢後便覺口可領略一、二事，但是作者因對寶玉的悟道出家著墨不多，因此寶玉的悟道出家，就顯得有些出人意表。雖然作者在前八十回中已有伏筆提及寶玉曾當著黛玉、襲人的面說若黛玉死了，自己便出家當和尚去。而今，不論後四十回究是續作或續補？根據一百二十回本的結局，或許可以用人本主義之父馬斯洛（Maslow）的理論解釋為；「當個人經歷高峰經驗時，他頓時顯現出自我實現的許多特質。高峰經驗乃是個人生命中最快樂和心醉神迷的時刻。它的存在形式雖有許多種（開悟經驗、創造性直覺、真愛等），但它們之間都具有共同特性。」[268]將寶玉的開悟解釋為自我實現的覺悟，應是較合理的，因為海德斐教授認為：「所謂理想，即『自我』之目的與宗旨，於獲得之後，能產生其所欲求之完備之快樂。」[269]正與人本主義之父馬斯洛（Maslow）的理論一致，均是闡釋人類心靈獲得徹底圓通之後，便能獲得自己原先所欲追求的目標，拋棄一切桎梏的枷鎖，而達到真正完美的快樂。寶玉此種悟道的方式與甄士隱、柳湘蓮並無二致，均可被視為是悟道者領悟真理後的自我實現行為，而巧的是這三個夢對此三人的悟道都具有相當重要性的啟蒙地位，同時亦是關鍵所在。

---

[268] 見於《人本心理‧學之父馬斯洛》一書、莊耀嘉先生譯著。第一章：學術生涯、頁31。
[269] 見於海德斐教授著之《心理學與道德》一書，楊懋春先生譯、頁94。

二、現實與超現實題材之交揉

其次就夢的題材而言，除了第一回甄士隱的夢以神話引出男女主角，是個超現實的夢之外，第五回賈寶玉初遊太虛幻境之夢及第一百十六回中，寶玉再遊太虛幻境之夢均是超脫現實的夢，並且是架構在第一回的神話背景之上，延伸了第一回神話中的「警幻仙子處」爲「太虛幻境」的故事，並一再地爲「太虛幻境」精雕細琢地造境，使其成爲一虛無縹緲、無煙塵灰指的仙境。在此處讀者不難看出作者在題材上的運用，有其原則性，並能配合情節的需要，在適當的場合中，安排超現實的題材，以表達人類在不同的環境，相異的時空之下，心靈活動的不同意義。

此外夢題材若就人物的選擇層面而言，亦可分爲幾類，有純以處理主僕關係爲主的，有與陌生人配合成夢的，有以文定對象爲題材的，有以表兄妹爲題材的，有以知音爲題材的，有以神話爲題材的。除了神話題材外，其餘皆是落實現實生活題材的夢，長短不一，也呈現了夢境的各種風貌。最值得一提的是，不論是以超現實或現實生活爲題材的夢，其中和尚的參與比例相當大，這或許可以解釋爲作者配合全文之主旨在選擇夢題材時，對角色的特意安排吧！

第三節　象徵中之預示與論文評估

一、象徵中之預示

（一）．夢的意義中以夢的預示作用占大半數

273

「夢的意義」，對作夢者而言，是最直接的心靈感觸，也是作夢者潛意識透出意識層之夢內容的菁華所在。從甄士隱至襲人的夢中，夢的意義有：「夢具有預示作用」、夢是「作夢者願望的達成」、夢是「作者運用技巧表達自己的哲理與觀念」、「有些夢藝則在訴說作夢者的立場」、「有的夢則對作夢者而言極具啟示作用」等。在這些夢意義之中最突顯的是「夢的預示作用」，它占了所有夢意義中的半數左右，這代表作者同意「夢有預示的功能，絕非偶然」的理論。

在這些具有預示作用的夢中，從甄士隱的夢開始，其夢的意義預示甄士隱與「通靈寶玉」有一面之緣，並可參透人間「因果關係之理及色空觀念」；在寶玉初遊太虛幻境的夢中預示十二金釵中襲人、晴雯、香菱…等人的結局、生平際遇及賈府由盛而衰的命運；在晴雯託夢寶玉時：預示晴雯即將死亡；在秦氏託夢王熙鳳時預示榮寧二府若不能未雨綢繆，則榮寧二府由盛而衰的情勢是必然的；在鳳姐夢陌生人奪錦時，預示了宮庭即將派人前來需索；在小紅夢中，小紅預見拾帕者是賈芸；在尤二姐夢中，借著尤二姐處境的危機四伏，預示尤二姐的婚姻悲劇；至最後襲人夢中，預示寶玉的離家出走與和尚有關等，這些具有預示作用的夢，其夢中所夢見的事，在同時或未來的現實生活中，都一一應驗了，此種被王符《潛夫論》稱為「直應之夢」的夢，正是指預示的事而言。筆者發現這些「直應之夢」或具有預示作用的夢，在真實人生若應驗了，那麼這個應驗了的真實人生亦彷如一場夢，此亦正符合作者一再強調的「假作真時真亦假，無為有處有還無」的哲學辯證之中。

除了預示的夢居最多外，夢的意義亦具有「願望的達成」的作用。像寶玉夢中與金釧兒、蔣玉函有關的夢，算是一種願望達成的夢；在寶玉夢見甄寶玉的夢中，是個滿足好奇心的夢；在寶玉再遊太虛幻境的夢中，算是寶玉思見黛玉以達成願望的夢。夢能滿足人類超現實的需求，如同人類在自己的思想王國中建立一座桃花源的烏托邦世界，這是個人類逃避世俗塵念，摒棄俗務最安全且最穩密之處，因此人們可以借著一夢、再夢地重覆做同一個夢而樂此不疲，其原因早已昭然見著。可見得純粹的現實生活根本無法完全滿足人類的慾望，借著作夢是願望達成的功能，人類可以舒解平日過分緊張的情緒及生活，或者可惜著作夢跳出層層樊籬，與「幻想」同步地躍上「自在逍遙的殿堂」。

（二）．象徵的多樣性

至於象徵問題，有象徵著美夢的幻滅、象徵榮寧二府的衰頹、象徵著某種關係的結束、象徵著悲劇後的省思、象徵著一場愛情的追逐遊戲、象徵著宮庭的巧取豪奪、象徵著蔣玉函前半生的坎坷及金釧兒的哭訴冤屈、象徵著寶玉的開悟出家、象徵著寶玉渴望著另一個寶玉的存在、象徵著寶玉與晴雯即將永遠分離、象徵著人生的方程式的難解、象徵著寶玉生活空間有了困境、象徵著人類對未來的茫然無知、象徵著寶玉在死亡邊緣的掙扎、象徵著內心極度渴望黛玉的復活、象徵黛玉如惡夢的一生等，其夢中的象徵多半盤旋在夢與人生或夢與未來之中，可見得「夢」如蜩之翼、如蛇之蚹，是有所待者也。

象徵是借著聯想而來的，且每個夢的象徵並不止一個，筆者對象徵的處理雖然摒除佛洛依德以「性」觀點的處理方式，若較之與人類肉體息息相關且頗具誘惑的「性」象徵而言，魅力或許不敵，不過純粹根據夢內容及夢意義的聯想所產生出來的夢象徵，卻可爲佛洛依德式的「性象徵的聯想」之外，另闢一條研究新徑。或許將來研究《紅樓夢》的學者對象徵的多重聯想借著心理學理論可將《紅樓夢》推至另一高峰，亦未可知。

二、論文評估

誠如日人前野直彬先生所云：「在《紅樓夢》中，作者經常批判主要人物賈寶玉的社會常識，這可以說是相當大膽的批評態度。」[270]且在作者所設計的所有夢中，尤其寶玉的部分，雖然初遊太虛幻境之夢中所呈現出的是寶玉的懵懂無知以外，其餘部分不是好奇心，便是以感情爲主題論述寶玉與夢中人的關係，到了第一百一十六回再遊太虛幻境之夢中，又以展示寶玉的開悟爲主，似乎夢內容與社會常識全然無關，寶玉是個生活在純淨空間的人，交際應酬一概不會，夢境正是其日間精神面貌的反響。

---

[270] 見於前野直彬所著之《中國小說史考》，第1章： 通俗小說の流れ：「ところが《紅樓夢》では、中心人物である賈寶玉が社會 常識に對して批判的なことを口走る。これはなり大膽な態度と言 わなければなうない。」(頁244)、中文由父親許達翻譯，筆者再加以潤飾之。

在每個作者所設計的夢中，往往作者不僅極盡其能的想像創作，更將其本身豐富的學識及個人的理念、哲學思維，呈現於每個受安排的夢的運作之中。在《紅樓夢》一書中，我們看到了作者技巧極高明的做詩天才，作者也能聰明地運用到夢中，如香菱與史湘雲的囈語中，更強調出夢中可創造出更完美的作品的理論，也可看到作者利用夢中所呈現出善惡兩極化的思想。日人小川環樹曰；「《紅樓夢》一書，原本不是善惡對立的，主人翁賈寶玉是大家所喜愛的人，對女性是個無能的男子，他不是好人的代表者，又無心陷害父親的姨娘，他並非是個真正的壞人。」[271]姑且不論其舉寶玉之例正確與否？我們依舊可在《紅樓夢》作者所設計的夢境中的角色視出世界是善惡兩面化的事實，如夜叉、一群女子變成的鬼怪形象、勸寶玉留意經濟之途、勿墜入迷津的警幻仙姑及以照妖鏡救寶玉的和尚，這正是世界存在正反、善惡兩極化的角色印證，另也可看到「…所有人物的行動，都有其一貫性的因果關係，…」[272]作者在甄士隱的夢中及尤二姐的夢中更加強烈地強調了因果理論，不僅僅是人物的行動有其前後因緣在，作者更借著夢中所發生的某些事件大肆地宣傳因果思想，這是作者充分表露

---

[271] 見於小川環樹著之《中國小說史の研究》第六章：「紅樓夢略說」：「《紅樓夢》には、もともと善惡の對立はない。主人公賈寶玉は誰にでも愛され、特に女性にやさしい無能な男であるものの、かれが善人の代表者であるわけでもなく、またかれをねたみ害しようとなくらむ父の妾趙姨娘(第二十五回) の如きは大した惡人ではない。」(頁204)中文由父親許達翻譯，筆者再加以潤飾之。

[272] 見於中國古典文學大系編集部編的《中國文學の招待》一書中，內田道夫所撰之《中國小說の歷史》：「…あらゆる事件や人物の行動が緊密な因果關係によって貫かれているとともに。」(頁114) 中文由父親許達翻譯，筆者再加以潤飾之。

其哲學思維的技巧，然而作者在心理層面的描寫技巧與廣泛的知識卻是最令人瞠目以視的。[273]

雖然蘇哲安先生以爲〈說夢仍是囈語〉[274]，但是自精神分析學家佛洛依德、佛洛姆對夢與心理學之關係的深入探討以來，其臨床經驗的研究成果是不容忽視的，既然夢是人類心靈活動的記錄，已被世界的夢學家所肯定，因此筆者希望能在此篇論文中將近似囈語的解夢方式配合心理學的理論以便儘量廓清每個夢的真貌，以伸展研究《紅樓夢》的空間，盼能爲紅學盡一己棉薄之力罷了。

筆者以爲《紅樓夢》一書中安排了這麼多夢，且又以夢爲名，可以肯定作者用心良苦，且第一個甄士隱所做的夢，和最後一個襲人所做的夢中均有和尙出現，這是入世與出世情感糾葛的表徵。余英時以爲「大觀園」即是寶玉夢中的「太虛幻境」[275]，此美輪美奐的人間樂土，不過是夢境的代言者罷了，而《紅樓夢》一書又強調「一切法空」[276]之觀念。換言之，這是出世觀的闡釋。而孫旗〈《紅樓夢》研究〉一文中又以爲「大觀園」即是社會的縮影，這又是入世觀的闡釋。至少《紅樓夢》中這些主要人物所做的夢多半與大觀園有關，而大部分的

---

[273] 參考伊藤漱平編的《中國の古典文學作品選讀》、小山澄夫撰之〈紅樓夢情から不合理〉一文、「二　その心理の世界」：「そうしたりアリティとを作品にもたらしている諸夕の要因のなかでも、とりわけ作中に描かれている感情生活の豐かさ、すなわち「心理描寫」面における「質」の高さには　瞠目すべきものがある。」（頁320）、由父親許達翻譯，筆者再加以潤飾之。

[274] 見於《中國時報》1988. 10. 10. 第23版。

[275] 劉榮傑《紅樓夢考釋》中亦提及，見其書頁4。

[276] 勞思光《中國哲學史》中第3章　中國佛教哲學，頁195，以爲一切法空是指一切法均不是獨立實在。

　　夢也都呈現了出世與入世情感糾葛的表徵。此一理論正巧可解釋第一個甄士隱所做的夢與最後一個襲人所做的夢的安排,正是出世(甄士隱後來出家為僧)及入世(襲人嫁作商人婦)的對立與糾葛的象徵。

　　最後筆者想提出一個異於佛洛依德的觀念:「夢的改裝雖然成人偽裝的成分高,但仍應視個體而定。」一個永遠抱持赤子之心未被社會各種惡習浸染的人,一個活在「真」的世界中的人,偽裝成分應是較低的,因為夢不只反映人生,亦反映人的心理,此乃佛洛依德書上未提及之處,而《紅樓夢》的作者似乎在每個夢境的處理上,亦未刻意營造偽裝成分的多寡,此或與中國當代之夢學理論或說是精神醫學理論不發達有關。筆者希望能將中國的夢學理論結合西方之精神醫學、心理學等容釋為屬於中國的一套解夢系統,並為建立完善的夢學理論而自勉。

　　至於有關本論文研究成果之評估,約有五項:

(一)、方法學創新之嚐試具前瞻性及遠景之開拓性

本論文以方法學作為全新之嚐試(指透過夢學理論及心理學理論詮釋《紅樓夢》中之夢)做研究。「新」的觀念雖未必一定都是好的,然其所具之前瞻性及遠景之開拓性卻不容忽視,因任何一位拓荒者必然歷盡艱辛,在絕境逢生處若能品嚐遍佈在歷史軌跡上之人間甘露,則其血汗所鑄成之不朽智慧,乃可為百代之師。研究《紅樓夢》一書之範疇頗廣,方向更是不一而足,可說是中國小說史上最受矚目的一部書。陳炳良先生《近年的紅學述評》便將紅學分為三派,一是共考據派、一是自傳派,一是文學評論派。其中文學評論文分為代表中國傳統之批評及代表西洋文學之批評二類 。這三派之分類 適足以言簡意

賅地囊括舊紅學時期與新紅學時期之作品，此外，其並指出今人多已開始注意代表西洋文學批評中所強調之主題分析，故事結構及寫作技巧之類的新趨向。無疑地，此乃指出了未來的紅學方向；此外早期潘師重規之《紅學六十年》提及應設法豐富《紅樓夢》本書及有關的資料，並儘量設法使資料流通之呼籲，不過，當時之研究範疇似乎仍停留在考證之研究方法上，而林以亮先生之《新紅學的發展方向》除了提供考據及版本校勘等研究方向外，已注意到運用文學批評和比較文學的觀點來研究和分析《紅樓夢》，不過至目前為止，以文學批評及比較文學的觀點來研究和分析《紅樓夢》之作品的質與量，似仍無法與考證派比肩，尤其以比較文學觀點來從事《紅樓夢》研究的作品似仍有待後學去開發探討。龔鵬程教授之〈遙指紅樓〉亦指出現代學者對「形式」探考的注意。趙岡先生在其〈國際首屆研討會論文集導言〉一文中認為可以探討書中之文藝技巧、時代社會背景、作者創作成因、作者之人生觀或讀者之評論，甚至於作文學比較。楊柳青先生之〈今天的紅學家〉更提出以文藝科學及史學的觀點探討作品。陳慶浩先生之《紅樓夢研究簡編》中提及新一代研究紅學者傾向於歸納和平實工夫；其乃強調從事《紅樓夢》研究者之研究方法之趨勢而非指研究內容之趨勢。趙岡之〈《紅樓夢》的寫作與文學傳統〉一文雖認同新方向：但認為不宜太新，至於周策縱先生之〈《紅樓夢》多方探討〉則將紅學之研究範疇之觸角延伸許多，包括近代心理學、社會學、人類學、語言學、史學、哲學、宗教、文化、政治、經濟，統計等社會與人文科學之方法。岑佳卓編著《紅樓夢探討》一書中，從陳炳良之理論始，至周策縱之理論止，收集有關紅學研究之新方向頗為詳贍，但

卻未深入探討。[277]然其將高陽先生之〈橫看成嶺側成峰〉一文中提及之「《紅樓夢》既是索隱，亦是自傳，更是文學上的創造」一言視爲是紅學研究之新方向，恐有待商榷。事實上周氏所提供之範疇雖多，但部仍有美中不足者，因其忽略了「夢學理論」之重要性，其實不僅是他，以上諸位學者亦無人言及。而筆者斗膽敢以「夢學理論」爲主線結構，並輔以精神醫學及心理學理論，從事前所未有之創作，旨不在藐視前人之作，而是祈予紅學一小片新生地，以俾後學開墾之，此乃筆者對本論文價值評估後所剩餘之前瞻性及遠景之開拓性的期盼。

（二）．審視並評估中國文學史上夢學理論之延展

任何一種學說、理論之發展，必然先有雛型，而後才慢慢形成一完整的體系。筆者已於研究動機部分提及中國文學史上清朝以前有關夢之文章或理論，筆者文中所搜得之資料雖不多，但卻有助於後人欲從事中國夢資料研究之參考。唯有將先秦以前及其以後之資料整理詳贍，方可藉由先秦之資料審視出夢學理論之雛型，尤其在先秦諸子中，彼此各派除了有各派之理論主張外，彼此之夢學理論得先視其是否有其同異性，或淵源脈絡可尋？而後方可進一步審視自先秦以後迄於今之夢學理論，並做進一步之評估。然而有關夢學之資料卻散落在古今詩、詞、曲、賦、散文、小說、戲曲…等各類作品之中，若欲做評估就得先分門別類，進行各類文學本身對「夢」之闡述與運用之研究，而後才能觸類旁通，比物醜類，以審視出彼此之關係及夢學理論本身之延展情形。

---

[277]見於其作品頁 147-159。

（三）． 融釋中西夢學理論之異同

融釋中西夢學理論之異同，在從事中國文學研究的範疇中，雖非絕對必要，但若研究者以比較之觀點行文時，輒又成了研究者棘手的問題，因其在中西夢學理論中自有其同異性，同中有異，異中有同，萬不可疏略。如何居中融釋？融釋時所採取之立場又爲何？更是關鍵所在。

就中西理論之共同性而言，衝突便不存在，但中西理論之相異性，便隱含各種基礎背景之差異，如《黃帝內經‧素問》一書中，就人肉體血氣之盛衰，以論夢之形成及夢之內涵，其乃以醫藥觀點論之。而王符《潛夫論》亦曾就夢之種類、形成十大體等問題逐一詳論，這與佛洛依德、佛洛姆等人以科學方式（指臨床實驗）所探求出夢的種類、夢的形成或夢的內容等，自有其異處，而筆者本論文中便著重在民族性及風俗習慣之適宜性上加以探討，並融釋之。祈勿以方木納圓鑿之法強合之，以免予後世削足適履之譏。

（四）． 拓展以其他學科或研究方法分析小說技巧之領域

人性之本質與象徵，透過「心理學」已能清楚地掌握並加以闡釋。晚近由於現代人身處繁忙之社會中，工作壓力所引起之焦慮與憂鬱往往成爲現代人之心靈負擔，心理學已漸衍成一治療現代人的工具」然而「心理學」真正被用來闡釋「小說中人物之心理」者卻不多見，薩孟武先生之《紅樓夢與中國舊家庭》雖亦引用「心理學」之名詞闡釋，不過並未能蔚爲一股風氣，真正將「心理學」中之「普通心理學」、

「社會心理學」、「教育心理學」、「人本心理學」…等深入研究而
運用至小說技巧之研究者，早期僅有佛洛依德以「戀母情結」來分析
希臘悲劇「伊底帕斯王」。筆者僅以這幾年來旁及精神醫學、心理學
研究之心得，運用至《紅樓夢》一書中某些人物心理之分析上，旨在
說明《紅樓夢》研究之範疇應是廣闊的而非狹隘的，且在大膽從事另
一層面之研究時，研究者甚至倏然發現，新分析技巧之研究亦像一座
礦山一般，有其舉鋤挖掘之初興奮的喜悅，亦有其對此礦山究竟擁有
多少財富卻不可得知的期盼，故在學術研究的領域中，研究方法之千
奇百樣，正是學術本身多元化之基石。不僅「精神醫學」、「心理學」、
未來之文學研究範疇更可溶入「現象學」、「生物學」、「物理科學」、
「內科學」、「外科學」…等以實證方法為基礎的學科，作為新的研
究方法，以富厚文學生命。

（五）．祈為中國夢學理論補苴罅漏

　　中國之夢學理論至今尚無任何有系統之著作行世，此乃筆者從事
本論文時之難處，筆者首先嘗試在各種片段中將一些與夢有關的零星
資料一一捻出，而後分析、比較、演繹、歸納，方能將這些夢理論運
用至本論文中。然而因傳統文學中無專書之論著，而現代中國之夢學
理論又多為譯著（筆者按：有許多夢學理論多納入心理學叢書中討論，
除了佛洛依德、佛洛姆、艾德勒有夢理論專著外，繼佛洛依德後，對
其夢的解析多所糾正的一些夢學理論家亦有夢學著作。目前在台灣各
大學之心理學教授亦多採用西方理論，因中國宋明時代雖有「心學」、

「理學」，而真正將「心理學」納入科學實驗者，則以西方之德國、法國、英國、俄國、美國…等爲首要國家，且其研究之成果斐然，故中國之心理學叢書譯著頗多，而夢學理論又是心理學之研究範疇之一），因而其間似乎已形成一斷層，亦即是中國似乎僅有傳統之夢學理論，而現今之夢學理論均由西方移植而來。筆者將嘗試就現有所得之資料，透過融釋中西夢學理論之同異性，以祈爲中國夢學理論補苴罅漏。

雖然《紅樓夢》作者以「夢」爲主題而創作《紅樓夢》，看似不足顯其重要性，不過若抽絲剝繭其涵蓋面，更以文風思潮更趨成熟之清代而言，卻有其舉足輕重之地位。

參考書目

一‧中文參考書目

莊周著、晉郭象註、唐陸德明音義　元覆刊宋麻沙本《纂圖互註南華真經》善本書

舊題河上公章句、清莫友芝及近人羅振玉、吳湖帆、郭蘭祥等手跋之南宋建刊巾箱本

《纂圖釋文重言互註老子道德經》

宋‧蘇軾撰、宋‧王十朋纂集、明‧茅維孝閱紀年錄、明‧傅藻編《東坡先生詩集註》、明刊善本書目

漢‧應邵《風俗通義》十卷，明刊(仿大德元成宗年號)珍本，線裝書

明‧張隱庵、馬元台合著之善本書《黃帝內經素問合纂》，老古文化事業公司

張載撰、呂元抄釋　未著錄出版社《橫渠張子釋》(台北市：四庫善本叢書館)

漢‧王逸注　《楚辭章句》卷17，明刊本，線裝書

劉向、明‧新安程榮校、江西焦循讀　明刊珍本《新序》

漢‧劉安撰、清‧高誘注、《淮南子》武進莊逵古校刊、線裝珍本

周‧列禦寇撰，晉‧張湛注《列子八卷》，光緒10年，徐光圃刻、景宋本線裝書

舊題曹霑撰　高鶚續並校定　　清乾隆56年《繡像紅樓夢一百二十回》
　　（東觀閣刊本），另1977年廣文書局亦出版東觀閣本《新鐫全部繡
　　像紅樓夢》

張載撰、清‧李光地注　1940《正蒙注》，收入《儒林典要書匣》之
　　中，復性書院刊行

譚嘉定　1935.8初版《中國小說發達史》（台北市：啓業書局）

漢‧王符、汪繼培箋註　　1940.3..台1版《潛夫論》（台北市：台灣商
　　務印書館）

高誘編　1954.10.台1版《戰國策》（台北市：台灣國防圖書社）

台灣開明書店編著　　1957.12.台1版《中國文學史大綱》（台北市：台
　　灣開明書店）

曹雪芹著　脂硯齋1958.2《脂硯齋甲戌抄閱再評石頭記》（上海：商務
　　印書館）

吳紹熙編　　1958.4.台1版《心理學綱要》（台北市：台灣中華書局）

林語堂等人撰　　1958.11.《歷史語言研究所集刊》第二十九本下冊（台
　　北市：中研院歷史語言研究所）

俞平伯　1959.1.《紅樓夢研究》（台北市：新月出版社）
　　　　又1997里仁書局亦有出版

胡適等撰　1961《紅樓夢考證》（台北市：遠東出版社）

魯迅　1961.8.北京第3次印刷《魯迅全集》（北京：人民文學出版社）

甄陶之　1961.9.初版《中國文學概論》（香港：精工書局）

曹雪芹等　1962影萃文書屋乾隆壬子年木活五十字排印本《百廿回紅
　　樓夢》（台北縣：青石山莊）

吳雲鵬　1964.8.《中國文學史》(台北市：經緯書局)

曾國威　1964.9.增訂8版《心理學》(台中市：中央書局)

施慎之　1965《中國文學史講話》(台北市：文星書店)

參 考 書 目

葉慶炳　1966.11.初版《中國文學史》(台北市：台灣學生書局)

中國人民共和國文化部　1964.12《印刷通用漢字字形表》(中國改革委員會)

韓幼賢　1966.12-1967.3《心理學研究論文集》教育文摘抽印本(第11卷11,12期、第12卷、第1,2,3期)

郭箴一　1967.1.台2版《中國小說史略》(台北市：台灣商務印書館)

謝无量1967.3.台1版《中國文學史》(台北市：台灣中華書局)

墨人　1967.8.再版《紅樓夢的寫作技巧》(台北市：台灣商務印書館)

鮑家驄　1969《夢的研究》(台北：撰者印行)

宋海屏　1970《中國文學史》(台北市：中國美術出版社)

海德斐著、楊懋春先生譯　1969.10.初版《心理學與道德》(台南市：開山書店　)。

蘇雪林　1970.10.初版《中國文學史》(台中市：光啓社)

王夢阮、沈瓶庵合著　1970.3.台2版《紅樓夢索隱》(一)、(二)(台北市：台灣中華書局)

衛爾德著，張繩祖、朱定鈞譯　1970.4.台1版《心理學之科學觀》(台北市：台灣商務印書館)

楊伯峻　1971再版《列子集釋》(台北市：台北市：明倫出版社)

杜世傑　1971.3.《紅樓夢悲金悼玉實考》(著者自印)

潘重規　1971.影印本《紅樓夢新解》(台北市：文史哲出版社)

趙岡先生　1971《紅樓夢新探》(台北：晨鍾出版社)

287

李寶位　1972.2.初版《中國文學史略》(台北市：大聖書局）

呂俊甫等著之　1972.8.《教育心理學》(台北市：大中國圖書）

參考書目

蔡慕陶編著　1972.9.初版《中國文學發展史》(台北市：黎明文化）

曹雪芹著　王希濂評　大某山民加評　1973《精批補圖、大某山民評本　紅樓夢》(台北市：廣文書局)

佛洛姆與鈴木人拙合著，由徐進大所譯　1973.1.初版　《心理分析與禪》(幼獅月刊社）

李曰剛　1973.9.訂正版《中國文學史》(台北市：白雲書屋）

趙景深　1974《中國文學史新編第三編》(台北市：華正書局）

潘重規　1974.2..初版《紅樓夢新辨》(台北市：文史哲出版社）

佛洛依德　1974.4.再版《佛洛依德傳》(台北市：志文出版社）

胡雲翼　1974.7.《中國文學史》(台北市：順風出版社）

吳宏一編　1974.7.初版《紅樓夢研究彙編》(一)(台北市：巨浪出版社）

潘重規　1974.9.初版《紅學六十年》(台北市：里仁書局）

劉麟生　1974..10.台1版《中國小說史略》(台北市：華正書局)

趙岡、陳鍾毅合撰　1975《紅樓夢研究新編》(台北市：聯經出版社）

俞平伯　1975《脂硯齋紅樓夢輯評》(香港：太平)

黃休復　1975.11.《茅亭客話》，在《筆記小說大觀》第10編、第1冊(台北市：新興書局)

武漢大學中文系七二級評《紅》組　1975.11.1版 1976.3.第1次印刷《我們是怎麼樣紅樓夢的》(武漢：人民民出版社）

尹雪曼　1975.12.《中國文學概論》(台北市：三民書局）

曹雪芹著　1976《國初鈔本原本紅樓夢》(台北市：廣文書局）

田于編撰　1976《紅樓夢敘錄》(台北市：漢苑出版社)

參考書目

廣西師範學院中文系七二級《紅樓夢》評論小組　1976.3.《紅樓夢淺說》(廣西：廣西人民出版社)

周汝昌　1976.4..1版《紅樓夢新證》(北京：山西人民出版社)

許惠蓮　1976.6.《紅樓夢劇曲三種研究》國立台灣大學中文研究所碩士論文、張敬指導

顏榮利　.《紅樓夢詩詞題詠之研究》國立台灣大學中文研究所碩士論文、張敬指導

曾燕萍　1976.6.初版《心理的分析》(台北市：海角企業)

王符　1977《潛夫論》(台北市：藝文印書館)據宋精抄本影印之線裝書

王孝廉　1977《中國的神話與傳說》(台北市：聯經出版社)

曹雪芹著　1977《庚辰鈔本石頭記》(台北市：廣文書局)

曹雪芹著　1977.1.影印《乾隆抄本百廿回紅樓夢稿》(台北市：漢聲出版社)另聯經出版事業公司於民國1977.3.亦有影本

杜世傑　1977.2.初版《紅樓夢考釋》(台北市：作者發行)

曹雪芹撰　1977.4.《程乙本新鐫全部繡像紅樓夢》(台北市：廣文書局)影印本

曹雪芹撰　1977.4.《程丙本新鐫全部繡像紅樓夢》(台北市：廣文書局)影印本

曹雪芹撰　1977.4.《程丁本新鐫全部繡像紅樓夢》(台北市：廣文書局)影印本

劉大杰　1977.5.《中國文學史》(台北市：華正書局)

宋・李昉等撰　1977.5.景印初版《太平御覽》(台北市：大化書局)

參考書目

(根據未刊珍本《太平御覽》影印之影本)另外新興書局出版之《太平御覽》(根據上海函芬樓影本)

張愛玲　1977.8.初版《紅樓夢魘》(台北市：皇冠雜誌社)

高陽　1977.8.《紅樓一家言》(台北市：黎明文化)

余英時　1978《紅樓夢的兩個世界》(台北市：里仁書局)

關華山　1978.4.《紅樓夢中的建築研究》成大建築燕究所碩士論文，又1984.台中市境與象初版公司出版

張畢來　1978.9.《漫說紅樓》(北京：北京人民出版社)

艾文・史東著　余洸中譯　1978.11.(台北市：大地出版社)

袁維冠　1978.12.初版《紅樓夢探討》(台北市：煜洲打字排版印刷)

王充　1978.12.初版《論衡》收入《中國子學名著集成》(上)、(下)《雜家子部珍本初編》，中國子學名著集成編印基金會印行。

易君左　1979.《中國文學史》(台北市：順風出版社)

劉榮傑　1979.《紅樓夢隱語之研究》文大中文研究所之碩士論文

王關仕　1979.3.15.《紅樓夢研究》(台北市：文坊出版社)

俞平伯　1979.4.台影印初版《紅樓夢辨》(台北市：河洛書局)

朱鳳玉　1979.6.《紅樓夢脂硯齋評語新探》文化大學中文研究所之碩士論文

宋・李昉等撰《太平廣記》　1979.6.《筆記小說大觀》第27編、第1-5冊(台北市：新興書局)

蔣和森　1979.6.第1版《紅樓夢概說》(上海：上海古籍出版社)

前野直彬主編　連秀華、何寄澎合譯　1979.9.初版《中國文學史》(台北市：長安出版社)

290

參 考 書 目

陳慶浩編著 1979.10.《新編石頭記脂硯齋評語輯校》(台北市：聯經
版社) 1972 年香港巴黎第七大學東亞出版中心、香港中文大學紅樓夢
研究小組印行

王符　1979.11.台1版《潛夫論》，刊於《四部叢刊本》第 18 冊(台北
市：台灣商務印書館)

王雲五編　1979.11.台1 版《山海經》，刊於《四部叢刊正編所精印》
第24冊(台北市：台灣商務印書館)

劉勰　1979.11.台1版《文心雕龍》，刊於王雲五主編《四部叢刊本》
第 99 冊(台北市：台灣商務印書館)

劉向　1979.11.台1版《世說新語》，在《四部叢刊》第17冊(台北市：
台灣商務印書館)

許慎著、徐鉉等校定　1979.11.台1版《說文解字》，在《四部叢刊》
第4冊(台北市：台灣商務印書館)

舊題莊子著、郭象注、陸德明音義　1979.11.台1版《南華真經》，在
《四部叢刊》第27冊(台北市：台灣商務印書館)

屈原　1979.11.台1版《楚辭》，在《四部叢刊》第30冊(台北市：台灣
商務印書館)

墨子　1979.11.台1版《墨子》，在《四部叢刊》第21冊(台北市：台灣
商務印書館)

荀子著、楊倞注　1979.11.台1版《說文解字》，在《四部叢刊》第17
冊(台北市：台灣商務印書館)

許慎　1979.11.台1版《說文解字》，在《四部叢刊》第17冊(台北市：
台灣商務印書館)

熊祥林　1979.12.15.《心理學導論》(台北市：三民書局)

291

參考書目

曹雪芹著　1980《己卯本脂硯齋重評石頭記》(台北市：里仁書局)

王雪香編撰　1980.《紅樓夢敘錄》(台北市：新文豐出版社)

趙同　1980.《紅樓猜夢》(台北市：三三書坊)

1980.《元明清三代禁毀小說戲曲史料》(臺北市：河洛出版社)

王三慶　1980《紅樓夢版本研究》文大中文研究所博士論文

一棠編　1980.4.第1版《紅樓夢卷》(北京：北京中華書店)

杜德里著、林瑞梅譯　1980.6.初版《夢的探索》(台北：暖流出版社)

胡文彬　1980.6.第1版《紅樓夢敘錄》(吉林：吉林人民出版社)

科學戰線編輯部編　1980.10.第1版《紅樓夢研究論叢》(吉林：吉林人民出版社)

邱世亮　1981.5.《紅樓夢論》(台北市：著者自印)

王道榮發行　1980.12.初版《小說研究》(台北市：廣文書局)

黃炳寅　1981.1.初版《紅樓夢創作探秘》(台北市：采風出版社)

張肖松編著　1981.1.《心理學史》(台北市：國立編譯館主編)

元明清三代禁煅小說戲曲史料　1981.2.1版(上海：上海古籍出版社)

一粟　1981.7.第1版《紅樓夢書錄》(上海：上海古籍出版社)

鄭伯壎及張東峰先生所編譯　1981.9.15.初版《心理學》(台北市：桂冠圖書)

蔣和森　1981.9.第2版《紅樓夢論稿》(北京：北京人民出版社)

陳其泰評、劉操南輯　1981.1.10.第1版《桐花鳳閣評紅樓夢輯錄》(天津：天津人民籍出版社)

郭豫適　1981.12..第1版《紅樓夢問題評論集》(上海：上海古籍出版社)

參考書目

白先勇　1982.《游園驚夢》(台北市：遠景出版社)

王利器　1982.3.《紅樓夢研究專集》，輯於《文史集林》(第6輯)(台北市：木鐸出版社)

王三慶　1982.3.《台灣地區刊行紅樓夢研究資料目錄》輯於《文史集林》(第6輯)(台北市：木鐸出版社)

王利器等人　1982.3.《文史集林》(第6輯)(台北市：木鐸出版社)

宋榮發編　1982.6.《紅樓夢研究文獻目錄》(台北市：學生書局)

張錦池　1982.6.第1版《紅樓十二論》(天津：百花文藝出版社)

劉夢溪　1982.7.第1版《紅樓夢新論》(北京：中國社會科學出版社)

Henry Clay Lindren, Donne Byrne, Lewis Petrinovich著　王書林譯　1972.8.台初版《心理學》(台北市：正中書局)

那宗訓先生　1982.9.《紅樓夢探索》(台北市：新文豐出版社)

魏紹昌　1982.9..第1版《紅樓夢小考》(上海：上海古籍出版社)

徐仁存、徐有為　1982.10.台1版《程刻本紅樓夢新考》(台北市：國立編譯館)

馮其庸　1982.10.第1版《夢邊集》(陝西：陝西人民出版社)

劉廣定　1982.11.初版靜宜文理學院中國古典小說研究中心主編《談紅樓夢的不避諱》(台北市：聯經出版社)

莊耀嘉譯　1982.11.1《人本心理學之父馬斯洛》(台北市：允晨文化)

姚一葦　1982.11.7版《詩學箋註》(台北市：台灣中華書局)

陳遜、孫紹　1983第1版《紅樓夢與金瓶梅》(寧夏：寧夏人民出版社)

崔溶澈　1983.《紅樓夢的文學背景研究》台大中文研究所碩士論文

高陽　1983.1.初版《高說曹雪芹》(台北市：聯經出版社)

參考書目

周雷、胡文彬　1983.4.第1版《紅學叢談》(上海：上海古籍出版社)

左松超、皮述民等著　1983.5.增訂再版《中國文學史初稿》(台北市：福記文化)

周紹良　1983.6.1版《紅樓夢研究論集》(山西：山西人民出版社)

周策縱　1983.7.初版《首屆紅樓夢研討會論文集》(香港：香港中文大學)

王溢嘉先生編輯　1983.8.初版《夢的世界》(台北市：野鶴出版社)

楊家駱主編、劉雅農總校　1983.9.4版(台北市：世界書局)

錢穆　1983.10.增訂初版《中國文史論叢》(台北市：東大圖書公司)

徐扶明　1984《紅樓夢與戲曲比較研究》(上海：上海古籍出版社)

王國維、林語堂等著　1984.《紅樓夢藝術論》(台北市：里仁書局)

張之　1984《紅樓夢新補》(山西：山西人民出版社)，另1989.4.(台北市：禮記書局)亦出版

皮述民　1984.6.《紅樓夢考論集》(台北市：聯經出版社)

龔鵬程、張火慶　1984.6.初版《中國小說史論叢》第1輯(台北市：學生書局)

黎明文化編　1984.8.《中國文學史》(台北市：黎明文化)

清「佚名氏」　1984.9.成都1版《讀紅樓夢隨筆》(四川：巴蜀書社)

何錡章編　1984.11.再版《王逸注楚詞》(台北市：黎明文化)

李知其　1984.12.《紅樓夢謎》未著錄出版社

李知其　1984.12.《紅樓猜夢》(香港：九龍)

太愚先生著之　1984.12.1版《紅樓夢人物論》收入王國維、林語堂等著《紅樓夢藝術論》(台北市：里仁書局)

參考書目

譚維漢　1984.12.7版《心理學》(台北：台灣商務印書館）

康來新　1985.2.25.《石頭渡海---紅樓夢散論》(台北市：漢光文化）

陳炳良　1985.4.第1版《神話、禮儀、文學》(台北市：聯經出版社）

王昌定　1985.10.第1版《紅樓夢藝術探》(浙江：浙江文藝出版社）

王以安　1986.《紅樓夢曉》(台北市：詩友出版社)

余德慧博士策劃　Ernest Wood原著　王慧君譯　1986《晶瑩的生命》
　　(台北市：張老師)

胡適　1986.6.30.《胡適文存》《紅樓夢》有初稿、改稿、定稿(台北
　　：遠流出版社）

水銀編著　1986.12.《夢的解析》(台南市：王家出版社 ）

秦英燮　1987.6.《紅樓夢的主線結構》(國立台灣大學碩士論文）

馮其庸編著、紅樓夢研究所輯校　1987.11.《脂硯齋重評石頭記彙校》
　　(北京：文化藝術出版社)

岑佳卓　1988.12.下編修定再版(台北市：編者自印）

曹雪芹　1988《戚蓼生序本石頭記》(北京：文學古籍刊行社）

曾揚華　1988《漫步大觀園》(台北市：遠流出版社）

陳瑞秀　1988《紅樓夢考論》(香港：遠東學院中國文史研究所）

朱咏葵著　1988.5.《脂硯齋傳本》(台北市：文津出版社)

勞思光　1988.11.增訂4版《新編中國哲學史》(一)、(二)、(三)、(四)(台
　　北市：三民書局）

周汝昌　1989.《紅樓夢與中華文化》(北京：北京工人出版社）

王孝編著　1989《中國文學史》(台北市：台灣商務印書館）

王大方　1990.《紅樓說夢》(台北市：幼獅文化)

千金出版社所編　1990《新編中國文學發展史》(台北市：千金出版社）

吳邨編纂　1990.9.初版《中國通俗小說述要》(台北市：漢欣文化）

梅苑　1992《紅樓夢的重要女性》(台北市：台灣商務印書館）

朱彤　1992.2.第 1 版《紅樓夢散論》(江蘇：南京大學出版社)

張錦池　1993.4.《中國四大小說論稿》(北京：華藝出版社）

王昆侖　1994 .9. 第 1 版《紅樓夢人物論》（台北市：地球出版社）

康來新　1996.《紅樓長短夢》(板橋市：駱駝出版社）

李夢生　1996《中國禁毀小說百話》(中和市：建宏出版社）

薩孟武　1998.2.第 5 版《紅樓夢與中國舊家庭》(台北市：東大圖書)

曹雪芹著　饒彬校注　1999.2.重印初版《紅樓夢》(台北市：三民書局）

二·西文參考書目

Translated by S. H. Butcher and a new introduction by *Aristotle's Theory of Poetry and Fine Art*. John Gassner(N.Y.：Dover Publication)1951

Clifford Thomas Morgan, *Introduction to Psychology* (New Uork: McGraw-Hill Co.) 1961

Norman L. Munn, *Introduction to Psychology* (Houghton Mifflin) 1962

Edited by Philip Stevick, The theory of Novel (The Free Press: A Division of Macmillan Publishing Co., Inc.) 1967

Hilgard Ernest R., *Introduction to Psychology,* 4th ed. (New York: Harcourt, Brace and World) 1967

Gaston Bachelard, *The Poetics of Reverie* (Grossman Publishers, Inc.)1969

Paraphrased By Tyndale House Publishers Wheaton, *The Living Bible* (Illinois: Tyndale House Publishers Wheaton) 1971

Laurence Perrine, *The Dimension of Drama* (U.S.A.: Harcourt Brace Jovanvich) 1972,1973

Reuben Fine, *Psychoanalytic Psychology* (Jason Aronson, Inc. 1975)

Coon, Dennis L., Introduction to Psychology (New York: West Pub. Co.)1977

David B. Guralnik, Editor in Chief, *Webster's New World Dictionary* (New York: Popular Library) 1979

Editor in-Chief Paul Proctor, *Longman Dictionary of Contemporary English* (Great Britain: Pitman Press, Bath. Longman group Ltd.)

Sigmund Freud, *The Interpretation of Dreams*. Translated by A. A. Brill. in *The Standard Edition of the Complete Psychological Works of Sigmund Freud* (New York: The Mordern Library) 1981

Bing-Cho Chan, *The Authorship of the Dream of the Red Chamber* (Michigan: University Microfilms International Ann Arbor) *1982 University of Wisconsin, Ph.D., 1980*

三、日文參考書目

魯迅著、增田涉譯　昭和10.7.20.《支那小說史》　サイレニ社

小川環樹著　昭和43《中國小說史の研究》岩波書局

前野直彬　昭和50.10.20.《中國小說史》秋山書店

內田道夫　《中國小說の歷史》

《中國古典文學大系》編集部編　1979.10.1.初版《中國文學への招
　　待》(東京：平凡社)

伊藤漱平譯　1979.初版.第8-9刷《紅樓夢》(東京：平凡社)

伊藤漱平編　1981.4.1.《中國の古典文學作品選讀》東京大學出版社

四、單篇論文

胡適　1928.3.10.〈紅樓夢考證的新材料〉，刊於《新月創刊號》及《胡
　　適文存》第3集、第5卷

胡適　1935..12.〈跋乾隆更陳本脂硯齋石頭記〉，刊於《胡適論學近
　　著》第1集、第3卷(台北市：商務印書館)又1933.1.22《國學季刊》
　　載於第3卷、第4期

汪劍隱　1951.9.〈紅樓夢之暗示作用〉載於《反攻雜誌》半月刊第44
　　期

潘重規　1951.5.〈民族血淚鑄的紅樓夢〉(上)，刊於《反攻》第37期

潘重規　1951.6.〈民族血淚鑄的紅樓夢〉(下)，刊於《反攻》第38期

潘重規　1951.8.〈再話紅樓夢〉，刊於《反攻》第43期

潘重規　1951.12.〈三話紅樓夢〉，刊於《反攻》第50期

潘重規　1951.12.〈三話紅樓夢〉，刊於《反攻》第51期

潘重規　1952.1.〈三話紅樓夢〉，刊於《反攻》第52期

參考書目

潘重規　1952.2.〈三話紅樓夢---附錄清文字獄檔案〉，刊於《反攻》第54期

胡適　1951.10.〈對潘夏先生論紅樓夢的一封信〉，刊於《反攻》第46期

王崑崙　1955.〈爲爭自由而死的鴛鴦、司棋、尤三姐〉，刊於《紅樓夢問題討論集》(北京：作家出版社)

劉大杰　1956.〈兩個尤二姐〉刊於《文匯報》

林語堂　1958.11.〈平心論高鶚〉，輯於〈歷史研究所集刊〉第29本下冊另《聯副三十年文學大系評論》卷1與《文星叢刊》分別於70.12及55.7.出刊

嚴明　1958.12.〈紅樓夢後四十回的考證問題---對林語堂先生的翻案提出商榷〉(一)，刊於《自由中國》第19卷、第12期

嚴明　1958.12.〈紅樓夢後四十回的考證問題---對林語堂先生的翻案提出商榷〉(二)，刊於《自由中國》第20卷、第1期

翁延樞　1959.2.〈紅樓夢的英譯本〉，刊於《文學雜誌》第5卷、第6期

潘重規　1959.5.〈從脂彥齋評本推測紅樓夢的作者〉，刊於《暢流》第19卷、第6期

孫旗　1959.8.〈紅樓夢研究〉，在《紅樓夢》(上)、(下)中(中國聯合書局)

趙岡　1959.12.〈紅樓夢後四十回的著者〉，刊於《文學雜誌》第7卷第4期

趙岡　1960.3-4.〈論今本紅樓夢後四十回〉(上)、(下)，刊於《自由中國》第22卷、第6期

胡適　1961.2.〈關於紅樓夢的四封信〉，刊於《作品》第2卷、第2期

高陽　1961.9.〈曹雪芹對紅樓夢的最後構想〉，刊於《暢流》第22卷、第3期

胡適　1962.4.〈紅樓夢問題最後一信〉，刊於《作品》第12卷、第3期

王昆侖　1963.4.15.〈王熙鳳論〉(上)，刊於《光明日報》

林伯燕　1963.6.〈源氏物語與紅樓夢〉，刊於《作品》第4卷、第5期

陳蛻　1963.12.第1版，1980.4.北京第3次印刷〈憶夢樓石頭記泛論〉，輯於一粟先生所編《紅樓夢卷》(北京：北京中華書局)

易金　1963.9.7.第7版〈紅樓夢後四十回的餘波〉刊於《聯合報》

丁燕公　1964.9.〈曹雪芹血淚鑄紅樓〉，刊於《春秋》第1卷、第3期

吳世昌　1965.6.〈從高鶚先生論其作品思想〉，輯於《文史集林》第4輯(台北市：木鐸出版社)

陳文華　1965.6.〈吳世昌著英文紅樓夢探介評〉，刊於《東海學報》第7卷、第1期

李祁　1965.5.31.《林黛玉神話的背景》，刊於《大陸雜誌》第30卷

陳鐵凡　1965.10月號《論紅樓夢後四十回》，刊於《大陸雜誌》第31卷、第1期

陳鐵凡　1965.10月號《紅樓夢外文選譯述略》，刊於《大陸雜誌》第31卷

夏志清　1966.〈《紅樓夢》裏的愛與憐〉，刊於《現代文學》第27

期

林語堂　1966.4.20.第6版〈跋曹允中紅樓夢後四十回作者問題的研
　　究〉，刊於《中央日報》

曹允中　1966.4.21-28第6版〈紅樓夢後四十回作者問題研究〉
　　(一)-(八)，刊於《中央日報》

趙岡　1966.5.12-13.第6版〈紅樓夢後四十回作者問題研究〉(一)、(二)，
　　刊於《中央日報》

林語堂　1966.5.30.第7版〈俞平伯否認高鶚作偽原文〉，刊於《中央
　　日報》，同時同日亦載於《聯合報》第7版、《台灣新聞報》第7
　　版、《中華日報》第6版

林語堂　1966..5.31.第6版〈論大鬧紅樓〉，刊於《中央日報》，同時
　　同日亦載於《聯合報》第7版、《台灣新聞報》第7版、《中華日
　　報》第6版

梅苑　1966.6.〈紅樓夢的重要女性〉載於《現代學苑》第3卷、第3期

宗德崗　1966.7.18.第5版〈紅樓夢後四十回〉，刊於《自立晚報》

嚴明　1966.9.〈論林語堂先生的翻案〉，刊於《中華雜誌》第4卷、第
　　9期

張健　1967.〈紅樓夢與儒林外史〉，輯於《中國文學散論》中

葛建時、嚴冬陽　1967.5.22.第9版〈評林語堂對紅樓夢的新發現〉，
　　刊於《聯合報》

葛建時、嚴冬陽　1967.5.22.第9版〈評林語堂對紅樓夢的新發現〉，
　　刊於《聯合報》

葛建時、嚴多陽　1967.5.22.第9版〈評林語堂對紅樓夢的新發現〉，刊於《聯合報》

葛建時、嚴多陽　1967.5.22.第9版〈評林語堂對紅樓夢的新發現〉，刊於《聯合報》

林語堂　1967.5.5.第5版〈紅樓夢出自曹雪芹手筆〉，刊於《中央日報》

嚴明　1967.5.〈論林語堂所謂曹雪芹手訂本紅樓夢之真相〉，刊於《中華雜誌》第5卷、第5期

林語堂　1967.5.5.〈林語堂提七點新證據說明紅樓夢出自曹雪芹手比對後四十回真偽作一次辨正〉，刊於《中央日報 》

葛建時、嚴多陽　1967.5.22.第9版〈評林語堂對紅樓夢的新發現〉，刊於《聯合報》

趙岡　1967.5.25.第9版〈論林語堂先生的董董重訂本紅樓夢稿〉，刊於《聯合報》

葛建時、嚴多陽　1967.6.15.第9版〈再評林語堂對紅樓夢的新發現〉，刊於《聯合報》

包正　1967.7.2.第6版〈高鶚上林語堂書〉，刊於《自立晚報》

葛建時、嚴多陽　1967.7.15.第9版〈論紅樓夢後四十回之偽---三評林語堂對紅樓夢的新發現〉，刊於《聯合報》

稻仙　1967.10.〈從紅樓夢本文看高鶚續貂的真憑實據〉，刊於《反攻》第308期

葛建時、嚴多陽　1968.2.6.第9版〈曹雪芹原稿紅樓夢一百回〉，刊於《聯合報》

梅開基　1964.9.〈曹雪芹血淚鑄紅樓〉，刊於《公教智識》第362期

稻仙　1968.7.3.〈高鶚續貂的直接證據〉，刊於《中華日報》

王玨　1967.10.10.〈紅樓夢人物之死〉，刊於《現代學苑》第4卷、第10期

王寒生　1968.1.25.〈開天闢地話牛神〉，載於《生力雜誌》第1卷、第4期、頁33。

翁翁　1968.3.〈水蛇腰，直心腸〉一文，刊載於《文壇》第93期

嚴冬陽　1968.9.〈關於紅樓夢六十四、六十七兩回的問題〉，刊於《中華雜誌》第6卷、第9期

葛建時　1968.11.1.〈紅樓夢與佛學〉，載於《暢流》第38卷、第6期

王文興　1970.9.〈一部…人像畫廊，作品的再評價〉，收入康來新之《石頭渡海----紅樓夢散論》

童元方　1970.9.〈論紅樓夢中的丑角〉，收在《幼獅月刊》34卷、第3期中，頁29-37.

嚴冬陽　1970.10.〈曹雪芹生平新考〉，收在《中華雜誌》第8卷、第10號

陳秀芳　1971.9.〈曹氏筆下受曲辱的女性〉刊載於《幼獅月刊》第34卷、第3期

吳宏一　1971.9.〈紅樓夢的的悲劇精神〉刊載於《幼獅月刊》第34卷、第3期

李元貞　1971.12.〈紅樓夢裏的夢〉，載於《現代文學》45期

靈均　1972.7.增訂版〈紅樓夢試論〉(一)在《論紅樓夢》一書中

羅龍治　1973.1.1.〈談秦可卿---一個夭折時代的叛徒〉，刊於《幼獅月刊》第37卷、第1期

趙岡　1973.2.〈紅樓夢的寫作與文學傳統〉，刊於《幼獅月刊》第37
　　卷、第2期，又載於1977.8.再版《中國古典文學論集》(第1輯)(台
　　北市：幼獅文化)

夏志清　1973.5.〈論紅樓夢〉，刊載於《現代文學》第50期，頁164。

張欣伯　1973.7.19-20.第9版〈紅樓人物小紅的結局〉(上)、(下)，刊於
　　《中華日報》

費海璣　1973.9.24〈紅樓夢與精神分析〉(一)，刊於《大華晚報》

費海璣　1973.10.1〈紅樓夢與精神分析〉(二)，刊於《大華晚報》

費海璣　1973.10.8〈紅樓夢與精神分析〉(三)，刊於《大華晚報》

饒靜中　1973.12.月號〈紅樓夢作者----曹雪芹是怎樣的一個人〉，刊
　　於《藝文誌》第133期；另1976.5.《古今談》133期6月刊亦刊載

舒信　1974.6.9. 第12版〈紅樓夢英譯〉，刊於《中國時報》第12版

宋淇　1974.7.〈喜見紅樓夢新英譯〉，刊於《幼獅月刊》第40卷、第1
　　期，刊於《中華日報》1月號，又載於潘重規1974.9.初版《紅學六
　　十年》中

余德清　1974.7.初版〈三讀紅樓夢隨筆〉，輯於吳宏一編《紅樓夢研
　　究彙編》(一)(台北市：巨浪出版社)

張欣伯　1974.9.〈甲午淚筆〉，載於《中華文藝》第8卷、第1期

費海璣　1975.1.18〈紅樓夢與薩克萊虛榮市的比較研究〉，刊於《台
　　灣日報》

康來新 1976.7.1.〈英語世界的紅樓夢〉《大陸雜誌》第 5 卷、第 2 期

宋淇　1975.5-12.〈喜見紅樓夢新英譯〉(一)—(八)，刊於《書評書目》
　　第25期-第32期

心儀　　1975.7.〈林黛玉、薛寶釵寫照〉，載於《春秋》第23卷、第1
　　　　期

丘成章　1975.9.〈讀林以亮〈試評紅樓夢新英譯〉〉(一)—(八)，刊於
　　　　《書評書目》第25期-第32期

潘重規　1976.2.11.〈紅樓夢舊抄本知見述略〉(一)，刊於《中華日報》，
　　　　原載於1972.3.20.《香港所見紅樓夢研究資料展覽》

潘重規　1976.2.12〈紅樓夢舊抄本知見述略〉(二)，刊於《中華日報》，
　　　　原載於1972.3.20.《香港所見紅樓夢研究資料展覽》

潘重規　1976.2.13.〈紅樓夢舊抄本知見述略〉(三)，刊於《中華日報》，
　　　　原載於1972.3.20.《香港所見紅夢研究資料展覽》

潘重規　1976.2.14.〈紅樓夢舊抄本知見述略〉(四)，刊於《中華日報》，
　　　　原載於1972.3.20.《香港所見紅樓夢研究資料展覽》

潘重規　1976.2.15.〈紅樓夢舊抄本知見述略〉(五)，刊於《中華日報》，
　　　　原載於1972.3.20.《香港所見紅樓夢研究資料展覽》

周咸清　1976.9月號〈卡拉馬助夫兄弟們與紅樓夢家族比較〉，刊於
　　　　《中外文學》第5卷、第4期

張新之　1977.4. 影印本〈紅樓夢讀法〉，輯於王希廉評本中、(台北
　　　　市：廣文書局)

林以亮　1977.4.〈新紅學的方向〉，刊於《文壇》202期

林以亮　1977.再版〈新紅學的發展方向〉，刊於《中國古典小說論集》
　　　　第1輯(台北市：幼獅文化)，又載於《幼獅文藝》第38卷、第5
　　　　期

方瑜　　1977.9.〈《紅樓夢》綜論〉，刊於《書評書目》第53期

參考書目

傅述先　1977.10.〈英譯《石頭記》〉，刊於《中外文學》第6卷、第5
　　期

羅盤　1978.2.〈略論紅樓夢的表現手法〉，刊於《文壇》第219期

余青　1978.3.〈談紅樓夢女性人物的描寫〉，刊於《藝文志》第150期

阮沅　1978.3.〈紅樓小人物‧襲人的心計　晴雯之死〉載於《中華文
　　化復興月刊》11卷、第3期、頁83-39

若圓　1978.3月號〈曹雪芹的生平〉，刊於《古今談》第154期

梅開基　1978.7.31〈談紅樓夢十二金釵的支曲意義和十二調〉(中) 刊
　　於《公教智識》370期

梅開基　1978.8.7〈談紅樓夢十二金釵的支曲意義和十二調〉(下)，刊
　　載於《公教智識》371期

阮沅先生之　1978.5.〈紅樓小人物‧平兒的穩重和忠誠小紅的歸宿〉，
　　《中華文化復興月刊》第11卷、第5期、頁,89-95

阮沅　1978.12號〈紅樓小人物十‧英年早逝秦可卿〉，刊載於《中華
　　文化復興月刊》，第11卷、第12期、頁80-83

瞿海源　1979.〈文化心理學的研究趨勢〉，載於黃榮村《心理學家與
　　你》一書中

李元貞　1979.5.1.〈論紅樓夢、賈寶玉的罪惡感與反抗〉，刊於《書
　　評書目》第73期

康來新　1979.12.初版〈活色生香〉在《石頭渡海---紅樓夢散論》中，
　　原刊載於《古典文學》第1集

內田道夫　1979.10.1.初版《中國小說の歷史》在《中國古典文學大系》
　　編集部編　在《中國文學への招待》中，(東京：平凡社)

陳翩、鄭韻蘭合撰　1980.1.〈怎樣讀紅樓夢---與吳宏一教授一席談〉，
　　載於《明道文藝》

應必誠　1980.3.1版〈平兒的悲劇〉，收入《紅樓夢研究集刊》(第2輯)
　　(上海：上海古籍出版社)

聶紺弩　1980.3.1版〈略談《紅樓夢》的幾個人物〉，收入《紅樓夢研
　　究集刊》(第2輯)

費秉勛　1980.3.1版〈談《紅樓夢》的心理描中國社會科研究院編寫〉，
　　收入中國社會科研究院編《紅樓夢研究集刊》(第2輯)(上海：上
　　海古籍出版社)

涂瀛　　1980.4.第1版〈紅樓夢論贊〉　一粟編　《紅樓夢卷》(北京：北
　　京中華書店)

陳詔　　1980.6.1版《紅樓夢小考》，收入《中國社會科研究院編紅樓夢
　　研究集刊》(第3輯)　(上海：上海古籍出版社)

鄧雲鄉　1980.6.1版〈《紅樓夢》詩學傳薪說〉，收入中國社會科研究
　　院編《紅樓夢研究集刊》(第4輯)(上海：上海古籍出版社)

陳邦炎　1980 6.1版〈《梅溪詞》與史湘雲〉收入中國社會科研究院編
　　《紅樓夢研究集刊》(第3輯)　上海：上海古籍出版社)

吳世昌　1980.6.1版〈《紅樓夢》原稿后半部若干情節的推測〉載於《紅
　　樓夢研究集刊》(第4輯)　(上海：上海古籍出版社)

尹慧珉　1980.6.1.〈近年英美《紅樓夢》論著評介〉，收入中國社會
　　科研究院編《紅樓夢研究集刊》(第3輯)(上海：上海古籍出版社)

滕云　1980.11.1版〈《紅樓夢》人物形象的客觀性〉，收入中國社會
　　科研究院編《紅樓夢研究集刊》(第5輯)（上海：上海古籍出版
　　社)

小山澄夫〈紅樓夢情から不合理〉　1981.4.1.在伊藤漱平編《中國の古
　　典文學作品選讀》中，(東京：東京大學出版社)

趙岡　1981.5.27.〈國際首屆研討會論文集導言〉，刊於《聯合報》
　　第8版

高陽　1981.8.29.〈橫看成領側成峰〉刊於《聯合報》又輯於1983.1.初
　　版《高陽說曹雪芹》一書中

伍隼　1981.10.1版〈從尤三姐形象的改塑談到典型化〉收於中國社會
　　科研究院編《紅樓夢研究集刊》(第7輯)(上海：上海古籍出版社)

張錦池　1981.11.1版〈論秦可卿〉，收入中國社會科研究院編《紅樓
　　夢研究集刊》(第6輯)(上海：上海古籍出版社)

杜景華　1981.11.1版〈何得此機括？〉收入中國社會科研究院編《紅
　　樓夢研究集刊》(第6輯)(上海：上海古籍出版社)

胡士明　1981.11.1〈如何認識秦可卿形象的思想意義〉，收入中國社
　　會科研究院編《紅樓夢研究集刊》(第6輯)（上海：上海古籍出
　　版社)

馮宇　1981.11.1版〈論太虛幻境與警幻仙姑---管窺紅樓夢第五回〉，
　　收入中國社會科研究院編《紅樓夢研究集刊》(第6輯)（上海：
　　上海古籍出版社)

周策縱　1981.11.20.〈紅樓夢多方討論〉，刊於《聯合報》

參考書目

文雷　1982.3.〈紅樓夢版本淺談〉，在《文史集林》(第6輯）中(台北市：木鐸出版社)

吳世昌　1982.3.〈紅樓夢的西文譯本和論文〉，載於《文史集林》第6輯(台北市：木鐸出版社）

傅繼馥　1982.5.1版〈《紅樓夢》中預示的藝術〉一文，收於中國社會科研究院編《紅樓夢研究集刊》(第8輯）（上海：上海古籍出版社）

李厚基　1982.5.1版〈象外之旨，意外之趣---秦可卿藝術形象塑造之質疑〉，收入中國社會科研究院編《紅樓夢研究集刊》(第8輯）（上海：上海古籍出版社)

孫廣德　1982.9.〈我國正史中的政治神話〉，刊於《社會科學論叢》30期，頁59。

趙岡　1982.4.第1版《紅樓夢》裏的人名〉一文，收入胡文彬、周雷編之《海外紅學論集》(上海：上海古籍出版社)

陳慶浩　1982.11.初版〈紅樓夢研究簡編〉，在《中國古典小說研究專輯》(五)(（台北市：聯經出版社)

林文山　1982.11.1版〈鳳姐形象說議〉，輯於中國社會科研究院編《紅樓夢研究集刊》(第9輯)

石昌渝、張錦池　1982.11.1版〈論紅樓夢後四十回〉輯於中國社會科研究院編《紅樓夢研究集刊》(第9輯）（上海：上海古籍出版社）

龔鵬程　1983.1.初版《遙指紅樓》，在《高陽說曹雪芹》一書中

吳新雷　1983.8.1版〈試論柳湘蓮的藝術形象〉收入《紅樓夢研究集刊》(第10輯)(上海：上海古籍出版社)

傅繼馥　1983.8.1.〈歷史性的突破---論《紅樓夢》中性格化典型的成就〉，收入中國社會科研究院編《紅樓夢研究集刊》(第10輯)（上海：上海古籍出版社）

吳美議　1983.8.1版〈試析《紅樓夢》裏對假丑惡的描寫手法〉，收入中國社會科研究院編《紅樓夢研究集刊》(第10輯)（上海：上海古籍出版社)

王昌定　1983.8.1版〈紅窗偶0匹〉，收入中國社會科研究院編《紅樓夢研究集刊》第10輯(上海：上海古籍出版社)

馬瑞芳　1983.12.1版〈逼真活跳形神俱現---談《紅樓夢》的肖像描寫〉，收入中國社會科研究院編《紅樓夢研究集刊》(第10輯)、

崔于恩　1983.12.1版〈史湘雲論〉，收入中國社會科研究院編《紅樓夢研究集刊》(第11輯)（上海：上海古籍出版社）

林耀璘　1984〈中國上古神話的反抗之神與孔孟思想〉見於《中華文化復興月刊》17卷，12期

幼獅文化編輯部編　1985.〈論紅樓夢人物形象的創造〉刊於樂衡軍教授主編、康來新教授助編之《中國古典文學論文精選叢刊》(小說類)中(台北市：幼獅文化)

林保淳　1985.7.1.〈由困境到紓解─中國神話簡臆〉，載於《中外文學》14卷，2期

鄭明俐　1985.9.1版〈紅樓夢中的夢〉，刊載於《國文天地》第4期

陸樹侖　1985.10.1版〈談《紅樓夢》的肖像描寫〉，收入中國社會科研究院編《紅樓夢研究集刊》(第12輯)(上海：上海古籍出版社)

呂啟祥　1985.10.1版〈藝術的開托與酒及夢之關係---談紅樓夢的生活容量〉收入中國社會科研究院編《紅樓夢研究集刊》(第12輯)（上海：上海古籍出版社)

吳穎　1985.10.1版〈論林黛玉形象的歷史意義〉，收入中國社會科研究院編《紅樓夢研究集刊》第12輯(上海：上海古籍出版社）

何永康　1985.10.1版〈林黛玉性格世界透視〉，收於中國社會科研究院編《紅樓夢研究集刊》第12輯(上海：上海古籍出版社）

傅錫壬　1986.4.〈果生神話探源〉刊於《淡江學報》第24期

張良皋　1986.10.1版〈論史湘雲之終身不嫁〉(上)收入「《紅樓夢研究集刊》(第13輯)、頁160。

石昕生、毛國瑤　1986.10.1〇版〈秦淮八艷與金陵十二釵〉，收入中國社會科研究院編《紅樓夢研究集刊》(第13輯)

石並明　1987.2.1版〈傳神寫意，百態千姿---試比較紅樓夢中幾個丫環的形象〉載於貴州省紅樓夢學會編之《紅樓探藝》(第2集)(貴州：貴人民出版社）

何大堪　1987.2.1版〈夢的藝術---論《紅樓夢》幾個夢的描寫〉載於貴州省紅樓夢學會編之《紅樓探藝》(第2集)(貴州：貴人民出版社)

豈凡　1987.2.1版〈王熙鳳與美〉，載於貴州省紅樓夢學會編之《紅樓探藝》(第2集)(貴州：貴人民出版社)

吳秋林、曹靜秋1987.2.1版〈淺論紅樓夢的寓言色彩〉，載於貴州省紅樓夢學會編之《紅樓探藝》(第2集)(貴州：貴人民出版社)

汪文科　1987.2.1版〈不必為賢者諱---論晴雯性格的複雜的一面，兼及古典文學研究的一個問題〉，載於貴州省紅樓夢學會編之《紅樓探藝》(第2集)(貴州：貴人民出版社)

未著錄撰者 1987.9.10.星期4，〈統計分析紅樓夢成書探疑另一說〉之報導《聯合報》第3版所刊載。

馬丁‧愛明(Martin Ebon）撰 、 名可‧陳知青譯 1988.3.1.〈心靈戰爭〉(Psychic WarfareCode byTeIepathy）黃大受先生主編之〈《心理學研究》第52、53期

果海 1988.4.〈從「緣起業果」探討「緣起性空」的理論〉，刊於《中國佛教》第3卷

宏印法師主講、衛昭如整理 1988.4.1.〈空是什麼?〉(上)發表於《宗教世界》第9卷、第3期之中。

雷久南博士之 1988.4.8.〈說夢、講空、談解脫---喜瑪拉雅來鴻之三〉，載於《菩提樹》、第425期；另《慧炬》第285期亦有刊載

劉頤 1988.4.21.〈斷手少女---父系社會的女性典範〉載於《自立早報》星期4、13影藝版

劉頤 1988.5.18.〈舊愛與新歡〉載於《自立早報》16家園版

姚一葦 1988.5.20.〈說婚姻〉，《時代文化》革新版，第174期，頁24。

劉頤 1988.6.21.〈解除魔咒〉，刊載於《自立早報》星期2，16家園版

南施 1988.6.23.〈兩性針砭〉專欄，刊載於《自立早報》星期4，16家園版

謝建平 1988.11.9.〈尋夢〉詩，刊載於《自由時報》之自由副刊

樂蘅軍教授 1988〈中國原始變形神話試探〉一文，收入《從比較神話到文學》古添洪，陳慧樺編著(台北市：東大圖書)

潘重規　1990.8.初版〈紅樓夢古本說明〉，在《紅樓夢新辨》中，原
　　載於　1972.3.20.《香港所見紅樓夢研究資料》中
王曉家　1990.10.1 版〈賈寶玉與甄寶玉---《紅樓夢》裡兩個互相對立
　　的人物〉，載於《紅樓夢研究論叢》(吉林：吉林人民出版社)
許玫芳　石富元醫師　1999.12.31.〈隱匿在強迫型性格異常下之妙
　　玉〉，刊於《國家圖書館館刊》